# Schriften

des

# Vereins für Sozialpolitik.

---

**180. Band.**

## Das Kartellproblem

Beiträge zur Theorie und Praxis

Herausgegeben von Emil Lederer.

Unter Mitwirkung von

Goetz Briefs, Arthur Feiler, Georg Jahn und Ludwig Mises

Zweiter Teil:

**Das Kartellproblem im Lichte der deutschen Kartelliteratur.**

Von

Arnold Wolfers.

Verlag von Duncker & Humblot.

München und Leipzig 1931.

# Das Kartellproblem im Lichte der deutschen Kartelliteratur.

Von

**Arnold Wolfers,**
Dr. iur., Dr. phil.
Privatdozent an der Universität Berlin.

Verlag von Duncker & Humblot.
München und Leipzig 1931.

Piererſche Hofbuchdruckerei Stephan Geibel & Co., Altenburg, Thür.

# Inhaltsübersicht.

# Vorwort.

Der Herausgeber der Schriftenreihe über das Kartellproblem, deren zweiter Teil hier vorgelegt wird, umschreibt die Aufgabe, die dem Herausgeberkomitee vorschwebte, im Vorwort zum ersten Teil dahin, daß „zunächst einmal die sehr reichhaltige und dabei doch manche Probleme vernachlässigende Literatur kritisch zu sichten" sei. Damit ist eine doppelte Aufgabe gestellt. Eine bloße Literaturbesprechung im Sinne einer Kritik der bisherigen Literatur kann ihr allein nicht gerecht werden. Es bedarf einer systematischen Darstellung des Kartellproblems selbst, sollen die Lücken gefunden und aufgezeigt werden, die die bisherige Kartelliteratur für künftige Bearbeitung offen gelassen hat. Da diese vorwärts blickende Seite der Aufgabe uns wichtiger erschien als die rückblickende Kritik, ist diese Schrift vornehmlich an ihr orientiert. Die sachlichen Probleme und ihre systematische Einordnung geben den Rahmen ab; die Literatur ist im Hinblick auf die Einzelprobleme zusammengestellt. Die Absicht geht nicht dahin, die Literatur zu jeder Frage vollständig aufzuführen; vielmehr sollen die im historischen Verlauf auftretenden, sachlich wesentlichen Argumente aus dem Munde typischer Repräsentanten der betreffenden Anschauung zum Ausdruck kommen. Damit ist zwar erreicht, daß die Auswahl der überhaupt zitierten Schriftsteller nach dem Gesichtspunkt ihrer Wichtigkeit für die Kartelliteratur erfolgen konnte. Die Zitate konnten aber nicht in der Weise abgewogen werden, daß sie in ihrer Zahl der Bedeutung des betreffenden Autors entsprechen.

Eine Reihe von Einschränkungen waren notwendig, um den fast unbegrenzten Stoff zu bewältigen. Es konnten nur die wichtigsten Probleme der Kartellehre behandelt werden. Ein Blick in die zur Ergänzung angeschlossene Bibliographie zeigt fernerhin, daß der Zahl nach nur ein kleiner Teil der Schriftsteller zu Wort kommen konnte. Die juristische Kartelliteratur ist bis auf einige Hauptwerke weggelassen worden. Es ist im ganzen nur die deutsch-sprachliche wirtschaftswissenschaftliche Literatur einbezogen worden und auch diese nur, soweit sie sich mit deutschen Kartellen befaßt.

# Einleitung.

Die besondere Ausprägung, die die deutsche Wirtschaftswissenschaft zu der Zeit gefunden hatte, als die Kartelle für die Wissenschaft entdeckt und zum Gegenstand ihrer Betrachtung gemacht wurden, ist von nachhaltiger Wirkung auf die deutsche Kartellehre bis zum heutigen Tag geblieben. Kartelle treten vereinzelt schon in den 60er und 70er Jahren des vergangenen Jahrhunderts auf; die Kartellbewegung greift aber um sich und wird zu einer auffallenden und gesamtwirtschaftlich bedeutsamen Erscheinung erst, nachdem Deutschland im Jahre 1879 zum Schutzzoll überging. Sie bleibt bis zum Weltkrieg eine spezifisch deutsche und österreichische Angelegenheit; die angelsächsische und französische Wirtschaftswissenschaft behandelt die Kartelle nur gleichsam aus der Ferne, als ein fremdländisches, ein deutsches Phänomen. Der deutschen Wissenschaft fiel deshalb die Aufgabe zu, eine Kartellehre zu entwickeln und auszubauen. Sie ging daran in dem Geist und mit den Methoden, die damals in ihr herrschend waren, d. h. aber vom Standpunkt der historischen Schule und des Kathedersozialismus. Der eigentlich wirtschafts*theoretische* Gesichtspunkt trat zurück vor historischen und soziologischen Erwägungen; die Kartelltheorie wurde nicht von der Theorie des Monopols und Monopolpreises her aufgebaut, wie es in Ländern geschehen wäre, die auf dem Boden der klassischen Nationalökonomie ihre Wirtschaftswissenschaft entwickelten. Es kam zu keiner scharfen Trennung zwischen ökonomischer Kartelltheorie und Kartellsoziologie. Die Beschreibung der Institutionen, die Darstellung ihres vielfältigen Aufbaus und der Versuch ihrer Klassifizierung nahm einen breiten Platz ein. Man könnte von einer vorwiegend „institutionalistischen" Betrachtungsweise sprechen. Der geschichtliche Gang der deutschen Kartellehre, der im einzelnen in den folgenden Literaturbesprechungen zu verfolgen sein wird, läßt sich in großen Zügen skizzieren, indem vier Perioden unterschieden werden.

Eine erste Periode beginnt mit *Kleinwächters* Schrift vom Jahre 1883 und reicht bis in die letzten Jahre des Jahrhunderts. Neben

Kleinwächter geben Brentano und Schäffle, nicht weniger aber auch die Unternehmerpublizisten Steinmann-Bucher und Matern diesem Abschnitt der Kartelliteratur das Gepräge. Das soziale Problem, nicht das volkswirtschaftliche, steht im Vordergrund des Interesses. Die historische Wandlung des Wirtschaftssystems findet mehr Beachtung als die Veränderungen in der wirtschaftlichen Marktkonstellation. Der Verein für Sozialpolitik hat in dieser Periode das Verdienst, durch 16 monographische Studien die ersten konkreten Einblicke von wissenschaftlichem Rang ermöglicht zu haben. Büchers Referat vor dem Verein öffnet den Weg zu einer vom wirtschaftswissenschaftlichen Gesamtprozeß ausgehenden kritischen Würdigung der Kartelle.

An der Schwelle zu einer zweiten Periode, die wir bis zum Weltkrieg datieren wollen, steht Liefmanns Schrift über die Kartelle, die zwar allmählich ausgebaut und ergänzt, doch schon in der ersten Fassung eine breit angelegte, auf der Schilderung der einzelnen Kartellformen und Vereinbarungen und der Untersuchung der Kartellwirkungen aufgebaute allgemeine Kartellehre bedeutet. Wertvoll für die Kartellerkenntnis waren die in dieser Periode erscheinenden Einzelmonographien, wie diejenigen von Götzke, Herbert von Beckerath und Eucken.

Neben Liefmann ist für die Zeit um die Jahrhundertwende vor allem Pohle zu nennen, der durch seine kritischere Einstellung zu den Kartellen auffällt. Nach ihm haben Baumgartner und Meszleny, Ettinger, Kestner und Vogelstein die Kartellehre der Vorkriegszeit gefördert und ausgebaut. Starken Anstoß gab der Kartellbetrachtung die Krise von 1901 und das Hervortreten der Rohstoffsyndikate; späterhin die Auseinandersetzung und der Vergleich der deutschen Kartelle mit den amerikanischen Trusts; vor allem aber die immer dringendere Frage nach den Möglichkeiten und Mitteln staatlicher Kartellpolitik. Die Kritik an den Kartellen, die im Jahre 1903 zur Kartellenquete und später zur Denkschrift des Innenministeriums geführt hatte, ließ den Wunsch nach staatlichem Eingriff stärker werden und zwang die Jurisprudenz (Juristentag 1902/04) und die Wirtschaftswissenschaft (Verein für Sozialpolitik 1905) zur Stellungnahme.

Der Krieg und die ersten Nachkriegsjahre, die als eine dritte Periode zusammengefaßt werden können, waren für die Kartellehre unergiebig.

Erst nachdem sich von 1920 an die öffentliche Meinung immer

schärfer gegen wirkliche oder vermeintliche Auswüchse des Kartellwesens auflehnte und nachdem der Staat durch die sogenannte Kartellverordnung vom Jahre 1923 erstmals in umfassender Weise in die Kartellgestaltung eingriff, setzte von neuem die wissenschaftliche Erörterung ein. Die Kartelliteratur schwoll rasch an, um in den letzten Jahren ein nie zuvor erreichtes Maß von Neuerscheinungen, von Spezialuntersuchungen sowohl als von allgemeinen Schriften zu zeitigen. Der theoretische Streit um die Vor- und Nachteile der Kartelle für die Volkswirtschaft ist in dieser vierten Periode, infolge der Kartellverordnung, viel mehr als früher in den praktischen Abwehrkampf der Kartellinteressenten gegen staatliche Behinderungen hineingezogen. Die Frage, ob die Kartelle der Produktionsförderung dienen, gewinnt in diesem Zusammenhang Bedeutung. Schriftsteller wie Tschierschky und Lehnich befassen sich mit besonderem Nachdruck mit dem Problem Staat und Kartelle. Der Salzburger Juristentag von 1928 gibt über die Kreise der Juristen hinaus Anlaß zu intensiver Beschäftigung mit der staatlichen Kartellpolitik. Reiches Material zu dieser Frage, auch für weitere Untersuchungen bieten die Vernehmungen im Rahmen der Enquete von 1930.

Die allgemeine Kartellehre wird von Wiedenfeld und H. v. Beckerath in der Hauptsache in Richtung auf genauere Einzelkenntnis und mittels Einarbeitung reichen Erfahrungsstoffes weiter entwickelt. Typisch für diese „institutionalistische" Methode im positiven wie im negativen ist das Kapitel über Kartelle in H. v. Beckeraths Schrift über den modernen Industrialismus. Neue Anregung gewinnt die Kartellehre aus dem wiedererwachten Interesse an der Fortentwicklung des kapitalistischen Systems und an dem Streit über Sinn und Bedeutung des „Monopol-Kapitalismus" (Schmalenbach). Die Betrachtung auf das System hin wirkt sich diesmal in der Richtung auf eine Vertiefung der theoretischen Grundlagen aus. Dobretsberger und andere stellen die Frage „Monopol und Konkurrenz" in den Mittelpunkt der Betrachtung.

## Erstes Kapitel.

# Wesen und Begriff des Kartells.

## I. Das Wesen des Kartells.

Das Wesen der Kartelle wirtschaftswissenschaftlich erfassen, heißt, ihren volkswirtschaftlichen Sinn erkennen. Den besten Zugang zu solcher Erkenntnis böte ein Vergleich zwischen der Marktsituation des freien Wettbewerbs und der Marktlage des Monopols, wie sie durch Kartellierung herbeigeführt wird. Wir folgen aber dem historischen Gang der deutschen Kartellehre, wenn wir mit der Gegenüberstellung von Kartell und individualistischem Wettbewerb, d. h. aber mit dem soziologischen Problem und Gegensatz von Individualismus und verbandsweisem Zusammenschluß beginnen.

Ein zweiter Ansatzpunkt zur Erfassung des Kartells bietet sich in einer Gegenüberstellung von kartellmäßigem Zusammenschluß und Vertrustung. Durch den Vergleich der beiden Formen der Konzentration tritt das Spezifische des Kartells deutlicher in Erscheinung.

### A. Kartelle und „individualistischer Wettbewerb".

Die erste Periode der Kartelliteratur ist von einer überraschenden Einheitlichkeit der Auffassung. Die kathedersozialistische und historische Schule herrscht vor; ihre antiliberale, den individualistischen und freien Wettbewerb ablehnende Haltung ist bekannt. Nirgends kommt sie stärker zum Ausdruck als in der Art, wie das kartellmäßige Organisationswesen als Gegenschlag gegen die „individualistische" Konkurrenz erfaßt und gewürdigt wird.

Kleinwächter[1], der als erster im Jahre 1883 die Kartelle zum Gegenstand wissenschaftlicher Untersuchung macht und sie also gleichsam für die Wissenschaft entdeckt, geht vom „anarchischen" Zustand unserer Volkswirtschaft aus, der seinen Grund im „Mangel einer entsprechenden Organisation"[2] habe. Die Kartelle werden begrüßt als die „künftige Organi-

---

[1] Die Kartelle.

[2] Ebenda S. VI.

sation der Industrie"[3]. „Wie ein Blitz aus dem noch so heiteren Himmel des Glaubens, welcher dem freien Spiel der Kräfte, dem Konkurrenzharmonismus der liberalen Volkswirtschaft galt, sind die Kartelle niedergefallen", schreibt Schäffle[4] im Jahre 1898 nicht ohne Ironie. Er sieht die „chaotischen Schutthaufen" der Gründerära[5] und spricht von den sinnfälligen Beweisen für den Bankrott der freien Konkurrenz. Überall zeigt sich, oft in Rückblicken und Vergleichen mit der mittelalterlichen Zunftwirtschaft, die Vorliebe für eine organisierte Wirtschaft. Selbst die den Unternehmern nahestehenden Schriftsteller jener Zeit, wie Steinmann-Bucher[6] (1891) und Matern[7] (1897), sehen mit Genugtuung den Beginn einer neuen Organisierung. Zwar habe, meint Steinmann-Bucher[8], die Kartellbewegung viele Berührungspunkte mit dem Sozialismus, „aber die aufgeklärten Unternehmer wissen, daß wir dem Sozialismus entgegengehen ...". Keiner hat die Schattenseiten der freien Konkurrenz so deutlich geschildert wie Matern. Ähnlich wie Steinmann, aber in einer Terminologie, die an moderne faschistische Vorstellungen erinnert, fordert er „eine berufsgenossenschaftliche Organisation der nationalen Arbeit". Aus sozialistischen also und aus korporativen Auffassungen heraus erscheint das Kartell als Überwindung der Anarchie und als höhere Wirtschaftsform. Selbst Bücher, der sonst den Kartellen skeptischer gegenübersteht als die andern, nennt sie eine Rückkehr von der „Produktionsanarchie" zur „Produktionsordnung". „Mangels allgemeiner soziologischer Grundlegung der volkswirtschaftlichen Preislehre", meint Schäffle[9] (1898), sei übersehen worden, „daß die sozial höhere Art der Führung des Daseinskampfes die kollektive und nicht die isolierte ist ...". Auch Schmoller[10] (1905) nimmt an, daß die Kartelle den „Anfang einer ganz neuen Ordnung des öffentlichen Lebens" darstellen, „welche mit der älteren mittelalterlichen mehr Ähnlichkeit hat als mit den gewerbefreiheitlichen Zuständen des 19. Jahrhunderts". Das ist die Wertungsgrundlage und Stimmung, aus der heraus die Kartellehre entwickelt wird. Sie macht sich auch bei den Schriftstellern der Folgezeit geltend, wenn auch die hochgespannten Erwartungen einer sachlicheren und kritischeren Würdigung Platz machen. Noch Lief-

---

[3] Ebenda S. 126.

[4] Zum Kartellwesen und zur Kartellpolitik. Zeitschrift für die gesamte Staatswissenschaft. 54. Jahrg. S. 467.

[5] Ebenda S. 491.

[6] Wesen und Bedeutung der gewerblichen Kartelle. Schmollers Jahrbuch. 15. Jahrg.

[7] Die Industriekartelle als Entwicklungsstufe der berufsgenossenschaftlichen Organisation der nationalen Güterproduktion.

[8] a. a. O. S. 183.

[9] Zum Kartellwesen und zur Kartellpolitik. Zeitschrift für die gesamte Staatswissenschaft. 54. Jahrg. S. 678.

[10] Schriften des Vereins für Sozialpolitik. Bd. 116. S. 251.

mann[11] (1897) spricht vom wirtschaftlichen Fortschritt des Kartellwesens „gegenüber der Anarchie im Zustand der freien Konkurrenz". Pohle[12] (1898) meint, daß den Kartellen „ein nicht wegzuleugnender sozialistischer Zug" anhafte. Er ist sogar der Meinung, daß sie Schrittmacher auf dem Wege zur Übernahme eines Industriezweiges nach dem andern in den Besitz und die Verwaltung des Staates seien[13]. „Wir haben allen Anlaß", schreibt Ettinger (1905), „jede Art Organisation und gesellschaftliche Planmäßigkeit im Wirtschaftsleben zu befördern, denn das ist eine wohltuende natürliche Reaktion gegen die Verwüstungen des ökonomischen Hyperindividualismus".

Während der Kriegszeit und in den ersten Nachkriegsjahren ruht die wissenschaftliche Auseinandersetzung über das Wesen der Kartelle und deren Bedeutung für das kapitalistische Wirtschaftssystem fast ganz. Selbst in den Sozialisierungsdebatten spielt sie keine große Rolle. In neuerer Zeit beginnen kartellfreundliche Schriftsteller, den Unterschied zwischen Kartellierung und Sozialisierung zu betonen. Sombart hatte im dritten Band seines „Kapitalismus" die organisierte Wirtschaft der Gegenwart als einen Kapitalismus mit „grauen Haaren", als einen sich selbst aufhebenden Kapitalismus bezeichnet. Eine Reihe von Schriftstellern tritt ihm entgegen, um klarzumachen, daß die Verbreitung des Kartellwesens keine Umwandlung oder Aufhebung des kapitalistischen oder individualistischen Wirtschaftssystems bedeute. So meint Diehl[14] (1929), daß das Manchestertum keine notwendige Kategorie des Kapitalismus sei; man könne von einer gebundenen Wirtschaft nicht sprechen, solange die Wirtschaft auf freien Unternehmerleistungen beruhe. Auch Halm[15] (1929) sieht in der Kartellierung die Ausschaltung nur einer ruinösen und atomisierten Konkurrenz, nicht aber des Wettbewerbs selbst. Ähnlich äußert sich Halms Lehrer Adolf Weber[16] (1929). Die Auffassung der ersten Periode, nach welcher sich in der Kartellbewegung eine grundlegende Wandlung des Wirtschaftssystems anzeige, wird hingegen mit neuen Argumenten von Schmalenbach[17] (1930) ebenso wie von Vershofen[18] (1928) vertreten; von Steinmann-Bucher zu Schmalenbachs Äußerungen vor der Enquete führt ein direkter Weg. Allerdings erklärt Schmalenbach in seiner neuesten Schrift („Grund-

[11] Die Unternehmerverbände. S. 160.

[12] Die Kartelle der gewerblichen Unternehmer. S. 147.

[13] Ebenda S. 148.

[14] Die rechtlichen Grundlagen des Kapitalismus.

[15] Die Konkurrenz.

[16] Das Ende des Kapitalismus.

[17] Verhandlungen des Ausschusses zur Untersuchung der Absatz- und Erzeugungsbedingungen der deutschen Wirtschaft. Enqueteausschuß, 1. Unterausschuß, 3. Arbeitsgruppe, IV. Teil, 2. Abschnitt.

[18] Die Marktverbände. S. 156.

lagen der Selbstkostenberechnung und Preispolitik", 1930, S. 94), daß die „gebundene Wirtschaft" mit Privatkapitalismus durchaus vereinbar sei[19].

Besonderer Erwähnung bedarf die sozialistische Literatur, da sie in ihrer Stellung zu den Kartellen von ihren besonderen Anschauungen her bestimmt ist. Typisch für die sozialistische Einstellung bis zum heutigen Tag ist die Auffassung, daß die Organisierung des Kapitalismus durch die Kartelle ein Schritt in der Richtung auf eine Planwirtschaft und also auf dem Wege zum Sozialismus sei. Man kann sagen, daß diese Überzeugung von der historischen Rolle der Kartelle zugleich mit der Vorstellung von einem evolutionären Weg zum Sozialismus gewachsen ist. Die erste ausführliche sozialistische Äußerung zum Kartellproblem ist die von Schönlank[20] (1890). Er nennt die Kartellwirtschaft eine Durchgangsstufe zum Sozialismus. Schon vor ihm hatte Engels[21], später in gleicher Weise Kautsky[22] (1901), die Aufgabe der Kartelle in der Überwindung der kapitalistischen „Anarchie" gesehen. Sie bestreiten allerdings den Kartellen die Möglichkeit, die Disproportionalitäten der freien Wirtschaft aufzuheben. Ungünstig wird zunächst die Auswirkung auf die Konsumenten beurteilt. Ein Jahrzehnt vor dem Kriege aber wird die Einstellung sehr positiv. Calwer[23] (1907) erwartet von den Kartellen eine ordnende und stabilisierende Wirkung. Er glaubt, daß die Sozialdemokratie die Kartelle nicht bekämpfen, sondern fördern sollte. Auch Hilferding[24] (1909) ist der Meinung, daß die Kartelle im Rahmen des Kapitalismus regulierend wirken können. Er hebt allerdings hervor, daß sie die grundsätzlichen Widersprüche der kapitalistischen Produktionsweise nicht aufzuheben vermögen. Die Entwicklung gehe auf ein Generalkartell hin, das aber nur die „bewußt geregelte Gesellschaft in ihrer antagonistischen Form" bedeuten würde. In dem während des Krieges (1917) erschienenen, für den gemäßigten Sozialismus repräsentativen Buch „Monopolfrage und Arbeiterklasse" vertritt Heinrich Cunow, ohne die Schäden der Kartellierung zu verkennen, die These, daß die Epoche des Kartellkapitalismus, verglichen mit der freien Konkurrenzwirtschaft, eine höhere Wirtschaftsstufe darstelle. Diese Anschauung hat sich in den Nachkriegsjahren verstärkt; sie kommt in der programmatischen Rede Hilferdings auf dem Kieler Parteitag der SPD.[25] (1927) und im freigewerkschaftlichen Programm der „Wirtschaftsdemokratie" (1928) zum Aus-

---

[19] Vgl. dazu Erich Egner, „Der Sinn des Monopols", Berlin 1931, insbes. S. 91ff.

[20] Die Kartelle. Archiv für soziale Gesetzgebung und Statistik. 3. Bd.

[21] Die Entwicklung des Sozialismus von der Utopie zur Wissenschaft.

[22] Handelspolitik und Sozialdemokratie.

[23] Sozialistische Monatshefte. 1907.

[24] Das Finanzkapital. S. 295.

[25] Vgl. Protokoll des Kieler Parteitags der SPD. und Die Wirtschaftsdemokratie (hrsg. von F. Naphtali).

druck. Die erreichte höhere Wirtschaftsstufe wird als „organisierter Kapitalismus" bezeichnet. Auf ihn soll sich die Wirtschaftspolitik einstellen. Der kartellierte Kapitalismus wird begrüßt, weil er die Voraussetzungen für eine staatliche Kontrollierung der Wirtschaft schaffe. Nicht so sehr die Kartelle selbst gelten nunmehr als Wegbahner des Sozialismus, sondern die durch die Kartellierung geschaffene Eingriffs- und Kontrollmöglichkeit des Staates. Das staatlich kontrollierte Privatmonopol steht als Vorstufe vor dem „letzten Stadium, in dem sich der Staat die Kartelle als öffentliche Selbstverwaltungskörper zur Vergesellschaftung bestimmter Industriezweige inkorporiert". So schreibt Franz Neumann[26] (1930) in einer Besprechung des „Entwurfs eines Monopol- und Kartellgesetzes der Sozialdemokratischen Partei". Beachtung verdient, daß in neuester Zeit Löwe[27] (1931) in den „Neuen Blättern für den Sozialismus" mit der bisherigen sozialistischen Einstellung bricht und abrechnet. Er spricht von der „schiefen Ideologie der Arbeiterbewegung", die „in den privaten Monopolen die Vorstufe zur Sozialisierung sehen will". „Es zeigt sich immer deutlicher", schreibt er, „daß die arbeitenden Klassen Westeuropas nur die Wahl haben, unter Hintansetzung ihrer größeren Ziele, durch nationalen und internationalen Kampf gegen den Monopolismus sich überhaupt erst wieder Lebensraum zu schaffen oder aber den bestehenden Wirtschafts- und Gesellschaftsbau in einem Zeitpunkt einzureißen, an dem noch nicht einmal die Fundamente einer neuen Ordnung sicherstehen."

Aus den angeführten Zitaten läßt sich erkennen, welche Charakterzüge den Kartellen von jenen Schriftstellern zugesprochen werden, die ihnen eine das Wirtschaftssystem grundsätzlich wandelnde oder aufhebende Kraft zuschreiben. Die Kartelle werden in ihrer soziologischen Bedeutung als Zusammenschluß ehemals isolierter Unternehmer ins Auge gefaßt. Das Kartell wird im Zusammenhang mit dem umfassenderen Organisations- und Verbandswesen einer Zeit gesehen, in der zugleich Gewerkschaften, Konsumgenossenschaften, Konzerne und Trusts entstehen und sich ausbreiten. Das kollektivistische, korporative und, wie manche meinen, genossenschaftliche und zunftähnliche Element wird hervorgehoben.

Wenn in sozialer Hinsicht der Verband als Fortschritt gegenüber dem individualistischen Wettbewerb angesehen wurde, so brauchte daraus noch nicht zu folgen, daß die Kartellierung auch in wirtschaftlicher Beziehung ein höheres Prinzip darstelle. Dadurch aber, daß die deutsche Kartellehre den „freien Wettbewerb" ökonomisch als Anarchie ansieht,

---

[26] Die Arbeit. 1930. S. 786.

[27] Siehe 2. Heft. 2. Jahrg. 1931.

kommt sie zu dieser Konsequenz. Sie steht damit in schroffem Gegensatz zur liberalen Lehre, die von der freien Konkurrenz die Ordnung der Produktion im Sinne des allgemeinen Interesses erwartet, für die freier Wettbewerb das eigentliche Ordnungsprinzip der Marktwirtschaft, Monopol dagegen Unordnung und Willkür bedeutet. Indem die Kartellehre, auch in wirtschaftlicher Hinsicht, die Kartellierung als Übergang von der Anarchie zur Planmäßigkeit, Ordnung und Regulierung des Marktes auffaßt, stellt sie sich wirtschafts-theoretisch auf den Standpunkt, daß, wenigstens unter bestimmten Voraussetzungen, eine Aufhebung der freien Konkurrenz, d. h. aber die Monopolisierung einen höheren Grad von Ordnung garantiere als die freie Konkurrenz. — Die Erörterungen über die Ursachen der Kartellierung werden zeigen, in welcher Weise die Ablehnung der freien Konkurrenz in der Kartellehre begründet wird; es wird allerdings auch davon zu sprechen sein, daß der monopolistische Charakter der durch Kartellierung herbeigeführten Marktsituation umstritten ist. —

## B. Kartelle und Trusts.

In der Gegenüberstellung von Kartellierung und individualistischem Wettbewerb erscheinen die Kartelle als eine Form des unternehmerischen Zusammenschlusses. Ihr spezifischer Charakter, zumal ihre ökonomische Bedeutung wird aber erst klar, wenn sie der andern Form solchen Zusammenschlusses, der Vertrustung oder, wie Liefmann es nennt, der Vergesellschaftung gegenüber gestellt werden.

In der deutschen Kartelliteratur wurde die Unterscheidung zwischen Kartellen und Trusts in der ersten Zeit nicht fest gezogen. Berdrow[28] (1898) behandelt beide Begriffe noch als synonym. Bald wird aber der Gegensatz zwischen der amerikanischen Trust- und der deutschen Kartellbewegung beobachtet. Man glaubt zuerst zwei Stufen desselben Entwicklungsprozesses vor sich zu haben. So sehen Schönlank[29] (1890) und zunächst auch Liefmann[30] (1897) in den Kartellen eine Zwischenstufe auf dem Wege zu den „Kartellen relativ höchster Ordnung", wie Schönlank die Trusts bezeichnet. „Von diesem Gesichtspunkt aus, daß die Entwicklung der unternehmungsweisen Bedarfsbefriedigung über die Kartelle hinaus zur vollständigen Konzentration der Unternehmungen führen kann", schreibt Liefmann, „muß die ganze Kartellbewegung letzten Endes beurteilt werden." Neben dieser

---

[28] Die Industriecartelle und der Weg zum wirtschaftlichen Frieden.

[29] Archiv für soziale Gesetzgebung und Statistik. 3. Bd. S. 513.

[30] Die Unternehmerverbände. S. 191/92.

mehr entwicklungsgeschichtlichen Betrachtungsweise begegnet der Versuch, Kartell und Trust gegeneinander abzuwerten. Der Trust erscheint bald als die höhere Wirtschaftsform [so z. B. bei Matern[31] (1898)]; bald glaubt man in ihm die für Verbraucher und Kleinunternehmer gefährlichere Art kapitalistischer Monopolisierung erblicken zu sollen. Man freut sich, daß Deutschland die mehr genossenschaftliche Form des Zusammenschlusses gefunden hat. Ein Verbot der Kartelle, meint Friedrichowicz[32] (1895), würde, ähnlich wie in Amerika, die Vertrustung fördern.

Um die Jahrhundertwende tritt ein anderer Gesichtspunkt in den Vordergrund, der geeignet ist, den ökonomischen Gegensatz in klares Licht zu rücken; die beiden Zusammenschlußformen werden auf ihre Beziehung zur innerbetrieblichen Rationalisierung untersucht. Das geschieht vorzüglich durch einen Aufsatz Schachts[33] (1902), der mit großer Verve die deutschen Kartelle kritisiert und die Vorzüge der amerikanischen Trusts hervorhebt. „Kartell bedeutet Stillstand", schreibt er, „Trust bedeutet Fortschritt der Produktion." Kartelle seien „... nichts als eine gegenseitige Gewinnversicherungsgesellschaft". Der Aufsatz erregt Aufsehen; die von Schacht genannten Wesensunterschiede werden in der Folge nicht mehr geleugnet[34]. Trotzdem bleibt das Urteil den Kartellen günstig. Den Vorzügen der Trusts auf dem Gebiete der Rationalisierung stehen, wie man glaubt, soziale Vorzüge der Kartelle gegenüber. Vor allem wird betont, daß die Trusts den industriellen Mittelstand vernichten, während die Kartelle geeignet seien, ihn zu schützen[35]. Andere heben hervor, daß die Kartelle für die Verbraucher weniger gefährlich seien, weil sie geringere Monopolmacht besäßen[36]. Die Entstehung festgefügter Syndikate mit erheblicher Monopolmacht läßt allerdings diese Unterscheidung in neuerer Zeit zurücktreten[37]. Der Mittelstandsschutz durch die Kartelle wird angesichts der Konzernherrschaft, jedenfalls für die Rohstoffkartelle, angezweifelt. Da und dort wird hingegen, wie zu zeigen sein wird, den Kartellen eine wachsende Fähigkeit zur Rationali-

---

[31] Die Industriekartelle als Entwicklungsstufe der berufsgenossenschaftlichen Organisation der nationalen Güterproduktion. S. 298.

[32] Kartelle. Zeitschr. für die ges. Staatswissenschaft. 51. Jahrg. S. 648.

[33] Preußische Jahrbücher. 110. Bd. S. 7. Kurz zuvor hatte sich Harmening (Die notwendige Entwicklung der Industrie zum Trust, 1904) für den Trust und gegen die Kartelle ausgesprochen, weil nur der Trust die unerläßliche Aufgabe erfüllt, „den Wettbewerb schlechtweg auszuschließen"!

[34] Vgl. z. B. Baumgarten und Meszleny, Kartelle und Trusts. S. 231.

[35] Vgl. Schäffle, Zum Kartellwesen und Kartellpolitik. Zeitschrift für die ges. Staatswissenschaft. 54. Jahrg. 1898. S. 680. — Tschierschky, Zur Reform der Industriekartelle. 1921. S. 22.

[36] Vgl. Baumgarten und Meszleny, Kartelle und Trusts. 1906. S. 231/32.

[37] Vgl. Kestner, Der Organisationszwang. 2. Aufl. S. 38.

sierung zugesprochen. Es bleibt aber im ganzen bei der Anerkennung der höheren Effizienz der Trusts für die Rationalisierung und bei einer weit verbreiteten sozialen Bevorzugung der Kartelle um des Mittelstandschutzes willen [Hecht[38] (1924) hebt besonders nachdrücklich die technisch-organisatorischen Vorzüge des Trusts hervor und erwartet den Sieg der Trusts über die Kartellierung]. Gegen den Versuch, die Unterschiede von Kartell und Trust in bezug auf die Rationalisierung zu verwischen, hat sich Flechtheim[39] (1927) in neuester Zeit mit besonderer Schärfe gewandt.

Die Erörterungen der Kartelliteratur über den Gegensatz von Kartell und Trust — wobei hier Trust zunächst auch für Konzern und Fusion steht — leiden darunter, daß nicht mit größerer Schärfe die soziologische von der ökonomischen Betrachtungsweise geschieden wird.

In der soziologischen Ebene gehören Kartelle und Trusts als zwei Formen eines einheitlichen Zusammenschluß- oder Konzentrationsprozesses zusammen. Es zeugt für das Vorwiegen des soziologischen Interesses, daß immer wieder[40] von einer einheitlichen Zusammenschlußbewegung gesprochen wird[41]. Für die soziologische Betrachtung erscheint das Kartell einfach als die lockerere Form des Zusammenschlusses; sie ist die Verbindung, die den Unternehmern ein höheres Maß von Selbständigkeit läßt[42].

In der ökonomischen Ebene dagegen sind Kartelle und Trusts nicht bloße Modalitäten einer einzigen und einheitlichen Zusammenschlußbewegung. In ihr erweist sich, daß der Unterschied nicht bloß in

---

[38] Organisationsformen der deutschen Rohstoffindustrie. Die Kohle, vgl. insbes. S. 38 und S. 80.

[39] Kartelle als Produktionsförderer. S. 107.

[40] Zuletzt bei Gruntzel, Die wirtschaftliche Konzentration, 1928, S. 2, und Ertel, Internationale Kartelle und Konzerne der Industrie, 1930, S. 6ff.

[41] Die soeben erschienene Schrift von Günter Keiser, „Die kapitalistische Konzentration“, 1931, ist vorwiegend soziologisch orientiert. Sie untersucht den „Prozeß der Ballung der Verfügungsgewalt über den Wirtschaftsapparat ... bei immer weniger Wirtschaftseinheiten von ständig wachsender Größe“. S. 9.

[42] Ob diese losere Bindung sich mit dem Ausdruck „Genossenschaftlichkeit“ belegen läßt, hätte die Kartellsoziologie zu entscheiden. Wir werden uns mit der Kartellsoziologie in dieser Schrift nicht befassen. Auf ihre Bedeutung und auf die Aufgaben, die sich ihr heute stellen, wird zum Schluß noch zurückzukommen sein (vgl. unten S. 152). Vgl. H. v. Beckeraths Unterscheidung von genossenschaftlichen Kartellen der Mittel- und Kleinindustrie und Konzernkartellen in „Der Reparationsagent und die deutsche Wirtschaftspolitik“, S. 56.

der Form oder Festigkeit liegt, sondern in der ökonomischen Zweckbestimmung. Gemeinsam ist allen Zusammenschlüssen, die aus unternehmerischem Handeln hervorgehen, der Zweck der Erhöhung oder Sicherung der Rentabilität. Der Unternehmer würde nicht als Unternehmer handeln, wenn es ihm bei seinen Vorkehrungen letztlich nicht darum zu tun wäre. Der Unterschied der beiden Zusammenschlußformen und Bewegungen liegt in den näherliegenden und unmittelbaren Zwecken, d. h. aber in der besonderen Art, wie sie die Verbesserung der Rentabilität herbeizuführen suchen. Die Rentabilität kann auf zweierlei Weise erhöht werden: entweder durch Senkung der Selbstkosten oder aber durch Erhöhung der Verkaufspreise[43]. Die beiden Zusammenschlußarten unterscheiden sich je nach dem, ob sie primär den einen oder andern Weg zu verfolgen bestimmt sind.

Die Konzentration im engeren Sinn oder Vergesellschaftung ist primär darauf gerichtet, die Selbstkosten zu senken. Sie sucht dieses Ziel durch Fusion oder Zusammenlegung von Unternehmungen des gleichen Produktionszweiges, also durch Annäherung an das Optimum der Betriebs- und Unternehmensgröße zu erreichen. Als Mittel der Kostensenkung steht sie somit zunächst auf dem Boden des Konkurrenzprinzips. Erstrebt wird ein Konkurrenzvorsprung. (Es braucht nicht gesagt zu werden, daß bei solcher Fusionierung in Wirklichkeit oft das Optimum überschritten wird.) Es kann geschehen, daß im Verlauf und infolge dieser Art des Zusammenschlusses, gleichsam sekundär, eine teilweise oder völlige Aufhebung des Wettbewerbs, die Monopolisierung erreicht wird. Im Gegensatz zur Fusionierung, Konzernbildung, Zusammenlegung wird in diesem Fall von Vertrustung gesprochen. Der Trust ist die in die Monopolisierung einmündende Form der primär Kosten senkenden Konzentration im engeren Sinn.

Die Kartellierung geht ihrem primären Zweck nach den andern Weg der Rentabilitätserhöhung. Sie ist in erster Linie nicht auf Kostengestaltung, sondern auf Preisgestaltung gerichtet; sie sucht ihr Ziel primär nicht von der Produktions-, sondern von der Verkaufs- oder Marktseite her zu erreichen. Über diesen Charakter der Kartellierung dürfte eine Meinungsverschiedenheit kaum bestehen. Es wird zu zeigen sein, daß sämtliche Definitionen der Kartelle den Zweck der Einschränkung des Wettbewerbs oder einer Gestaltung der Marktstellung

---

[43] Vgl. dazu jetzt auch in gleichem Sinn Keiser a. a. O. S. 80ff.

enthalten. Diese primäre Zwecksetzung schließt aber nicht aus, daß sich auch das Kartell, gleichsam sekundär, um die Kostensenkung bemüht. Es entspricht dem ökonomischen Selbstinteresse, daß die Rentabilitätserhöhung gleichzeitig auf allen Wegen angestrebt wird. Fraglich kann sein, ob die Kartelle für diesen Zweck die nötige Eignung besitzen. Streit besteht darüber, in welchem Maße solche sekundäre Betätigung Platz greift und Erfolg bringt.

Hält man sich den eben dargelegten Gegensatz des ökonomischen Charakters oder der primären Zwecksetzung der beiden Arten des Zusammenschlusses vor Augen, so läßt sich das Verhältnis von Kartellierung und Vergesellschaftung systematisch erfassen. Die einander oft schroff widersprechenden Auffassungen, die sich in der Literatur finden, erhalten ihren richtigen Platz. Von einem bloß graduellen Unterschied kann nicht gesprochen werden; es liegt ein essentieller Unterschied vor[44]. Mit Recht hebt aber Tschierschky die Möglichkeit einer Annäherung hervor. Sie ergibt sich aus dem Hervortreten der sekundären Zweckverfolgung. Wo aus der Vergesellschaftung der Trust wird, ist die Gemeinsamkeit des Monopolcharakters gegeben. Daß die Vertrustung aus einer Konzentrationsbewegung, die primär nicht auf Monopolisierung gerichtet ist, hervorgeht, bedeutet keineswegs, daß die Monopolmacht der Trusts geringer sei als die der Kartelle. Im Gegenteil ist anzunehmen, daß die Einheitlichkeit und Festigkeit der Leitung, die ihnen eigentümlich ist, zu stärkeren Monopolauswirkungen führen wird. Wenn auch die Kartelle ohne ein gewisses Maß von Monopolmacht, wie zu zeigen sein wird, nicht auszukommen vermögen, so wird ihre Monopolstellung doch eine mehr oder weniger eng begrenzte sein. Kartellierung und Vergesellschaftung können sich nicht ersetzen. Trotz Kartellierung wirkt die Tendenz zur Fusionierung und Konzernbildung fort. Sie wird durch die Kartelle nur geschwächt, wenn der Wille zur Kostensenkung unter dem Schutz des Monopols geschwächt wird. Sie kann sich aber auch verstärken dadurch, daß die Gewinnung eines Kostenvorsprungs innerhalb des Kartells über die unmittelbaren Vorteile der Kostensenkung hinaus noch neue Vorteile erstens im

---

[44] Vgl. Tschierschky, Kartellpolitik, 1930, S. 30, Cassel, Neuere monopolistische Tendenzen in Industrie und Handel, 1927, S. 22, Dobretsberger, Konkurrenz und Monopol, 1929, S. 29, und unsere Ausführungen im Archiv für Sozialw. und Sozialpol., Bd. 60, Heft 2, S. 384.

Quotenkampf und zweitens in der Richtung einer Befreiung von Kartellfesseln (gemischte Werke!) verspricht. Fusionierung und Konzernbildung ihrerseits sind in der Regel kein Hindernis für die Kartellierung. Wo es zur Herausbildung einer kleinen Zahl von großen Konzernen gekommen ist, pflegt die Kartellfähigkeit sogar besonders groß zu sein. Hier ist aber auch, wegen der Gefahren des Wettbewerbs unter den wenigen Großen, besonderer Anlaß zur Kartellierung[45]. Das Kartell kann Zwischenstufe zum Trust sein, wenn die kartellierten Konzerne sich um der Kostensenkung willen oder zwecks Festigung der Monopolmacht später zu einem Trust zusammenschließen.

Die Frage, weshalb in Amerika die Trustbewegung, in Deutschland die Kartellbewegung sich stärker entwickelt hat und weshalb England in beiden Beziehungen zurückgeblieben ist, ist vielfach untersucht worden, so zuletzt ausführlich aber mit völlig unzulänglicher Methode von Klug (Das Wesen der Kartell-, Konzern- und Trustbewegung, Jena 1930, S. 273ff.; er sucht soziologische Ursachen für die Wahl einer der beiden Konzentrationsformen, nachdem er nachgewiesen zu haben glaubt, daß die Zusammenschlußform ökonomisch indifferent sei). Vgl. ferner Levy (Monopole, Kartelle und Trusts in der Geschichte und Gegenwart der englischen Industrie, Jena 1927); J. Singer (Das Land der Monopole, Amerika oder Deutschland?, Berlin 1913); Mannstaedt (Ursachen und Ziele des Zusammenschlusses im Gewerbe, Jena 1916); Liefmann (Kartelle, Konzerne und Trusts, 7. Aufl., Stuttgart 1927, S. 197ff.); Vogelstein (Zur Frage der Monopolorganisation, insbesondere in Deutschland und in den Vereinigten Staaten, Arch. f. Sozialwiss. und Sozialpol., Bd. 20); Vogelstein (Organisationsformen der Eisenindustrie und Textilindustrie in England und Amerika, Leipzig 1910); B. Goldstein (über die Ursachen der schwachen Kartellentwicklung in England, Zeitschrift f. Sozialwissenschaft, 4. Bd., 1910).

## II. Der Begriff des Kartells.

Die bisherigen Erörterungen haben erkennen lassen, welches die Elemente sind, aus denen sich der Kartellbegriff konstituieren muß: es sind das soziale Element des „Verbandes" und das ökonomische Element der Preisgestaltung. Die Kartellehre war von Anfang an um die Herausarbeitung einer Definition bemüht. Eine vollkommene Einigung ist bis heute nicht erzielt worden. In einer ersten Periode kristallisierte sich allmählich jener Begriff heraus, den Liefmann 1897 in

---

[45] Vgl. v. Beckerath S. 404—449; ferner Schäffer, Kartelle und Konzerne, in „Die Strukturwandlungen der deutschen Volkswirtschaft", erster Band 1928, S. 319.

einer für die Folge maßgeblichen Weise formuliert hat. Bis über den Krieg hinaus war die Liefmannsche Begriffsbestimmung herrschend und im wesentlichen unangefochten. In neuerer Zeit aber machen sich Strömungen geltend, die das Kartell anders definiert sehen wollen; es setzt ein grundsätzlicher Begriffsstreit ein, der seinen Abschluß noch nicht gefunden hat.

Die erste Definition, die sich bei Kleinwächter[46] (1883) findet, ist eine Beschreibung dessen, was er als Zweck und Wesen des Kartells ansah. „Kartelle", schreibt er, „sind Übereinkommen der Produzenten..., deren Zweck dahin geht, die schrankenlose Konkurrenz der Unternehmer untereinander einigermaßen zu beseitigen und die Produktion mehr oder weniger derart zu regeln, daß dieselbe wenigstens annähernd dem Bedarf angepaßt werde...". Ähnlich schreibt Brentano[47] (1889), der die Kartelle Vereinigungen von Produzenten nennt, „um durch planmäßige Anpassung der Produktion an den Bedarf einer Überproduktion ... vorzubeugen". Bücher[48] (1894) bricht dagegen mit dem wenig klaren Ausdruck einer Anpassung der Produktion an den Bedarf und definiert die Kartelle schon ähnlich wie Liefmann als „vertragsmäßige Vereinigung von selbständigen Unternehmungen, welche den Zweck verfolgt, durch dauernde monopolistische Beherrschung des Marktes den höchstmöglichen Kapitalprofit zu erzielen". In dieser Definition sind beide Elemente des modernen Kartellbegriffs, das soziologische Moment des vertraglich zustande kommenden Verbandes selbständig bleibender Unternehmer und das ökonomische Moment der monopolistischen Marktbeherrschung enthalten. Sie sind bei Liefmann zum ausschließlichen Begriffsinhalt erhoben; er nennt die Kartelle in seiner herrschend gewordenen Definition „Verbände zwischen selbständig bleibenden Unternehmern derselben Art zum Zwecke monopolistischer Beherrschung des Marktes"[49]. (Tschierschky macht es Liefmann zum Vorwurf, daß er den Zweck der Erhöhung des Profits oder der Rentabilität aus der Definition wegläßt. Die Marktbeherrschung sei bloß Mittel, die Rentabilitätserhöhung dagegen Zweck der Kartellierung. Richtiger scheint es uns, die Rentabilitätserhöhung, da sie der selbstverständliche Zweck aller Unternehmertätigkeit ist, wegzulassen, um allein den für den spezifischen Charakter entscheidenden näheren und unmittelbaren Zweck, wie es Liefmann tut, in die Definition aufzunehmen.) Die Liefmannsche Definition wird in der Folgezeit unter unwesentlichen Abwandlungen wiederholt. Schäffle[50] (1898) nennt die

---

46 Die Kartelle. S. 126.

47 Über die Ursachen der heutigen sozialen Not. S. 93.

48 Schriften des Vereins für Sozialpolitik. Bd. 60. S. 145.

49 Kartelle, Konzerne und Trusts, S. 10.

50 Zum Kartellwesen und zur Kartellpolitik. Zeitschr. für die gesamte Staatswissenschaft. 54. Jahrg. S. 478.

Kartelle Unternehmerverbände monopolistischer Art, Pohle[51] (1898) nennt sie Vereinigungen, „welche in einer auf dem System der freien Konkurrenz beruhenden Volkswirtschaft durch die aus der Einschränkung des freien Wettbewerbs unter den Beteiligten hervorgegangene monopolistische Beeinflussung der Marktverhältnisse den größtmöglichen Vorteil für ihre Mitglieder zu erreichen suchen". Er schildert damit den Vorgang der kartellmäßigen Monopolisierung in besonders klarer Weise. Auch Baumgarten und Meszenly[52] (1906) sprechen von Unternehmerverbänden, „welche die Einschränkung oder Ausschließung der Konkurrenz bezwecken".

Schien damit vor dem Krieg eine einheitliche Auffassung gesichert, so erwächst in neuerer Zeit aus verschiedenen Lagern eine Opposition gegen die Liefmannsche Definition. Infolge der sogenannten Kartellverordnung hat der Kartellbegriff Bedeutung für die Juristen erhalten. Es entsteht die Schwierigkeit einer juristischen Abgrenzung des Tatbestandes monopolistischer Marktbeherrschung. Isay kommt daher zu einer Definition — Hausmann[53] (1926) nennt sie eine formale im Gegensatz zur materialen —, die dahin lautet, das Kartell sei ein Verband, „welcher den Einkauf, die Erzeugung oder den Absatz innerhalb des Gewerbezweiges regeln wolle". Bemerkenswert ist, daß der Isayschen Definition von den Juristen der Vorzug gegeben wird (vgl. Neumann auf der Tagung des Deutschen Juristentages in Salzburg 1928 und seine Ausführungen in „Die Arbeit", 1928). Wenn auch Wirtschaftswissenschaftler, wie z. B. Lehnich und H. v. Beckerath ökonomisch so wenig klare Ausdrücke wie „Regelung des Marktes", „Organisierung des Wettbewerbs" oder gar, in Rückkehr zu Kleinwächter, „Anpassung der Produktion an den Bedarf" in den Kartellbegriff wieder einführen wollen, so müssen hierfür besondere Gründe maßgebend sein. Es handelt sich offenbar darum, die Kartelle vom Vorwurf des Monopolismus zu befreien oder einen Inhaltswandel der Kartelle im Sinne einer Abkehr vom Monopolismus zum Ausdruck zu bringen. Kartellfeindliche und antimonopolistische Tendenzen in der öffentlichen Meinung und in der Gesetzgebung geben hierzu Anlaß. Es kommt hinzu, daß sich in der intensiven Kartelldiskussion der letzten Jahre für viele Kartellgruppen eine faktisch enge Begrenzung der Monopolmacht und Monopolstellung herausgestellt hat. Für diese Kartelle ist der Ausdruck „monopolistische Marktbeherrschung" unangemessen. Noch ein weiterer Grund tritt dazu. Nicht wenige Verbände nennen sich Kartelle, ohne es wirklich zu sein; von ihnen aus geht das Bestreben, den Kartellbegriff so zu verwässern, daß auch sie von ihm erfaßt werden [vgl. unsere Ausführungen im Archiv für Sozialwissenschaft und Sozialpolitik, Bd. 59, S. 293; ferner Herle-Metzner[54] (1929) über die verschiedenen Tendenzen, die sich in dem Begriffsstreit geltend machen;

---

[51] Die Kartelle der gewerblichen Unternehmer. S. 11.

[52] a. a. O., S. 38.

[53] Der Kartellbegriff. Die Kartellrundschau. 1926. S. 418.

[54] Neue Beiträge zum Kartellproblem. S. 24ff.

dazu auch die gute Darstellung der Begriffsdiskussion bei Hammesfahr[55] (1930).]

Tschierschky scheint bemüht zu sein, den Streit zu schlichten. Er steht zwar eindeutig auf dem Standpunkt, daß alle Kartelle einen monopolistischen Charakter tragen. „Einen notwendig monopolistischen Charakter leugnen zu wollen", schreibt er[56], „bedeutet nur Spiel mit einem willkürlich gefaßten Monopolbegriff." Von einer eigentlichen monopolistischen Marktbeherrschung könne aber bei Kartellen mit eng begrenzter Monopolmacht nicht gesprochen werden. Er unterscheidet deshalb verschiedene Stufen der Marktbeeinflussung und Marktbeherrschung. Für alle Kartelle könne aber gesagt werden, daß sie Verbände seien „zwecks willkürlicher Regelung ihres Marktes". Liefmann macht gegen Ausdrücke wie „Beeinflussung oder Beherrschung des Marktes" geltend (1928)[57], daß sie nur eine nähere Ausführung des Begriffs der monopolistischen Tendenz seien. Dieser Einwand scheint uns auch gegen Tschierschkys Formulierung zu gelten. Damit ein Anbieter den Markt willkürlich regeln kann, bedarf er einer Monopolstellung. (Das gleiche sagt Liefmann gegen H. v. Beckerath[58]: „Man kann den Markt nicht regeln, ohne auf ihm eine monopolistische Stellung zu haben.") Unbefriedigend ist es, wenn z. B. Hammesfahr[59] (1930) die Kartelle Verbände „zwecks Beeinflussung des Marktes" nennt; denn wenn der Ausdruck „Marktbeherrschung" für manche Kartelle zu weit geht, so geht der Ausdruck „Marktbeeinflussung" für andere Kartelle nicht weit genug.

Entscheidend für die Begriffsbestimmung des Kartells ist offenbar der Begriff des Monopols oder der monopolistischen Marktbeherrschung. Besteht Einigkeit darüber, daß die Kartelle auf eine Beschränkung des Wettbewerbs gerichtet sind, die ihnen eine das Gewinnergebnis verbessernde Verstärkung ihrer Marktstellung bringen soll, so hängt es von der Terminologie innerhalb der Monopollehre ab, ob eine solche Marktstellung als eine monopolistische zu bezeichnen ist oder nicht.

---

[55] Kartellbeteiligungsziffer. S. 17ff.

[56] Der monopolistische Charakter der Kartelle. (Kartellrundschau. 1926. Heft 7.) S. 334.

[57] Zur Systematik wirtschaftlicher Machtstellungen. (Kartellrundschau. 1928. Heft 7/8.) S. 412.

[58] Keiser a. a. O. S. 67 wählt für seine Kartelldefinition den Ausdruck „zum Zwecke der Beherrschung oder Beeinflussung des Marktes", da er es angesichts der „starken Beeinflussung durch Werturteile und weltanschauliche Momente" für erwünscht hält, „alle Formulierungen, die eine positive oder negative Beurteilung der Kartellhandlungen einschließen, aus dem Kartellbegriff wegzulassen".

[59] Kartellbeteiligungsziffer. S. 17.

Wir werden zu zeigen suchen, daß die von den Kartellen bezogene Marktstellung überall dort, wo das Kartell wirksam begründet ist, dem entspricht, was nach wissenschaftlichem Sprachgebrauch mit Monopolstellung bezeichnet wird. Demgemäß haben wir die Kartelle definiert als „Wirtschaftsverbände, die eine Monopolstellung besitzen[60]". Ähnlich spricht jetzt Löwe[61] von den Kartellen als „Verbänden, die sich in einer Monopolsituation befinden".

---

[60] a. a. O. Bd. 59. S. 321.

[61] Enqueteausschuß, 1. Unterausschuß, 3. Arbeitsgruppe, 4. Teil, 2. Abschnitt, S. 323.

## Zweites Kapitel.

# Die Ursachen der Kartellierung.

Es gibt kaum eine Schrift über Kartelle im allgemeinen oder über einzelne Kartelle, in der nicht von den Ursachen der Kartellierung die Rede wäre. Unter den Ursachen werden die Gründe verstanden, die den Unternehmern Veranlassung geben, sich in Kartellen zusammenzuschließen.

Manche Schriftsteller glauben eine Ursache aufgezeigt zu haben, wenn sie lediglich gewisse allgemeine Härten des Wettbewerbs aufweisen, wie etwa die Unsicherheit, das Risiko, die Preisschwankungen.

So meint Kleinwächter[1] (1883), daß die Produzenten, die für den Gesamtbedarf arbeiten, auch die Sicherheit haben müßten, daß ihre Pläne nicht von anderer Seite durchkreuzt werden. Matern[2] (1897) gibt eine scharfe Kritik der freien Konkurrenz und zählt ihre sämtlichen Härten und Unzulänglichkeiten auf. Häufiger wird der Gedanke so formuliert, daß nicht die Konkurrenz im allgemeinen, sondern die besondere Schärfe oder Intensität des Konkurrenzkampfes in einer bestimmten Wirtschaftsepoche die Kartellierung verursache. So spricht Rothschild[3] (1912) davon, daß von 1890 an für die Industrie das Zeitalter der Marktausweitung aufgehört habe. Mannstaedt[4] (1916) bezeichnet die „Übersetzung des Marktes" als eine Kriegs- und Nachkriegsfolge; er sieht in ihr eine allgemeine Weltmarkterscheinung. Auch Liefmann[5] (1897) erwähnt die Verschärfung der Konkurrenz und die wachsende Divergenz zwischen Risiko und Gewinn. Gruntzel[6] (1928) sieht die alte europäische Industrie im Angesicht „der Erreichung des Sättigungspunktes des Bedarfs". Lehnich[7] (1928) endlich unterscheidet zwei qualitativ voneinander abweichende Konkurrenzsituationen. Es gebe Zeiten, in denen die Nachfrage größer sei als das Angebot; dann fänden sich Erscheinungen wie Wucher und Monopol. In Zeiten

[1] Die Kartelle. S. 83.

[2] Die Industriekartelle als Entwicklungsstufe usw. S. 43.

[3] Kartelle, Gewerkschaften, Genossenschaften. S. 80.

[4] Ursachen und Ziele des Zusammenschlusses im Gewerbe, unter besonderer Berücksichtigung der Kartelle und Trusts.

[5] Die Unternehmerverbände. S. 48. Siehe auch Kartelle, Konzerne und Trusts. 7. Aufl. 1927. S. 26/27.

[6] Die wirtschaftliche Konzentration. S. 21.

[7] Kartelle und Staat. S. 4/5.

wie den unseren aber, in denen das Angebot die Tendenz habe, größer zu sein als die Nachfrage, „wird vielfach der Versuch gemacht, den Wettbewerb durch Kartellvereinbarungen zu regeln und abzuschwächen".

Die Härten des Wettbewerbs, zumal in sozialer Hinsicht, können gewiß nicht bestritten werden. Der sogenannte Konkurrenzmechanismus kann sich nur durch Ausmerzungskampf, durch Verluste, Preisschwankungen und damit durch Risiko für alle auswirken. Den Härten stehen aber die Gewinnchancen der produktiveren Unternehmungen gegenüber. Es müssen deshalb besondere Gründe vorliegen, bis die Wettbewerbstüchtigen ein solidarisches Interesse daran finden, sich mit den Wettbewerbsuntüchtigen zusammenzuschließen, bis die Starken sich veranlaßt sehen, den auf Konkurrenz abgestellten Auslesekampf aufzugeben oder einzuschränken. Die besonderen Gründe, die eine solche Solidarität herbeiführen, gilt es zu finden, wenn in theoretisch befriedigender Weise die Verursachung der Kartellierung erklärt werden soll. (Was eigentlich unter „Verschärfung der Konkurrenz" gemeint ist, läßt sich aus der Kartelliteratur nicht mit voller Deutlichkeit erkennen. Eine Untersuchung über den Grad der Schärfe des Wettbewerbs und über die besonderen Umstände, die geeignet sind, eine Verschärfung herbeizuführen, gibt es nicht. Es ist anzunehmen, daß das Tempo des technischen Fortschritts, die größere oder geringere strukturelle Gleichartigkeit der Konkurrenten, das Optimum oder das Minimum der Betriebsgröße, die Veränderbarkeit der Nachfrage Einfluß auf die Größe der Gewinnchancen, auf die Höhe des Risikos und damit auf das, was als Schärfe des Wettbewerbs bezeichnet wird, haben müssen. In sogenannten neuen Industrien, in denen noch große dynamische Renten in Aussicht stehen und in Produktionszweigen, in denen kapitalistische Unternehmungen noch gegen handwerkliche Konkurrenz vorstoßen, mag der Wettbewerb für die kapitalistischen Unternehmer weniger scharf erscheinen als dort, wo der Kostenausgleich sich weitgehend vollzogen hat, die Differentialrenten eingeebnet und die Gewinnmarge klein geworden ist. Es bedarf in den letztgenannten Fällen zweifellos eines geringeren Anstoßes, um ein solidarisches Interesse an einer Beschränkung oder Aufhebung des Wettbewerbs herbeizuführen.)

Eine erste Ursache der Kartellierung ließe sich denken, die grundsätzlich in jeder Konkurrenzsituation wirksam sein könnte: Auch für die Wettbewerbstüchtigen ist die Aussicht auf Monopolgewinn verlockend; sie könnte daher Anlaß zur Kartellierung geben. Der Anreiz wäre um so stärker, je vollkommener die durch Zusammenschluß im Kartell erreichbare Monopolstellung wäre.

In der Literatur wird im allgemeinen das Streben nach Monopolgewinn als Kartellursache nicht oder nur in zweiter Linie erwähnt. Bei Liefmann[8] (1897) finden sich Bemerkungen, die die Auffassung zum Ausdruck bringen, als würden manche Kartelle um der Monopolgewinne willen begründet. Er sagt in seiner ersten Schrift, daß die Kartelle nicht nur Kinder der Not seien, sondern daß sie auch die Aufgabe hätten, gute Konjunkturen auszunützen. Bei einigen scharfen Kritikern der Kartelle wird diese Kartellursache nachdrücklich betont [vgl. Kantorowicz[9] (1911) und Cassel[10] (1928)]. Saitzew[11] (1928) erwähnt neben der ruinösen Konkurrenz die monopolistische Gewinnsicherung als zweiten Grund zur Kartellierung.

**Nach übereinstimmender Auffassung aber liegt der Hauptgrund für die Kartellierung in Notlagen, in denen sich ganze Produktionszweige unter besonderen Umständen befinden.**

Immer wieder wird Kleinwächter[12] (1883) zitiert, der gesagt hat: „Von mehreren meiner Gewährsmänner wird ... übereinstimmend hervorgehoben, daß vielleicht die meisten der in Deutschland und Österreich bestehenden Kartelle ... Kinder der Not seien.“ Mit Nachdruck wiederholt Kirdorf[13] im Jahre 1905 anläßlich der Verhandlungen des Vereins für Sozialpolitik: „So kann ich von den Kartellen, die mir näher bekannt sind, nur voll Überzeugung sagen — es sind Kinder der Not. Unhaltbare wirtschaftliche Zustände haben sie hervorgerufen.“

**Überall werden diese Notlagen gekennzeichnet als „Auswüchse der Konkurrenz“ oder als ein Zustand der „ruinösen Konkurrenz“. Die besonderen Umstände sind früh erkannt worden, die geeignet sind, dem Konkurrenzkampf diese besondere Ausprägung zu geben.**

**Man kann aber nicht behaupten, daß die Lehre von der Verursachung der Kartelle auf einer theoretisch gründlichen Erforschung des Tatbestandes der „Notlagen“ aufgebaut sei.**

**Das Augenmerk richtet sich vor allem auf die Erscheinung der Überproduktion und auf deren Folgen für die Konkurrenzgestaltung.**

So bezeichnet Brentano[14] (1889) in einer oft zitierten Wendung die Kartelle als „die Fallschirme, deren sich die zu hoch geflogene Produktion

[8] Die Unternehmerverbände. S. 53.
[9] Kartellprobleme. S. 60.
[10] Neuere monopolistische Tendenzen in Industrie und Handel.
[11] Horizontal und Vertikal im Wandel der letzten Jahrzehnte. S. 8.
[12] Die Kartelle. S. 193.
[13] Schriften des Vereins für Sozialpolitik. Bd. 116. S. 275.
[14] Über die Ursachen der heutigen sozialen Not. S. 24.

bediente, um wieder auf festen Boden zu gelangen". Die Kartellierung war damit in Beziehung gesetzt zum Umschwung der Konjunktur. In gleichem Sinne schrieb Schönlank[15] den berühmt gewordenen Satz (1890): „Am 9. Mai 1873, als in Wien die Sterbeglocke des wirtschaftlichen Aufschwungs gellte, wurde die Geburtsstunde der Kartelle eingeläutet." Der Zusammenhang zwischen der scharfen Depression der siebziger Jahre und der ersten Entstehungsperiode der Kartelle war offenbar. Wenn in späteren Konjunkturphasen Kartelle auch im Aufschwung gegründet wurden, so braucht darin kein Widerspruch erblickt zu werden: es konnte sich um vorausschauende Maßnahmen im Hinblick auf die zu erwartenden Zeiten des Rückschlags handeln. Klar und ziemlich umfassend beschreibt Bücher[16] (1894) die Entstehung der Kartelle aus Auswüchsen der Konkurrenz, wie er ja überhaupt in dieser ersten Epoche der Kartellehre mit bemerkenswertem Scharfblick für die Tatsachen und mit einer großen Freiheit von den damals herrschenden Auffassungen an die Kartellerkenntnis herangetreten ist. Beim Eintreten der Überproduktion unterbieten sich die einzelnen Unternehmungen, ohne daß es bei annähernd gleichgestellten Betrieben zu einem Ergebnis des Kampfes kommt. In derselben Diskussion auf der Tagung des Vereins für Sozialpolitik fördert Brentano die Einsicht in die besonderen Umstände, die zur ruinösen Konkurrenz führen, durch Hinweis auf die Bedeutung hoher fixer Kosten und die Unübertragbarkeit des investierten Kapitals (1894)[17]. Die Schwierigkeit der Niederkonkurrierung bei gleicher Kraft der Konkurrenten, die auch Bücher im Auge hat, hebt Wittgenstein hervor (1894)[18]. Die wichtigsten Elemente sind damit herausgestellt und werden in verschiedenen Abwandlungen und mit größerem Nachdruck bald auf diesem, bald auf jenem Moment in allen weiteren Schriften wiederholt. Liefmann[19] (1897) legt Nachdruck auf den Zusammenhang mit dem Konjunkturniedergang; Pohle[20] (1898) betont, ähnlich wie Wittgenstein, die Bedeutung der Konzentration auf einige große Betriebe, die so stark sind, daß sie im Konkurrenzkampf nicht mehr ausgemerzt werden können. Die Schwierigkeit der Ausmerzung wird in der Folge wiederholt hervorgehoben und in den Mittelpunkt der Betrachtung gerückt. Waentig[21] (1901) sagt, die Kartellbewegung setze ein, wenn die freie Konkurrenz durch hohe Kapitalanlagen, erbitterten Preiskampf und Gleichwertigkeit der Gegner an einem toten Punkt ankomme. Wieden=

[15] Die Kartelle. Arch. f. Soziale Gesetzgebung und Statistik. III. Band. S. 493.

[16] Schriften des Vereins für Sozialpolitik. Bd. 60. S. 143ff.

[17] Ebenda. S. 176.

[18] Ebenda. S. 35.

[19] Die Unternehmerverbände. S. 50—52.

[20] Die Kartelle der gewerblichen Unternehmer. S. 69.

[21] Industriekartelle und Trusts und das Problem ihrer rechtlichen Regelung. Jahrbuch für Gesetzgebung, Verwaltung und Volkswirtschaft im Deutschen Reich. Jahrg. 1901. S. 5.

feld[22] (1912) weist auf den scharfen Konkurrenzkampf von Großunternehmungen hin, die als Konkurrenten keine Hoffnung hätten, ihre Mitbewerber durch diesen Kampf auszuschalten. Halm[23] (1929) schreibt: „Der Konkurrenzkampf führt vielmehr zum Übrigbleiben verhältnismäßig weniger gleich starker Unternehmungen. Mit diesem Zustand wird eine Grenze erreicht, über die hinaus der Konkurrenzkampf ein Ausschalten schwächerer Kräfte nicht oder doch nur unter unverhältnismäßigen Schwierigkeiten erreichen kann." In einer Reihe von Sonderuntersuchungen über einzelne Industriezweige wird die Schwierigkeit der Ausmerzung gleichfalls betont (vgl. z. B. Höchstetter[24] (1927) über die Kaliindustrie und Eißfeldt[25] (1928) über die Elektroindustrie). Daß die Ausschaltung der schwächeren Konkurrenten durch die modernen Finanzierungsmethoden schwieriger geworden sei, wird von Mannstaedt[26] (1928) hervorgehoben. Immer mehr tritt in der Diskussion die Tatsache in den Vordergrund, daß der Widerstand gegen die Ausschaltung überschüssiger Produktionsanlagen im Zusammenhang steht mit dem Größenanteil der fixen Kosten[27]. Eine paradoxe und widersinnige Erscheinung soll es sein, daß in der Konkurrenzwirtschaft bei hohen fixen Kosten die Unternehmer in der Depression gezwungen seien, Produktion und Angebot noch weiter auszudehnen, statt, wie es ihrem gemeinsamen Interesse entspräche, dem Preissturz durch Beschränkung des Gesamtangebots zu begegnen. [Vgl. die Schilderung Klotzbachs[28] (1926) über die Eisenindustrie. Es liegt auf der Hand, daß die Darstellungen über die Schwerindustrie für die Anschauungen maßgeblich sind, die sich hinsichtlich der Bedeutung der fixen Kosten herausgebildet haben.] Diese Gedankengänge sind von Schmalenbach in neuester Zeit in seinem Wiener Vortrag[29] in den Mittelpunkt der Betrachtung gestellt worden. (Wir haben a. a. O.[30] unter dem Thema „Überproduktion, fixe Kosten und Kartellierung" gezeigt, daß seine Auffassung heute als die herrschende

[22] Das Rheinisch-Westfälische Kohlensyndikat. S. 5.

[23] Die Konkurrenz. S. 135.

[24] Kontingentwirtschaft in der Kaliindustrie. S. 129ff.

[25] Die Kartellierung der deutschen Elektroindustrie. S. 16ff.

[26] Die monopolistischen Bestrebungen und ihre Bedeutung für das Wirtschaftsleben vor und nach dem Kriege. (Rostocker Universitätsreden.) S. 6.

[27] Reith, Hemmung des technisch-wirtschaftlichen Fortschritts 1931, bespricht die „Organisationsbedürftigkeit", die sich für den Großbetrieb aus seiner in der Schwerfälligkeit und Zählebigkeit begründeten Konkurrenzempfindlichkeit ergebe. Vgl. auch Erich Egner, Der Sinn des Monopols, 1931, insbes. S. 94ff., der die Schwierigkeiten der Umstellung bei hohem Anlagekapital betont und übertreibt.

[28] Der Roheisenverband. S. 257ff.

[29] Die Betriebswirtschaftslehre an der Schwelle der neuen Wirtschaftsverfassung, Vortrag vom 31. Mai 1928, Zeitschr. f. Handelswiss. Forschung, 1928, S. 241ff.

[30] Arch f. Sozialw. u. Sozialpol., Bd. 60, Heft 2, S. 30ff.

bezeichnet werden kann.) Daß die Überproduktion selbst häufig genug die Folge vorausgegangener Überinvestitionen ist, läßt sich aus einer Reihe von Kartellmonographien belegen. [Vgl. insbesondere die Darstellungen über die Zementindustrie von Madelung[31] (1913) und Timmermann[32] (1916). Timmermann spricht von „einem wüsten Drauflosbauen". Vgl. auch Eißfeldt, über die Investitionspraktiken der Elektroindustrie.] Halm[33] (1929) geht auf die Ursachen der Überinvestitionen zurück; die Betriebe seien in der Gegenwart so groß geworden, daß jeder neue Betrieb das Angebot sprunghaft vergrößere. Schmalenbach nimmt an, daß Industriezweige mit hohen fixen Kosten sich automatisch in eine übergroße Kapazität hineinrationalisieren. Wenn gesagt wird, daß die Kartellbildung mit den Konjunkturniedergängen in Zusammenhang stehe, so ist damit nicht gesagt, daß sie zeitlich in die Depression fallen müsse. Es wird häufig hervorgehoben, daß die Unternehmer sich im Aufschwung zusammenschließen, um für den Rückschlag gewappnet zu sein. Sombart (Das Wirtschaftsleben im Zeitalter des Hochkapitalismus, 2. Hauptband, S. 695) vertritt allerdings die Auffassung, daß der Aufschwung an sich der günstigere Boden für Kartelle sei.

Neben dem erwähnten Ursachenkomplex, auf dessen systematische Erfassung noch zurückzukommen sein wird, finden zumal in den Monographien über einzelne Industriekartelle eine Reihe von anders gearteten Sonderursachen Erwähnung. Sie alle lassen sich, ohne daß ihnen Gewalt angetan würde, unter den Begriff der „Schwächelagen" subsummieren. Darunter sollen solche Marktstellungen der Anbieter verstanden werden, in denen die schwache Machtposition den Preis unter das Niveau sinken läßt, das auf Grund der quantitativen Verhältnisse von Angebot und Nachfrage zu erwarten wäre.

Der Grund der Schwächelage kann in der Übermacht des Gegenkontrahenten liegen.

So spricht Brentano[34] (1894) von dem Bestreben der mittleren Unternehmer, sich durch Kartellierung gegen die Übermacht der großen Unternehmer zu wehren; Wittgenstein[35] (1894) und Ettinger[36] (1905) erwähnen die Schwächelage mancher Produzenten gegenüber den Händlern und zeigen, daß auch sie zur Kartellierung führt; H. v. Beckerath[37] (1911)

[31] Die Entwicklung der deutschen Portlandzementindustrie. S. 30.

[32] Das Kartellproblem der Rheinisch-Westfälischen Zementindustrie. S. 22.

[33] Die Konkurrenz. S. 132.

[34] Schriften des Vereins für Sozialpolitik. Bd. 60. S. 180.

[35] Ebenda. S. 36.

[36] Die Regelung des Wettbewerbs im modernen Wirtschaftssystem. S. 168.

[37] Die Kartelle der deutschen Seidenwebereiindustrie. S. 39.

weist in der ersten großen empirischen Untersuchung Kartelle in der Seidenindustrie nach, in denen kleine Produzenten dem harten Konkurrenzkampf gegenüber Großabnehmer- und Lieferkartellen durch eigene Kartellierung begegnen. Auch in seinen weiteren Schriften betont H. v. Beckerath diesen defensiven Charakter vieler Kartelle der Fertigindustrie. Besonders interessant und für eine vertiefte Untersuchung über Abweichungen von der normalen Konkurrenzlage geeignet sind die Darlegungen, die Eucken[38] (1914) über die Kartellursachen in der Schiffahrt macht. Hier verbindet sich der Druck der fixen Kosten mit besonderen Schwächelagen des Angebots. [Über den Druck der marktgegnerischen Nachfrage vgl. auch Rothschild[39] (1912); über die Zwangslage der Elektroindustrie den Großabnehmern, insbesondere dem Staat gegenüber, vgl. Eißfeldt[40] (1928); über die Schwächeposition der Händler gegenüber Produzentenkartellen vgl. Weißhäuptl[41] (1924).]

**Ein weiterer Grund der Schwächelage wird in der Unorientiertheit erblickt, in der sich in manchen Industrien der isolierte Unternehmer befindet.**

Eine gute Schilderung hiervon gibt für die Textilindustrie Stern[42] (1909). Troemel[43] (1926) weist auf die Unorientiertheit der kleinen Fabrikanten in der Porzellanindustrie hin. Vershofen[44] (1928), der seine Erfahrungen in der Porzellanindustrie gewonnen hat, sieht geradezu den Zweck der Kartellierung in einer Darbietung der Leistungsspezialität „Marktorientiertheit".

**Ein dritter Grund für die Schwächelage bilden unfaire oder unlautere Wettbewerbspraktiken.**

Eine große Reihe von Konditionenkartellen werden als Maßnahmen gegen den unfairen Wettbewerb dargestellt. Insbesondere in der Textilindustrie, aber auch in der Brauerei und im Buchhandel wird über die sogenannte Schleuderkonkurrenz geklagt. [Vgl. Ettinger[45] (1905), Troemel[46] (1926), Liefmann[47] (1927).]

---

[38] Die Verbandsbildung in der deutschen Seeschiffahrt.

[39] Kartelle, Gewerkschaften und Genossenschaften. S. 8.

[40] Die Kartelle der deutschen Elektroindustrie. S. 62.

[41] Zwei Großhandelskartelle der Textilbranche. S. 15.

[42] Die Kartelle der Textil- und Bekleidungsindustrie. S. 21.

[43] Kartell- und Preisbildung in der deutschen Geschirr- und Luxusporzellanindustrie. S. 3.

[44] Die Marktverbände. S. 23.

[45] Die Regelung des Wettbewerbs im modernen Wirtschaftssystem. S. 4.

[46] Kartell- und Preisbildung in der deutschen Geschirr- und Luxusporzellanindustrie. S. 116.

[47] Kartelle, Konzerne und Trusts. S. 63.

Damit dürften die wesentlichen in der Literatur genannten Kartellursachen aufgezählt sein. Die Frage, ob sie damit erschöpft sind, ob wirklich sämtliche oder die größte Zahl der heute bestehenden Kartelle auf Grund einer der genannten Ursachen ins Leben gerufen worden sind, könnte nur von einer systematischen Untersuchung des Verursachungsproblems beantwortet werden. Bedauerlicherweise fehlt eine solche. Sie wäre um so wichtiger, als in der Literatur die Ursachen in der Regel gleichzeitig als Rechtfertigung der Kartellierung aufgeführt werden. Es kann hier nicht der Versuch gemacht werden, diese Lücke auszufüllen. Der folgende Aufriß soll nur dazu dienen, die Richtung anzugeben, in der sich eine solche Untersuchung zu bewegen hätte:

## I. Das Streben nach Monopolgewinn.

Der Versuch, aus der Konkurrenzlage in die Kartellsituation zu gelangen, ist in einem gewissen Sinn immer ein „Streben nach Monopolgewinn", wenn darunter nichts anderes verstanden würde als das Streben nach einer mittels Wettbewerbsbeschränkung verbesserten Gewinnlage. Im Bewußtsein der Beteiligten spiegelt sich dieser Vorgang aber vermutlich in der Regel nicht als Streben nach Monopolgewinn, sondern als Wunsch, aus Verlusten oder schlechten Gewinnen der Konkurrenzlage anders als durch Kostenvorsprung gegenüber Konkurrenten oder Absatzerweiterung herauszukommen. Ein besonderer Tatbestand, der von anderen Kartellursachen abzuheben wäre, ist dann gegeben, wenn aus einer guten Gewinnlage heraus das Streben nach noch höheren, und zwar monopolistischen Gewinnen ohne Not zur Kartellierung führt. Die empirische Untersuchung müßte zeigen, ob es solche Fälle gibt. Die Beteiligten werden in der Regel die Kartellierung damit begründen, daß sie einer künftigen Verschlechterung der Konjunktur- und Gewinnlage vorzubeugen wünschen.

## II. Das Streben nach Überwindung der sogenannten ruinösen Konkurrenz.

Die ruinöse Konkurrenz wird zurückgeführt entweder auf „Schwächelagen" oder auf „Überproduktion". Im ersten Fall erzielen die Anbieter schlechtere Preise und erleiden größere Verluste als nach den quantitativen Verhältnissen von Angebot und Nachfrage notwendig erscheint; im zweiten Fall erzielen sie Verlustpreise, weil das Angebot während längerer Dauer nicht auf das Maß eingeschränkt wird, das rentable Preise gewährleisten würde.

### A. Die Schwächelagen.

In der Literatur fanden sich drei Ursachen für solche Schwächelagen:

#### 1. Die Unorientiertheit.

Manche Anbieter sind mangels genügender Marktkenntnis oder genügender Fähigkeit zu rationeller Kostenkalkulation nicht imstande, ihr eigenes Interesse als homines oeconomici wahrzunehmen. Der Grund für solche Schwächelagen und damit eine Ursache der Kartellierung wird in dem Maße behoben als durch Maßnahmen, sei es der Wirtschaftsverbände (die hierfür nicht monopolistisch zu sein brauchen), oder auch des Staates für bessere Marktorientierung und rationellere wirtschaftliche Ausbildung Sorge getragen wird.

#### 2. Die Ungleichheit der Machtverhältnisse.

Die Ungleichheit kann eine solche zwischen den Konkurrenten sein. Es werden Fälle genannt, in denen große Unternehmungen moderner kapitalistischer Struktur unter der sogenannten Schleuderkonkurrenz kleinerer oder mittlerer, oft ihrem Charakter nach „vorkapitalistischer" Unternehmungen zu leiden hätten. Das kann daher rühren, daß die letzteren in vielen Fällen nicht kaufmännisch kalkulieren. Auch hier wäre von Unorientiertheit zu sprechen. Verzichten dagegen z. B. kleinere Familienbetriebe auf volles Arbeitsentgelt und volle Verzinsung ihres Eigenkapitals oder sind sie auf andere Weise in der Lage, ihre Kosten niedrig zu halten, so beweist ihre höhere Krisenfestigkeit, daß sie, jedenfalls für Depressionszeiten, dem Optimum der Betriebs- und Unternehmensgröße näherstehen. Trotzdem kann unter Umständen von ruinöser Konkurrenz gesprochen werden; dann nämlich, wenn das Optimum je nach der Konjunkturlage wechselt, und wenn es in keiner Konjunkturphase zur Ausmerzung der jeweils ungünstigeren Unternehmungsform zu kommen vermag. Ähnlich liegt es dort, wo große Unternehmungen den kleineren Konkurrenten während und nur während gewisser Konjunkturphasen mit Nebenerzeugnissen „Schleuderkonkurrenz" zu machen vermögen.

Die hier genannten Verhältnisse sind unseres Wissens nie einer exakten Untersuchung unterworfen worden. In der Kartellehre werden nur immer wieder die Aussagen von Interessenten und von den auf die Aussagen der Interessenten angewiesenen Verfassern von Monographien wiederholt. Oft genug aber wird als Schleuderkonkurrenz empfunden, was in Wahrheit Unterbietung von seiten wettbewerbstüchtigerer Unternehmungsformen ist. Nähere Prüfung würde vielleicht ergeben, daß durch Kartellierung oftmals bloß ein Prozeß aufgehalten oder verlangsamt wird, der darauf gerichtet ist, in den betreffenden Produktionszweigen der überlegenen Unternehmungsform zum Sieg zu verhelfen.

Die Ungleichheit kann aber auch eine solche sein zwischen Anbietern und Nachfragenden. Hierher gehören vor allem die Fälle, in denen auf der Nachfrageseite ein Monopol vorliegt, sei es, daß die Nachfrage ausschließlich in Händen des Staates ist, sei es, daß die Nachfragenden selbst kartelliert oder sonstwie im Besitz einer Monopolstellung sind. Typisch ist hier der Fall der öffentlichen Submission. Die Ursache der Schwächelage und damit auch der Kartellierung ist hier der Monopolismus der Gegenseite; man kann hier von defensiver, also sekundärer Kartellierung sprechen. Dieser Fall verdient besondere Beachtung[48]. Die „defensiven" Kartelle kleiner und mittlerer Unternehmer, die sich gegen monopolistisch starke Produktionskartelle der Vorstufe, gegen Großhandelskartelle, gegen staatliches Monopol, Trusts oder Warenhäuser richten mögen, wehren sich mit Recht dagegen, daß ihnen der monopolistische Zusammenschluß zum Vorwurf gemacht oder erschwert wird. Solange keine Gewähr dafür besteht, daß die Monopolisierung auch auf der Gegenseite aufgehoben wird, bedeutet jede Erschütterung der defensiven Kartellierung eine Auslieferung schwächerer Kontrahenten an die Übermacht des Gegenmonopols. Da sich nach der Lehre vom Marktkampf unter Monopolisten der Preis nach Maßgabe der gegenseitigen Macht bestimmt, so kann einem defensiven Kartell selbst bei vollkommener Monopolstellung unter Umständen eine erfolgreiche Monopolausnützung versagt bleiben. Die oft sehr schroffe Anwendung des Organisationszwanges bei solchen Defensivkartellen versteht sich aus der Schwächelage, die sie selbst nach der Kartellierung noch innehaben.

[48] Es ist aber nicht unbedenklich, wenn Stark, Die Theorie der Kartelle (1930) (vgl. S. 12 ff.) das Bild des freien Wettbewerbs, das er zur Grundlage seiner Ausführungen macht, von dem Wettbewerb mehrerer Anbieter im Angesicht eines einzigen, also monopolistischen Nachfragenden nimmt. Die defensive Kartellierung dient nicht dazu, „dem Grundübel des freien Wettbewerbs, dem Unterbietungsstreben, Einhalt zu tun" (S. 17), sondern sie will die Ungleichheit der Macht, die sich aus einseitiger Monopolisierung ergibt, und den aus ihr sich ergebenden „ruinösen" Unterbietungskampf aufheben.

### 3. Die „niedere Grenzmoral".

Im Anschluß an Briefs[49] kann die sogenannte Schmutzkonkurrenz als ein Zustand relativ niederer Grenzmoral bezeichnet werden.

Auch der Tatbestand der sogenannten „Schmutzkonkurrenz" oder des „unfairen" Wettbewerbs bedürfte weiterer Klärung. Nicht alles, was von den durch die Unterbietung Betroffenen so genannt wird, dürfte diese Bezeichnung verdienen. Richtig ist aber, daß die Konkurrenz ausartet, wenn die in der liberalen Theorie stillschweigend vorausgesetzten fairen Regeln des Wettkampfes außer acht gelassen werden. In der Kartelldiskussion finden sich Anklagen wegen unfairer Konkurrenz sowohl von seiten der Kartellinteressenten gegen Außenseiter als von seiten der Außenseiter gegen Kartelle. Ähnliche Klagen werden erhoben von alteingesessenen Firmen gegen neuauftretende, von großen gegen kleine und von kleinen gegen große Unternehmungen. Auch von dieser Kartellursache kann gesagt werden, daß sie in dem Maße verschwindet, als es durch Maßnahmen von Wirtschaftsverbänden (wiederum nicht notwendig monopolistischer Art) und durch Maßnahmen des Staates gelingt, die Grenzen des im Wettbewerb Erlaubten in verbindlicher Weise festzulegen oder zur Anerkennung zu bringen. Es ist eine schwere Unterlassung der Kartellehre, daß sie von der Einsicht in die Ursachen der Kartellierung, d. h. aber in die besonderen Notlagen der freien Konkurrenz, nicht fortgeschritten ist zu einer Erforschung der Mittel, mit denen anders als durch Kartellierung jene Notlagen behoben oder gemildert werden könnten. Die Kartelle sind volkswirtschaftlich nur gerechtfertigt, wenn es kein vorteilhafteres Mittel gibt, um solche Notlagen zu überwinden.

### 4. Die Überproduktion.

Bei der Wichtigkeit, die nach übereinstimmender Meinung einer auf sogenannte Überproduktion zurückgehenden, ruinösen Konkurrenz für das Entstehen von Kartellen und für die volkswirtschaftliche Rechtfertigung der Kartellierung zukommt, erscheint es notwendig, das Ergebnis der jahrzehntelangen Kartelldiskussion noch einmal zusammenzufassen, vor allem mit dem Ziel, auch hier zu zeigen, was der Kartell-

---

[49] Handwörterbuch der Soziologie. 2. Bd. Artikel „Sozialgeist und Sozialform der Gegenwart". 1931. S. 162.

theorie noch zu tun übrigbleibt[50]. Die Behauptung, daß es in der kapitalistischen Marktwirtschaft eine *allgemeine* Überproduktion im Sinne eines Dauerzustandes geben könne, braucht nicht nochmals widerlegt zu werden[51].

Als Kartellursache kommen in Frage entweder 1. die spezielle Überproduktion in einem Produktionszweig, die infolge disproportionaler Übersetzung dieses Zweiges entsteht oder aber 2. die allgemeine konjunkturbedingte „Überproduktion", die am Ende der Hochkonjunktur auftritt und für die Zeit der Krise und des Niedergangs kennzeichnend ist. Überproduktion heißt Produktion einer Gütermenge, deren Angebot den Preis unter die Selbstkosten drückt. In beiden Fällen liegt an der kaufkräftigen Nachfrage gemessen Überinvestierung vor; ein Teil der Produktionskapazität muß ausgeschaltet werden. Das geschieht bei freier Konkurrenz mittels Preisunterbietung, die so lange fortgesetzt werden muß, bis die Grenzproduzenten durch die Verluste gezwungen werden, ihre Werke stillzulegen bzw. umzustellen. Diese Form der Auslese oder der Anpassung des Gesamtangebots an die veränderte Nachfragelage kann infolge besonderer Umstände zu jenem lang andauernden, auch für die wettbewerbstüchtigen Unternehmungen verlustreichen Kampf führen, der als ruinöse Konkurrenz bezeichnet zu werden pflegt. Das wird um so eher der Fall sein, je mehr in einem Produktionszweig die folgenden Voraussetzungen erfüllt sind:

1. Je stärker die Überinvestierung ist,
2. je stärker die Konjunkturempfindlichkeit eines Produktionszweiges, d. h. aber der konjunkturelle Rückgang der Nachfrage ist,
3. je höher der Anteil ist, den die fixen Kosten an den Gesamtkosten haben.

Die *Überinvestierung* geht oftmals auf unrationelle Handlungen zurück und ist dann als Fehlinvestierung zu kennzeichnen. Daß die Kartellierung selbst Ursache solcher Fehlinvestierung sein kann, wird noch zu zeigen sein[52]. Bei disproportionaler Überbesetzung eines Produktionszweiges oder dauerndem, also strukturellem Rückgang der Nachfrage für eine Ware muß es früher oder später zur Ausschaltung eines

[50] Wir verweisen dabei auf unsere speziellen Darlegungen zu dieser Frage
[51] Ebenda. S. 387/88.
in dem Aufsatz „Überproduktion, fixe Kosten und Kartellierung" im Archiv für Sozialwissenschaft und Sozialpolitik. Bd. 60. Heft 2. S. 382 ff.

[52] Vgl. unten S. 107.

Teils der Unternehmungen kommen. Bei bloß konjunktureller Überinvestierung wird unter Umständen die bloß vorübergehende Stilllegung eines Teils der Produktionsanlagen genügen. Für beide Fälle wäre getrennt vom volkswirtschaftlichen Gesichtspunkt die kartellmäßige mit der konkurrenzmäßigen Art der Angebotseinschränkung und Auslese zu vergleichen. Dobretsberger nennt das Monopol eine andre Art der Auslese. Er prüft aber nicht, ob sie der Auslese durch Wettbewerb volkswirtschaftlich gleichwertig sei. Dabei läßt sich leicht nachweisen, daß Art und Ausmaß der Auslese im Falle der Monopolisierung volkswirtschaftliche Nachteile im Gefolge haben muß: 1. ist die durch Kartellierung herbeigeführte Stillegung von Produktionsanlagen umfangreicher als im Falle der konkurrenzmäßigen Ausmerzung, 2. tendiert die Kartellierung dahin, an Stelle völliger Stilllegung der relativ unproduktivsten Betriebe einen Bruchteil sämtlicher Betriebe, also auch der besten, stillzulegen.

Auch bei der konjunkturellen Überproduktion kann von Fehlinvestierung gesprochen werden. Ökonomisch rationales Handeln muß mit dem Konjunkturrückgang rechnen. Die Produktionskapazität im ganzen darf rationeller Weise über die Aufnahmefähigkeit in der Depression hinaus nur so weit ausgedehnt werden, als dadurch im Aufschwung zusätzliche Gewinne gemacht werden, die die zu erwartenden Verluste der Depression überkompensieren. Bei hohem Minimum und Optimum der Betriebsgröße wird allerdings die gleichzeitige Expansion sämtlicher Konkurrenten im Aufschwung eine solche Kalkulation oftmals sehr schwierig oder praktisch unmöglich machen. Immerhin wäre zu erwarten, daß die Investierungen um so vorsichtiger vorgenommen würden, je größer der Anteil der fixen Kosten, die Konjunkturempfindlichkeit und damit die Gefahren der ruinösen Konkurrenz in einem Produktionszweig sind. Wenn in praxi das Gegenteil der Fall zu sein scheint, so wäre erst noch näher zu untersuchen, worauf denn diese paradoxe Erscheinung beruht. Wird allerdings für die Zeit der Depression mit der Kartellierung und damit mit der Möglichkeit einer Abwälzung der Schäden der Überinvestierung gerechnet, so ist privatwirtschaftlich der höhere Grad der Investierung gerechtfertigt. Dann ist aber die Kartellierung Ursache der Überinvestierung. Die Investierungspraktiken sollten zum Gegenstand eingehender kartelltheoretischer Untersuchungen gemacht werden. Die Zementindustrie und andere böten hierfür ausgezeichnetes Material.

Die Rolle, die die fixen Kosten spielen, dürfte im wesentlichen, zumal durch die Diskussion, die sich an Schmalenbachs Vortrag angeschlossen hat, geklärt sein. Es scheint allerdings nirgends erwähnt zu werden, daß die Behauptung, nach welcher die Unternehmungen bei freiem Wettbewerb ihr Angebot nach Eintritt der Krise sogar noch weiter ausdehnen, keineswegs in allen Fällen zutreffen kann. Die Unternehmer haben ein wirtschaftliches Interesse an einer Ausdehnung der Produktion grundsätzlich nur, wenn dadurch eine weitere Degression der Kosten eintritt. Das setzt aber voraus, daß sie die vorhandene Produktionskapazität nicht schon vorher optimal ausgenützt haben. Sie müßten also von der Krise zufällig auf dem Expansionswege zum Optimum überrascht werden. Eine weitere Ausdehnung der Produktion käme auch in Frage als Mittel, um einen, wenn auch verlustreichen, Entscheidungskampf gegen Konkurrenten durchzuführen mit dem Wunsche, diese vom Markte zu verdrängen. Da aber vor der Krise die Kapazität voll ausgenützt ist, müßte die Mehrproduktion durch Einrichtung neuer Produktionsanlagen zuvor ermöglicht werden. Dazu wird es in der Krise kaum kommen.

Wenn sich die ruinöse Konkurrenz als eine wesentliche Ursache der Kartellierung erweist, so ist damit noch nicht gesagt, daß sie eine volkswirtschaftliche Rechtfertigung der Kartellierung sei. Die betroffenen Unternehmer handeln häufig privatwirtschaftlich gesehen richtig, wenn sie einen Teil des Schadens, der durch die Überinvestierung entstanden ist, abzuwälzen suchen. Vom volkswirtschaftlichen Gesichtspunkt liegen die Dinge anders, weil hier der Schaden, der von andern getragen wird, mit in Rechnung zu setzen ist. Es ist volkswirtschaftlich auch nicht gleichgültig, ob die Einschränkung der Produktionskapazität durch quotenmäßige Produktionseinschränkung aller Werke oder durch Ausschaltung der relativ Unproduktivsten vor sich geht. Wenn die ruinöse Konkurrenz volkswirtschaftlich unerwünschte Schleuderpreise und zu starke Ausnützung übermäßiger Produktionsanlagen bedeutet, so kann es im Gefolge der Kartellierung zu einer unter Umständen nicht weniger unerwünschten Erhöhung der Preise und zu einer übermäßigen Einschränkung der Ausnützung der Produktionsanlagen kommen.

Wir schrieben deshalb a. a. O.[53]: „Den Schleuderwettbewerb durch Monopolisierung ersetzen heißt aber, volkswirtschaftlich gesehen, den Teufel mit

[53] Archiv f. Sozialwissenschaft u. Sozialpolitik. Bd. 60. Heft 2. S. 394.

Beelzebub austreiben. Kommt ein monopolistisches Kartell zustande, so wird zwar das Übel der Unterbietung gründlich aufgehoben, dafür wird aber das Übel der Unterbeschäftigung der produktiven Anlagen übermäßig vergrößert. Der Monopolist ist in der Lage, die Kostenerhöhung, die durch Senkung unter die optimale Betriebsgröße entsteht, durch eine überkompensierende Preiserhöhung von sich abzuwälzen. Von der Schädigung anderer durch die monopolistische Preiserhöhung abgesehen, verhindert diese auf jeden Fall die volkswirtschaftlich geforderte Stillegung der unproduktiven Werke und hemmt die Rationalisierung im engeren Sinn. Daß sie zudem zu neuen Überinvestierungen führt, die der Grund zu den ganzen hier besprochenen Übelständen sind, ist schon gesagt worden." Radikaler noch spricht sich neuerdings Schmalenbach[54] (1930) über den Gegensatz zwischen volkswirtschaftlich und privatwirtschaftlich optimalem Verhalten aus. Wenn alle Betriebe im Falle der Überproduktion mit Verlust arbeiten, so sei das „gemeinwirtschaftlich gesehen, ... durchaus kein Mangel, im Gegenteil. Es werden im ganzen dadurch keine Güter verschleudert; sie würden vielmehr dadurch verschleudert, daß diese Unterschreitung des Durchschnittspreises unterblieb". „Aber man versteht", setzt er hinzu, „daß die Betriebe sich gegen derartige Preiserscheinungen kräftig wehren."

Wichtig ist festzuhalten, daß, nach übereinstimmender Meinung aller Kartellschriftsteller, die hier näher gekennzeichneten „Notlagen des freien Wettbewerbs" die entscheidende Ursache der Kartellierung sind. Daraus ergibt sich, daß der Sinn und Zweck der Kartellierung nur in einem Eingreifen in die Wettbewerbslage, d. h. aber in einer Aufhebung oder Beschränkung des Wettbewerbs liegen kann. Es hätte für die miteinander konkurrierenden Unternehmer im Hinblick auf den ruinösen Wettkampf keinen Sinn, sich zu gemeinsamen Rationalisierungsmaßnahmen, also etwa als Fertigungsverbände, zusammenzuschließen. Die gemeinsame Senkung der Produktionskosten oder Betriebskosten würde den Wettkampf unter ihnen und die Überproduktion nicht beseitigen.

Für den einzelnen Unternehmer gibt es im Falle ruinöser Konkurrenz nur die Wahl zwischen zwei möglichen Auswegen: entweder er besteht im Wettbewerb gegen seine Konkurrenten, in dem er den Kampf durchhält oder er muß sich mit ihnen zum Zwecke der Wettbewerbsausschaltung und Monopolisierung verbinden. Zu untersuchen wäre aber, ob nicht andere vom Gesichtspunkt des volkswirtschaftlichen Interesses weniger bedenkliche Maßnahmen als die Monopolisierung möglich wären, um den hier besprochenen Notlagen zu begegnen oder besser noch, um ihre Entstehung zu verhindern.

[54] Grundlagen der Selbstkostenrechnung und Preispolitik. S. 89.

Drittes Kapitel.

# Die Kartelle und die Beschränkung des Wettbewerbs.

## I. Monopol und freier Wettbewerb.

Die Lehre vom Monopol und vom Monopolpreis ist zwar nicht Gegenstand, wohl aber die wichtigste Voraussetzung und Grundlage der Kartelltheorie. Ein nicht geringer Teil der Unsicherheit, die sich in der Kartellehre bemerkbar macht — sie begegnete uns schon bei der Begriffsbestimmung — geht auf Schwierigkeiten zurück, die die Monopoltheorie findet, wenn sie versucht, die Tatbestände des freien Wettbewerbs und des Monopols gegeneinander abzugrenzen. Jede Förderung der Monopollehre dient deshalb zugleich der Kartelltheorie.

Hinsichtlich des Monopolbegriffs war die herrschende Meinung in Deutschland vor dem Krieg durch die Definition bestimmt, die Lexis[1] im Handelswörterbuch der Staatswissenschaften gegeben hatte. Er bezeichnet das Monopol als die Konzentration des Angebots einer Ware auf einem Markt in der Hand eines einzelnen oder einer Gruppe von gemeinsam handelnden Anbietern. Nach dieser Definition würde sich das Monopol dadurch von der Konkurrenz unterscheiden, daß an Stelle von vielen Anbietern nur ein Anbieter auf den Markt kommt. Auch Liefmann[2] (1910) definiert in diesem Sinn: „Eine Monopolstellung im ökonomischen Sinn liegt dann vor, wenn der größere Teil der Nachfragenden ihre Befriedigung durch einen einzigen Anbieter... finden kann."[3] Der Lexissche Begriff erlaubt nicht festzustellen, ein

---

[1] Vgl. Artikel „Monopol". 6. Bd. 3. Aufl. S. 169.

[2] Kartelle und Trusts. S. 12.

[3] Liefmann nimmt schon die Relativierung des Monopols vor, indem er davon spricht, daß es genüge, wenn der größere Teil der Nachfragenden (in späterer Auflage heißt es „ein erheblicher Teil der Nachfragenden"), auf das Angebot des Monopolisten angewiesen sei. Würde man nur dort von Monopol sprechen, wo 100% des Angebots in der Hand des Monopolisten vereinigt wären, so würde es außerhalb der staatlichen oder der staatlich verliehenen Monopole nur sehr wenig Monopolstellungen geben.

wie großer Teil der Nachfragenden auf den einen Anbieter angewiesen sein muß, bis zu welchem Grad also die Relativierung vor sich gehen kann, ohne das Monopol aufzuheben. Es fehlt bei ihm das Element der Preisbeeinflussung, um derentwillen die Konzentration des Gesamtangebots in einer Hand erstrebt wird und die ihren ökonomischen Sinn ausmacht. Nur wenn der Monopolpreis ins Auge gefaßt wird, kann gesagt werden, daß die Konzentration des Angebots genügen muß, um monopolistische Preisgestaltung zu ermöglichen. Wir haben a. a. O.[4] das Monopol eine Marktsituation genannt, „die sich dadurch auszeichnet, daß ein Anbieter die Macht hat, die Gesamtangebotsmenge und damit den Preis nach seiner Wahl zu bestimmen".

Auf die Relativität des Monopols der Kartelle wird in der Kartelliteratur wiederholt hingewiesen[5].

Das für den Preiseinfluß notwendige Minimum des vom Kartell beherrschten Anteils am Gesamtangebot soll je nach der Kartellform verschieden sein. Im allgemeinen, wird gesagt, könne es bei Syndikaten geringer sein; bei reinen Preiskartellen müsse es ziemlich hoch liegen. Lehnich[6] (1928) meint, daß bei den letzteren schon ein Anteil von 10% in der Hand von Außenseitern, namentlich in Depressionszeiten, genügen könne, um das Kartell zu zerschlagen. Bei Kontingentierungskartellen, meint er, würden schon 2—3% den Außenseitern erlauben, unter Ausnützung der Degression der Kosten das Kartell zu erschüttern[7]. Lucae[8] (1929) gibt eine Zusammenstellung der Minimalanteile, die in der Literatur als Voraussetzung einer Monopolstellung angenommen werden. Schmoller setzte das Minimum auf 60—90%, Huber auf 70%; neuerdings spricht auch Heimann davon,

---

[4] Archiv für Sozialwiss. und Sozialpol. Bd. 59. Heft 2. S. 295. Weiß (Handwörterbuch der Staatswissenschaften, 6. Bd., 4. Aufl., 1925, Artikel „Monopol", S. 616) sagt, daß „in weiterem Sinn" von Monopol auch dort gesprochen werde, wo eine Person das Angebot „zwar nicht zur Gänze, wohl aber zu einem so beträchtlichen Teil beherrscht, daß sie durch ihr Verhalten auf dem Markte die Preisbildung des betreffenden Gutes merklich beeinflussen kann".

[5] Vgl. insbesondere die Ausführungen Liefmanns über „Monopol und Konkurrenz als Relationsbegriffe", 6. Teil, Kapitel 5, S. 68ff., und über „Das relative Monopol im besonderen", Kapitel 6, S. 75ff., in seinen „Grundsätzen der Volkswirtschaftslehre", 2. Bd., 2. Aufl. 1922.

[6] Kartelle und Staat. S. 55.

[7] Verhandlungen des 35. deutschen Juristentages in Salzburg. 1928. 1. Bd. S. 270.

[8] Außenseiter von Kartellen. S. 32.

daß 60—70% erforderlich seien. Forchheimer[9] (1908) hat das Problem des relativen Monopols theoretisch untersucht. Er hält es, wenigstens theoretisch, für möglich, daß unter Umständen eine Beherrschung von weniger als der Hälfte des Angebots schon eine monopolistische Preiserhöhung erlauben könne. Praktisch wird der von ihm vorausgesetzte niedere Grad der Elastizität der Nachfrage kaum vorkommen.

Wichtiger als der Unterschied zwischen absolutem und relativem Monopol erscheint uns die Unterscheidung von unbegrenztem (vollkommenem) und begrenztem (unvollkommenem) Monopol. In der Literatur war schon immer darauf hingewiesen worden, daß bei kartellmäßiger Monopolisierung in aller Regel die Außenkonkurrenz nur in begrenztem Umfang ausgeschaltet werden könne. Ob dadurch eine Monopolstellung überhaupt nicht zustande kommt oder ob erst bei einem bestimmten Grad der Begrenzung die Marktstellung des Kartells aufhört, eine monopolistische zu sein, erweist sich deshalb als die entscheidende Frage. Wir haben[10] zwei Arten begrenzter Monopole unterschieden, „die Monopole mit begrenzter Preishöhe“ und „die Monopole mit begrenzter Zeitdauer“[11].

Liefmann[12] (1928) lehnt diese Unterscheidungen ab. Alle Monopole seien begrenzt. Bei allen trete, wenn der Monopolist seine Preise übermäßig steigere, Verzicht auf den Konsum und Surrogatkonkurrenz ein. Diese Einstellung ist begreiflich, da Liefmann die theoretische Klärung des „Monopolpreises“ oder „optimalen Gewinnpreises“ für „bloße Spielerei“ hält. Nur von der Vorstellung eines theoretisch feststellbaren optimalen Monopolpreises aus läßt sich die Marktsituation des begrenzten Monopols begreifen, eine Situation, in der zwar eine monopolistische Preiserhöhung, aber keine Preissteigerung bis zum optimalen Gewinnpreis möglich ist. (Wenn übrigens Liefmann von einer „übermäßigen“ Preissteigerung spricht, so hat es einen klaren ökonomischen Sinn doch nur, wenn darunter eine Steigerung des Preises, sei es über den optimalen Gewinnpreis [Verzicht auf den Konsum, wie er sagt] oder über die Monopolbegrenzung hinaus [Surrogatkonkurrenz!] verstanden wird.) Auch das begrenzte Monopol ist theoretisch von der freien Konkurrenz klar geschieden. In praxi aber kann die Begrenzung eine so enge sein, daß eine Unterscheidung nicht mehr mög-

---

[9] Schmollers Jahrbuch. 1908.

[10] Archiv für Sozialwiss. und Sozialpol. Bd. 59. Heft 2. S. 298.

[11] Vogelstein spricht (G. d. S., III. Buch, VI. Abteilung, S. 187ff., 1914) von „Monopolen begrenzter Preishöhe“ (S. 231) und untersucht dort auch die Voraussetzungen „dauernder Monopole“.

[12] Zur Systematik wirtschaftlicher Machtstellungen. Kartellrundschau. 1928. S. 408.

lich ist. Es gilt daher, die Scheidelinie zwischen Konkurrenz und Monopol da zu ziehen, wo die Abweichung von der Konkurrenzlage ökonomisch relevant und damit praktisch feststellbar wird. Die praktische Unterscheidung wird auch dadurch erschwert, daß die von der Theorie vorausgesetzte reine Konkurrenzsituation in Wirklichkeit auch bei sogenanntem freiem Wettbewerb nicht gegegeben zu sein braucht. Schumpeter weist darauf hin, daß sich der theoretische Konkurrenzpreis nur unter der Voraussetzung einer sehr großen Anzahl von konkurrierenden Anbietern herausbilde. Die angelsächsische Literatur über das sogenannte mehrfache Monopol beschäftigt sich vorwiegend mit Konkurrenzlagen, die mit monopolistischen Elementen durchsetzt sind[13].

Monopol und Konkurrenz oder, genauer gesprochen, das absolute Monopol und die absolut freie Konkurrenz, sind Grenzbegriffe, mit denen zwei Grenzsituationen im Hinblick auf die in ihnen sich vollziehende Preisgestaltung des Marktes bezeichnet werden. Sie unterscheiden sich nicht nur dadurch, daß sich in beiden Lagen eine andere Preishöhe herauszubilden die Tendenz hat. Auch die Art und Weise, wie der anbietende Unternehmer zum Prozeß der Preisbildung steht, ist da und dort eine andere. Bei freier Konkurrenz bildet sich der Preis gleichsam durch das Diktat des Marktes von außen her; beim Monopol ist er das Ergebnis einer Preispolitik des Monopolisten, der durch seinen Einfluß auf das Gesamtangebot den Preis innerhalb engerer oder weiterer Grenzen selbst wählen kann. Zwischen dem Preisdiktat des absolut freien Marktes und dem Preisdiktat des absoluten Monopolisten gibt es aber eine ununterbrochene Reihe von Zwischenstufen. Diese Zwischenglieder sind es, die als Situationen des relativen oder des begrenzten Monopols zu bezeichnen sind. Theoretisch läßt sich eine Grenze ziehen, so schwer es auch praktisch sein mag, in den der Grenze naheliegenden Fällen festzustellen, ob die Grenze erreicht ist oder nicht[14]. Das entscheidende Merkmal der Monopolstellung liegt in der Fähigkeit des Anbieters, vermöge seines Einflusses auf das

[13] Vgl. auch Liefmann, Grundsätze der Volkswirtschaftslehre, 2. Bd., Kap. 5 u. 6, und unsere Ausführungen, Archiv f. Sozialw., Bd. 59, Heft 2, S. 303.

[14] Die oftmals aufgestellte Behauptung, daß es an einem „hinreichend eindeutigen Monopolbegriff fehlt" (so neuerdings im „Generalbericht" des Enqueteausschusses, 1930, Kartellpolitik, 1. Abschnitt, S. 22), scheint uns unrichtig. Schwierigkeit bietet nicht der Monopolbegriff, sondern die Subsumption konkreter Tatbestände unter den theoretisch gewonnenen und eindeutigen Begriff.

Gesamtangebot unter verschiedenen möglichen Preisen selbst eine Auswahl zu treffen. Er ist somit zu einer eigenen Preispolitik fähig, mit der er Aussicht hat, bestimmend in die Preisbildung in der Weise einzugreifen, daß dadurch der Preis über diejenige Gleichgewichtslage erhöht wird, die sich bei freiem Spiel von Angebot und Nachfrage ergeben würde[15]. Von Monopol ist überall dort zu sprechen, wo ein Anbieter in der Lage ist, eine ökonomisch relevante Preispolitik zu betreiben. Mindestens muß der gewonnene Einfluß, wie Tschierschky[16] (1930) es treffend ausdrückt, nur gerade hinreichen, „um dem Wettbewerb nicht ausgeliefert zu sein, vielmehr ihn gerade noch im erforderlichen Schach halten zu können"[17].

Es widerspricht allerdings der Tschierschkyschen Terminologie selbst, wenn er diesen Fall der Marktbeeinflussung einer Marktbeherrschung gegenüberstellt, „die sich wenigstens zeitweilig bis zum Monopol verstärken kann"[18]. Wir würden sagen, daß die von Tschierschky hervorgehobenen Stufen, die relative Marktbeherrschung und die bloße Marktbeeinflussung, sich als begrenzte Monopole von der absoluten Marktbeherrschung, d. h. aber dem absoluten Monopol, unterscheiden.

Da die Kartelle die ihnen von ihren Mitgliedern gestellte Aufgabe, wie sie sich aus der Besprechung der Ursachen ergeben hat, nicht erfüllen können, wenn sie nicht eine ökonomisch relevante Preispolitik betreiben können, so muß zum Wesen der Kartelle der Besitz einer, wenn auch unter Umständen sehr begrenzten Monopolstellung in dem hier gekennzeichneten Sinn und in der hier vorgeschlagenen Terminologie gehören. Ein Kartell ist mit

---

[15] Vgl. in gleichem Sinn die ausgezeichneten Ausführungen bei Reith (1931) a. a. O., S. 16ff.

[16] Kartellpolitik. S. 145.

[17] Erwähnung verdient, daß manche Schriftsteller den Ausdruck „Monopol" überhaupt nicht auf eine Marktsituation eigentümlicher und von der freien Konkurrenz abweichender Art, sondern ganz allgemein für jede ausgesprochene Machtstellung auf dem Markt anwenden. Auch hierin drückt sich die vorwiegend soziologische Betrachtungsweise aus, die, von Schmoller ausgehend, auch die Kartellehre, jedenfalls bis zur Jahrhundertwende, beherrschte. Ausdrücke wie „Marktherrschaft" und „Marktbeeinflussung" sollen diese Machtstellung näher umschreiben. Ihr ökonomischer Charakter kann aber nicht ohne Rücksicht auf die Wirkungen festgestellt werden, die sie auf die Preisgestaltung ausüben.

[18] Kartellpolitik. S. 146.

andern Worten wirksam zustande gekommen, wenn es gelungen ist, den Wettbewerb so weit einzuschränken, daß das Kartell eine ökonomisch ins Gewicht fallende Verbesserung seines Gewinnergebnisses mittels eigener Preis- oder Konditionenpolitik herbeizuführen vermag.

## II. Die Monopolmacht der Kartelle.

Mit der begrifflichen und terminologischen Klärung des Verhältnisses von Monopol und Konkurrenz ist noch nichts über das wirkliche Ausmaß der Monopolmacht der Kartelle oder gar einzelner Kartellgruppen ausgesagt. Bei der Erörterung des Verhältnisses von Kartellierung und Monopolisierung sollte scharf geschieden werden zwischen Monopolabsicht, Monopolstellung und Monopolausnützung. Es muß untersucht werden erstens, ob die Begründer und Mitglieder eines Kartells die subjektive Absicht haben, eine Monopolstellung zu erlangen, zweitens, ob und in welchem Umfang die Kartelle eine solche Monopolstellung tatsächlich inne haben und drittens, ob sie ihre Monopolstellung ganz oder teilweise ausnützen.

### A. Die Monopolabsicht.

Für die volkswirtschaftlichen Wirkungen von Kartellmonopolen ist es an sich gleichgültig, ob die Erreichung der Monopolstellung beabsichtigt war oder nicht. Wenn Liefmann und mit ihm alle, die seinen Kartellbegriff angenommen haben, vom „Zweck" monopolistischer Marktbeherrschung sprechen, so soll damit offenbar nicht die subjektive Absicht der Kartellgründer verstanden werden. Mit dem Zweck ist vielmehr der volkswirtschaftliche objektive Sinn einer Institution gemeint.

In der Literatur wird in neuerer Zeit im Zusammenhang mit der Begriffsbestimmung hervorgehoben, daß eine monopolistische Marktbeherrschung nicht in der Absicht der Kartellgründer liege[19]. Auf Grund der von uns gewählten Terminologie heißt das aber nur, daß die Möglichkeit einer begrenzten Monopolstellung und also einer bloßen monopolistischen Marktbeeinflussung für den Willen zur Kartellierung genügen kann. Das meint auch Tschierschky[20] (1930), wenn er erklärt, es sei den Kartellen nicht um das Diktat über den Markt, die eigentliche Marktherrschaft, zu tun. Wenn er allerdings hinzusetzt, „es genüge ihnen", den Wettbewerb

[19] Vgl. Lehnich, Kartelle und Staat. 1928. S. 41.

[20] Kartellpolitik. S. 143ff.

gerade noch in Schach zu halten, so klingt das nach einer Bescheidenheit, die dem Handeln eines homo oeconomicus widerspräche, und die auch im Widerspruch zu dem Satz von Isay-Tschierschky[21] (1925) stünde, wonach jedes Kartell von der Tendenz nach einer möglichst weitgehenden Beherrschung des Marktes getragen sei.

Das ökonomische Interesse gebietet den Begründern von Kartellen ein möglichst absolutes Monopol zu erstreben; es gebietet den Kartellleitern, sich um die möglichste Verabsolutierung des Monopols zu bemühen. Sie haben ein Interesse daran, auf der Stufenleiter, die vom freien Wettbewerb zum absoluten Monopol führt, möglichst hoch zu steigen. Der ideale Blickpunkt ist das 100prozentige absolute und unbegrenzte Monopol. Die Überwindung der Relativität und Begrenzung einer Monopolstellung ist jedoch mit Kosten verbunden; die Monopolabsicht und die Absicht zur Verabsolutierung des Monopols finden daher ihre Schranken an der Rentabilität der Maßnahmen, die zur weiteren Beschränkung des Wettbewerbs jeweils erforderlich werden. Es ist wichtig, die Tendenz, die in der Natur eines auf Wettbewerbsbeschränkung gerichteten ökonomischen Handelns liegt und die auf Erreichung der privatwirtschaftlich optimalen Lage des absoluten Monopols geht, zu kennen, wenn auch in praxi Fälle vorkommen mögen, in denen Kartellgründer und Kartelleiter von der Handlungsweise eines solchen homo oeconomicus abweichen. Wenn aber die 100prozentige Monopolisierung bei den Kartellen fast nie vorkommt und eng begrenzte Monopolstellungen in vielen Produktionszweigen die Regel bilden, so liegt der Grund nicht darin, daß ein möglichst vollkommenes Monopol nicht erstrebt würde, sondern darin, daß die Erlangung oder Behauptung einer hochgradigen Monopolstellung, selbst wenn sie möglich wäre, in der Regel mit unverhältnismäßigen Kosten verbunden ist. (Man denke an die Kosten des wiederholten Aufkaufs von Außenseiterwerken oder an die Kosten des Niederkämpfens von Konkurrenten.)

## B. Die Monopolstellung.

Von der subjektiven Monopolabsicht ist der objektive Tatbestand der Monopolstellung oder Monopolsituation zu unterscheiden. Die Monopolstellung wird durch die objektiven Faktoren konstituiert, die es Außenseitern unmöglich machen, entweder den Markt des Kartells überhaupt zu beliefern oder aber ihn mit Aussicht auf Gewinn zu den

[21] Kartellverordnung. S. 42.

Preisen zu beliefern, die für das Kartell vorteilhaft sind. Es handelt sich also um Faktoren des Konkurrenzausschlusses.

## 1. Die Faktoren des Konkurrenzausschlusses.

Die wichtigsten Faktoren solcher Art werden in der Kartelliteratur von Anfang an genannt. Besondere Aufmerksamkeit wird dem Schutzzoll gewidmet.

Bücher[22] (1894) stellt fest, daß sich in Deutschland ohne Rückkehr zum Schutzzoll die Kartellierung nicht so schnell und nicht so allgemein hätte vollziehen können. Liefmann[23] (1897) weist darauf hin, daß die erste Ausbreitungswelle der Kartelle mit der Einführung des Schutzzolls zusammenfalle. Auch H. v. Beckerath[24] (1911) ist hinsichtlich der Seidenweberei zu der Ansicht gekommen, daß eine kartellmäßige Beherrschung des Marktes ohne Zollschutz nicht möglich sei. (Vgl. weitere Literaturangaben unten S. 118 und 122.) Es ist zu verwundern, daß über den Zusammenhang von Schutzzoll und Kartellierung überhaupt Zweifel bestehen können. Es ist selbstverständlich, daß zur Begründung einer Monopolstellung auch der Ausschluß ausländischer Konkurrenz notwendig ist. Kommt es zu diesem Ausschluß ohne Zölle, z. B. infolge der Frachtkosten, so ist Kartellierung auch ohne Schutzzoll möglich. Hängt der Ausschluß dagegen vom Zoll ab, wie es sehr häufig der Fall ist, so sind die Zölle unentbehrliche Voraussetzung einer wirksamen Kartellierung. In diesem Sinne kann Schumpeter[25] (1930) von den alten Kartellbildungen sagen, sie seien „Kinder des Schutzzolls".

Ein zweiter wichtiger Faktor des Konkurrenzausschlusses, die Frachtkosten, werden gleichfalls erwähnt[26]. Vor allem ist es aber der ausschließliche Besitz an Rohstoffvorkommen, besonders wenn Zollschutz hinzutritt, der zu den unangreifbarsten und ausgedehntesten Monopolstellungen zu führen vermag. Noch Kestner[27] (1912/1927) ist der Meinung, daß ins Gewicht fallende Monopolisierungen nur in der Rohstoffindustrie möglich seien. Schon vorher allerdings hatte H. v. Beckerath (1911) in seiner Untersuchung über die Seidenindustrie gezeigt, wie der Konkurrenzausschluß sich mittels Exklusivverträgen in wirksamer Weise vollziehen kann. Patentgemeinschaften leisten gleichfalls über die Rohstoffindustrie hinaus denselben Dienst. Weniger dauerhaft und wohl nur unter besonderen Umständen über-

---

[22] Schriften des Vereins für Sozialpolitik. Bd. 60. S. 143.

[23] Die Unternehmerverbände. S. 52.

[24] Die Kartelle der deutschen Seidenwebereiindustrie. S. 164.

[25] Enqueteausschuß, 1. Unterausschuß, 3. Arbeitsgruppe, 4. Teil, 2. Abschnitt, S. 326.

[26] Vgl. z. B. Liefmann, Die Unternehmerverbände. 1897. S. 58.

[27] Organisationszwang. 2. Aufl. S. 158.

haupt wirksam, ist ein Konkurrenzausschluß, der auf der Tatsache beruht, daß für die Begründung von Außenseiterunternehmungen große Kapitalien und ein längerer Zeitablauf notwendig sind[28].

Es fehlt eine Untersuchung über die Bedeutung, welche die Gesamtheit der staatlichen Maßnahmen für die Begründung und Ausdehnung von Monopolstellungen besitzt. Der Zollschutz und zum Teil auch der Frachtschutz geht auf staatliche Maßnahmen zurück. Zwangssyndikate und Zwangskontingentierungen für Steuerzwecke begründen besonders starke Monopolstellungen. Staatliche Bevorzugung von Kartellen bei Auftragserteilungen kann die Außenseiter ruinieren oder zum Beitritt zwingen[29]. Das Kalisyndikat vor dem Kriege, das Kohlensyndikat heute, damit indirekt aber auch die Eisensyndikate gehen auf staatliche Maßnahmen zurück. Das Reich unterstützte die Bemühungen um die internationale Eisenkartellierung; die Reichsbahn fördert die Lokomotiv- und Waggonkartellierung; die Rechtsprechung der ordentlichen Gerichte war in Deutschland von jeher durch ausgesprochene Kartellfreundlichkeit den Kartellen und ihrer Erhaltung günstig[30]. Es wäre interessant, die anteilmäßige Bedeutung solcher staatlich geförderter oder vom Staat herbeigeführter Kartellmonopolisierungen, vor allem an den wirklich ins Gewicht fallenden Monopolstellungen zu kennen. Es ist nicht unwahrscheinlich, daß ein Wegfall solcher staatlichen Maßnahmen, die die Konkurrenz aufzuheben die Tendenz haben, allein schon den Erfolg haben würde, volkswirtschaftlich belangreiche Monopolisierungen durch Kartelle fast völlig auszuschließen.

### 2. Das Ausmaß der Monopolstellung und seine Veränderungen.

Der Streit darüber, ob die Kartelle im allgemeinen oder in speziellen Fällen Monopolmacht besitzen, geht — soweit es nicht bloß

---

[28] Reith a. a. O., S. 61, glaubt, daß innerhalb der typisch schwerindustriellen Produktionszweige das dort notwendige große Anlagekapital sehr wohl konkurrenzausschließend wirken kann.

[29] Vgl. die Bemerkung von Wiedenfeld über den „starken behördlichen Druck", den es bedurfte, um Krupp zum Eintritt in den Stahlwerksverband zu bewegen. Maschinenbau. Bd. 7. Heft 12. 1928. S. 578.

[30] Vgl. darüber insbesondere den instruktiven Aufsatz von Böhm, Das Problem der privaten Macht (ein Beitrag zur Monopolfrage) in „Die Justiz", Bd. 3, Heft 4, S. 324ff.

ein terminologischer Streit ist — um die Frage, ob die Faktoren des Konkurrenzausschlusses wirksam seien oder nicht.

In der Literatur wird in der Regel nicht von den Faktoren des Konkurrenzausschlusses ausgegangen; es wird vielmehr darauf hingewiesen, daß trotz aller Wettbewerbsbeschränkung noch Konkurrenz, wenigstens in der Form der latenten Konkurrenz, weiter wirke. Das Vorhandensein latenter Konkurrenz, d. h. einer Konkurrenz, die bei Überschreitung gewisser Preisgrenzen früher oder später effektiv werden kann, beweist nicht, daß ein Kartell keine Monopolstellung oder keine „gefährliche" Monopolstellung besitzt. Latente Konkurrenz ist Ausdruck der Begrenzung der Monopolstellung. Diese ist um so enger, bei je geringerer Abweichung vom Konkurrenzpreis die Faktoren des Konkurrenzausschlusses aufhören wirksam zu sein. Je niedriger die Schutzzölle, je billiger vergleichsweise die Surrogatprodukte, je leichter die Begründung von Außenseiterunternehmungen oder die Umgehung von Exklusivverträgen, desto begrenzter ist die Monopolstellung. Ein allgemeines Urteil über die Monopolstellung oder die Monopolmacht der Kartelle kann gar nicht in Frage kommen, weil es ebensowohl Fälle engster Begrenzung und damit ökonomisch irrelevanter Monopolisierung als Fälle fast vollkommener und absoluter Monopolstellung gibt.

Die latente Konkurrenz meint wohl Schaeffle[31] (1898), wenn er vom „latenten Zügel" spricht. Denselben Tatbestand haben Isay-Tschierschky[32] (1925) im Auge, wenn sie schreiben, „eine normale Wirtschaftskonkurrenz" reguliere ständig die Kartellpolitik. Wenn aber Weber[33] (1929) das Postulat aufstellt, Konkurrenz müsse latent immer vorhanden sein, um Mißbrauch zu verhindern, oder wenn Halm (1929) schreibt, „der Zusammenschluß der Unternehmungen bedeute keine Ausschaltung, sondern nur eine Veränderung der Konkurrenz", da die Konkurrenz, z. B. der Surrogate, immer vorhanden bleibe[34], so wird der irrtümlichen Auffassung Vorschub geleistet, als ob es eine relevante Monopolisierung durch Kartelle überhaupt nicht gäbe. (Interessant ist in diesem Zusammenhang die Behauptung von Gruntzel (1928): „Wenn ... ein durch die Produktionskosten nicht gerechtfertigter hoher Preis entsteht, so liegt die Schuld nicht an dem Kartell oder Trust, sondern am Zoll[35].") Die Monographien über einzelne

---

[31] Zum Kartellwesen und zur Kartellpolitik. Zeitschrift für die gesamte Staatswissenschaft. 54. Jahrg. S. 660.

[32] Kartellverordnung. S. 33.

[33] Das Ende des Kapitalismus. S. 43.

[34] Die Konkurrenz. S. 181.

[35] Die wirtschaftliche Konzentration. S. 62.

Kartelle stehen solcher Auffassung entgegen. So erwähnt H. v. Beckerath[36] (1911) einen Fall, in dem die Notwendigkeit der Belieferung in Spezialitäten, zusammen mit dem Abschluß von Exklusivverträgen, äußere Konkurrenz unmöglich gemacht habe. Wiedenfeld[37] (1912) berichtet vom Kohlensyndikat, „für Wettbewerb scheint es irgendeinen Raum nicht mehr zu lassen". Mit Recht wird aber wiederholt von H. v. Beckerath auf die Schwäche der Monopolsituation bei vielen Kartellen der Fertigindustrie hingewiesen. Troemel[38] (1926) zeigt die Wirksamkeit der Surrogatkonkurrenz bei Verbänden der Porzellanindustrie. In der Zementindustrie entstehen immerfort neue Außenseiterwerke; die Monopolgewinne, während des Bestandes der Zementkartelle, müssen schon sehr groß sein, damit sich diese typischen „Monopole mit beschränkter Zeitdauer" oder der kostspielige Aufkauf von Außenseiterwerken für die Kartellunternehmer lohnen.

Es genügt nicht, das einmal erreichte statische Ausmaß einer Monopolstellung ins Auge zu fassen. Die Monopolstellung unterliegt dauernden Veränderungen. Subjektiv und objektiv bedingte Wandlungen lassen sich aufzeigen. Die viel genannte Surrogatkonkurrenz ist durch technische Erfindungen bedingt; treten solche in rascher Folge auf, so ist die Monopolstellung enger begrenzt. Monopole, die auf Patent beruhen, werden durch Patentablauf oder durch Entdeckung neuer Verfahren bedroht. Häufig beruht die Monopolstellung auf Maßnahmen des Kartells selbst, wie z. B. auf dem Abschluß von Exklusivverträgen und internationalen Kartellverträgen. Der Aufkauf von Surrogaten, die wirksame Anwendung des Organisationszwanges nach außen, die Erweiterung der internationalen Verträge u. a. m. können einer Monopolstellung Dauer geben[39].

## C. Die Monopolausnutzung.

In der Literatur finden sich von Anfang an zahlreiche Bemerkungen, die dem Sinne nach besagen, daß die Kartelle entweder eine „maßvolle" Politik betreiben, oder daß sie umgekehrt zuweilen ihre Macht „mißbräuchlich" oder „unberechtigt" verwenden. Mit solchen Behauptungen läßt sich ein theoretisch klarer Sinn nicht verbinden. Wenn die Kartell-

---

36 Deutsche Seidenwebereiindustrie. S. 100 u. 101. Vgl. auch seine Schilderung S. 83 u. S. 99ff.

37 Das Rheinisch-Westfälische Kohlensyndikat. S. 34.

38 Kartell- und Preisbildung in der deutschen Geschirr- und Luxusporzellanindustrie. S. 134.

39 Vgl. unten S. 51ff. und 66.

leitung nach den Grundsätzen eines homo oeconomicus handelt, so wird sie innerhalb der Grenzen der Monopolstellung den für sie günstigsten Preis durchzusetzen bestrebt sein. Nichts anderes ist unter Monopolausnützung zu verstehen. In der Ebene ökonomischer Betrachtung liegt darin weder Mäßigung noch Mißbrauch.

Kleinwächter[40] (1883) ist der Meinung, daß die Kartelle deswegen keine Monopolpreise festzusetzen vermögen, weil ihre Mitglieder sonst hoffen könnten, außerhalb des Kartells größere Vorteile zu erzielen. Damit ist nur gesagt, daß die Monopolausnützung, gleich wie jede andere wirksame Kartellpolitik, nur unter der Voraussetzung möglich ist, daß die Mitglieder die Kartelltreue wahren. Der Kartellverband ist sonst nicht wirksam zustande gekommen. Fälle der Kartelluntreue, die häufig genug sein dürften, werden besonders in den Monographien erwähnt[41]. Andere Schriftsteller glauben, daß eine monopolistische Preisgestaltung, d. h. also eine Monopolausnützung, an dem Auftreten externer Konkurrenz scheitern müsse. So schreibt Schaeffle[42] (1898), die latente Konkurrenz verhindere volle Monopolausnützung. Die Möglichkeit der Entstehung von Außenseitern, meint Pohle (1898), werde zwar die Kartelle nicht verhindern, eine Preispolitik mit hohem Gewinn zu betreiben; sie würden sich jedoch mit dem Gewinnsatz begnügen, der „nicht fortwährend geradezu zur Begründung von Konkurrenzunternehmungen herausfordert“[43]. Ausländische Konkurrenz, die Möglichkeit der Entstehung inländischer Konkurrenz, progressives Steigen der Ansprüche der Kartellmitglieder bei Erhöhung des Unternehmergewinns, Erhöhung der Kosten, Surrogate und die Abwehr durch die Konsumenten machen nach Gruntzel[44] (1928) eine Übertreibung der Preispolitik unmöglich. Mit solchen allgemeinen Bemerkungen, die offenbar für alle Kartelle gelten sollen, ist nicht auszukommen, da die Preishöhe, bei der neue Konkurrenz wirksam wird, von Fall zu Fall vollkommen verschieden ist. Noch weniger vermag die Kartelltheorie mit der generellen Feststellung anzufangen, wie sie z. B. Herle[45] (1929) zum Ausdruck bringt, wenn er schreibt: „Es ist wohl bisher keinem Kartell gelungen, auf die Dauer ungerechtfertigt die Marktlage auszunützen[46].“ Richtig ist, worauf

---

[40] Die Kartelle. S. 9.

[41] Vgl. z. B. Eucken, Die Verbandsbildung in der Seeschiffahrt. 1914. S. 57/58.

[42] Zum Kartellwesen und zur Kartellpolitik. Zeitschrift für die gesamte Staatswissenschaft. 54. Jahrg. S. 664.

[43] Die Kartelle der gewerblichen Unternehmer. S. 92.

[44] Die wirtschaftliche Konzentration. S. 129.

[45] Grundsätze der Kartellaufsicht. Kartellrundschau. 27. Jahrg. S. 67.

[46] Es ist nicht zufällig, daß Ludwig Mises („Liberalismus“, 1927) nachzuweisen sucht, daß die Monopolmacht der Kartelle eine sehr beschränkte ist. Er meint sogar, daß „in der wirtschaftlichen Entwicklung ... mit Aus-

H. v. Beckerath[47] (1928) und Wiedenfeld[48] (1912) hinweisen, daß sehr häufig ein Teil der Betriebe, vor allem die „fortschrittlichen Betriebe", kein Interesse an erheblicher Preissteigerung oder Preishochhaltung haben. Der optimale Gewinnpreis, so würden wir sagen, liegt für sie nicht hoch über dem Konkurrenzpreis. Auch das ist von Fall zu Fall verschieden, je nach der Elastizität der Nachfrage, der Progression der Kosten im Falle der Produktionseinschränkung u. a. m. Tschierschky (1930) umschreibt die rationelle Monopolausnützung, wenn er die Quintessenz der Preispolitik der Kartelle sich erschöpfen sieht „in der fortlaufenden richtigen Einschätzung der Höchstbelastung, die gerade noch ohne bedenkliche Rückwirkungen dem Markt zugemutet werden kann"[49]. (Es sei darauf hingewiesen, daß auch der absolute Monopolist kein Interesse an einer unbegrenzten Preiserhöhung hat; auch er begnügt sich „maßvoll" mit dem optimalen Gewinnpreis.)

Eine andere Art „maßvoller" Preispolitik ist aber bei den Schriftstellern gemeint, die sie auf besondere „persönliche" Qualitäten der Kartelleiter zurückführen. So Metzner[50] (1926). Auch Schäffer[51] (1928) spricht von einer gewissen „Kartellsitte", die „die hemmungslose Machtausübung durch die Kartelleiter begrenzt". Herle-Metzner[52] (1929) sagen: „Zur Verteidigung gesund geleiteter Kartelle muß hervorgehoben werden, daß Machtstellungen auch weitschauend und rücksichtsvoll gehandhabt werden können und nicht notwendig zu Mißbrauch führen müssen." Hier dürfte übrigens nicht allein, vielleicht auch nicht vorwiegend, an die Festsetzung der Preise gedacht sein, sondern vor allem auch an das sonstige Verhalten der Kartelle im Geschäftsverkehr.

Auf die Preispolitik wird unten zurückzukommen sein. Für die Monopolausnützung scheint sich aber schon hier das folgende zu ergeben: Wird zunächst vorausgesetzt, daß die Kartelleiter als homines oeconomici handeln, so muß angenommen werden, daß sie bestrebt sein werden die Monopolstellung des Kartells voll auszunutzen. Da in praxi der optimale Gewinnpreis nie errechnet werden kann, sondern

---

nahme des Bergbaus und verwandter Produktionszweige von einer Tendenz zur Ausschaltung des Wettbewerbs nicht die Rede sein könne" (S. 84). Manche liberale Schriftsteller scheinen den Monopolismus, wie er sich durch Kartelle entwickelt, bagatellisieren zu wollen, um damit nachzuweisen, daß die liberale Wirtschaft noch intakt sei.

[47] Reparationsagent und Deutsche Wirtschaftspolitik. S. 61.

[48] Das Rheinisch-Westfälische Kohlensyndikat. S. 41ff.

[49] Kartellpolitik. S. 62.

[50] Kartelle und Kartellpolitik. S. 26/27.

[51] In „Strukturwandlungen der deutschen Volkswirtschaft". Erster Band. S. 335.

[52] a. a. O., S. 59.

immer nur durch tastendes Suchen aus der Erfahrung zu gewinnen ist, so wird der Preis manchmal zu hoch, manchmal zu niedrig gegriffen werden. Fehler in der Wahl können das Kartell gefährden. Wenn die Grenzen der Monopolstellung nicht sorgfältig beachtet werden, so kann Außenseiterkonkurrenz wirksam werden. Schwierigkeiten ergeben sich daraus, daß der optimale Gewinnpreis für die einzelnen Mitglieder des Kartells verschieden hoch liegt. Es muß ein Kompromiß gefunden werden, der wiederum zum Schaden der einen oder andern Gruppe und damit zum Schaden der Kartellbeständigkeit falsch gewählt sein kann. Dabei ist allerdings zu betonen, daß das Kartell ebensowohl durch eine zu „maßvolle" als durch eine zu „schroffe" Monopolausnützung gesprengt werden kann. Im ersten Falle verlieren die schwächeren, im zweiten Falle die stärkeren Unternehmungen ihr Interesse am Kartell. In diesem Sinne könnte eine kluge, das Selbstinteresse aller Mitglieder in weitsichtiger Weise berücksichtigende Kartellpolitik als „maßvolle" Monopolausnützung bezeichnet werden[53].

Eine weitergehende „Mäßigung", die über die Beachtung der Grenzen der Monopolstellung hinausgeht und auf den Geist der Rücksichtnahme bei dem Kartelleiter zurückgeführt werden kann, ist in zwei Richtungen möglich: Es ist wahrscheinlich, daß nicht alle Kartelleiter in jeder Situation als homines oeconomici handeln und nur ihr Eigeninteresse im Auge haben. Rücksichten auf die öffentliche Meinung, Rücksicht auf die Abnehmer und anderes mehr können dazu führen, daß von einer vollen Ausnützung der Monopolchancen abgesehen wird. Wollte man freilich von den Kartelleitern grundsätzlich fordern, daß sie ihre privatwirtschaftlichen Rentabilitätsaussichten aus volkswirtschaftlichen Erwägungen heraus nicht voll wahrnehmen sollen, so würde man, wie Tschierschky mit Recht hervorhebt, ihnen die sichere Richtschnur für ihr wirtschaftliches Verhalten rauben. Es gibt allerdings in der heutigen Wirtschaft Fälle, in denen diese Richtschnur bis zu einem gewissen Grade versagt und Spielraum für mehr oder weniger

---

[53] „Eine kluge Taktik", sagt Tschierschky, „verzichtet auf gelegentliche Monopolausnützung, um desto besser die Monopolstellung dauernd sichern und ausnützen zu können" (Kartellrundschau, 1926, S. 336). Vgl. auch H. v. Beckerath (Reparationsagent und Deutsche Wirtschaftspolitik, S. 61), Tschierschky (Kartellpolitik, S. 126), Ertel (Internationale Kartelle, S. 182).

große Rücksichtnahme auf andere bietet. Überall dort, wo sich zwei Monopolisten, seien es z. B. zwei Kartelle oder ein Kartell und der Staat, gegenüberstehen, wird der Preis zum Ergebnis eines Machtkampfes. Dieser Kampf kann mit mehr oder weniger großer Rücksichtnahme geführt werden. Auch volkswirtschaftlich ist es gewiß nicht ohne Bedeutung, in welchem Geist der Kampf geführt und das Preiskompromiß gesucht wird. Zu beachten ist auch in diesem Zusammenhange die besondere Lage der „defensiven" Kartelle, die einem Nachfragemonopol, z. B. eines Händlerkartells gegenüberstehen. Wenn es bei ihnen häufig zu einer stärkeren Preiserhöhung oder Hochhaltung nicht kommt, so liegt der Grund in der übermächtigen monopolistischen Stellung ihrer Gegenkontrahenten, nicht in einer Abweichung von den Regeln, die ein homo oeconomicus in seinem Handeln befolgen würde. Gerade die schwächeren defensiven Kartelle werden alles tun, um im Rahmen ihrer Macht den Preiskampf mit Gegenmonopolen erfolgreich durchzuführen.

## III. Kartellfähigkeit.

Unter Kartellfähigkeit (Kartellierungsfähigkeit, Kartellierbarkeit) ist zu verstehen die Eignung eines Produktionszweiges erstens zur **Begründung** von Kartellen, d. h die Fähigkeit der Unternehmer dieses Zweiges zur Überwindung der Hemmungen, die der Kartellierung entgegenstehen, zweitens zur **Haltbarkeit** oder Dauerhaftigkeit einmal begründeter Kartelle, d. h. die Fähigkeit der Kartellunternehmer, der Sprengungskräfte im Kartell Herr zu werden. (Wir werden daher die Fähigkeit zur Kartellbegründung und die Fähigkeit zur Kartellerhaltung unterscheiden. Unter „Fähigkeit" soll sowohl die subjektive Befähigung als die objektive Eignung des Produktionszweiges verstanden werden.)

Die Kartellfähigkeit der einzelnen Produktionszweige wird in der Literatur vielfach besprochen. Sämtliche Einzelmonographien schildern die bei der Begründung der Kartelle meist mühsam zu überwindenden Hemmungen subjektiver und objektiver Art. Eine eingehende und zusammenfassende Betrachtung geben **Wiedenfeld**[54] (1927) und **H. v. Beckerath**[55] (1930).

Die Beziehungen zwischen Monopolmacht und Kartellfähigkeit bedürfen der Klarstellung. **H. von Beckerath** sagt darüber (1930): „Wenn

---

[54] Gewerbepolitik. S. 96ff.

[55] Der moderne Industrialismus. S. 390ff.

die Kartellierungsbedingungen an sich weniger günstig sind, setzen die Preis- und Mengenkartellierungen besondere Monopolmomente voraus, wenn sie dauernden Erfolg haben sollen[56]." Damit wird der Anschein erweckt, als ob sich bei günstigen Bedingungen eine Kartellierung auch ohne Monopolaussichten vollziehen könnte. Eine, wenn auch begrenzte Monopolstellung ist aber Voraussetzung dafür, daß die Kartellierung ihren Zweck erfüllen kann; sie ist daher die Voraussetzung auch für jede dauerhafte Kartellierung[57]. Die Aussicht darauf, daß durch Zusammenschluß eine wirksame Beschränkung des Wettbewerbs erzielt werden kann, ist aber allein nicht genügend. Es muß die Kartellfähigkeit, d. h. die Fähigkeit zur Überwindung der dem Zusammenschluß entgegenstehenden sachlichen und persönlichen Hemmungen hinzukommen. Gute Monopolaussichten sind geeignet, diese Kartellfähigkeit zu erhöhen, weil sie den Willen zum Zusammenschluß stärken. Sie kompensieren dadurch unter Umständen andere Hemmungsfaktoren.

## A. Die Fähigkeit zur Kartellbegründung.

In der ersten Zeit schienen noch verhältnismäßig wenig Produktionszweige kartellfähig zu sein.

Kleinwächter[58] (1883) hält die annähernd gleiche Leistungsfähigkeit der Betriebe für erforderlich; Schönlank[59] (1890) und Liefmann[60] (1897) weisen darauf hin, daß eine vorherige Konzentration auf wenige Betriebe notwendig sei. In gleichem Sinne kann Pohle[61] (1898) das Kartell als eine „Vereinigung der Sieger" bezeichnen. Außer der geringen Anzahl der Betriebe nennt er als weitere Gründe hoher Kartellfähigkeit den geringen Unterschied der Größe und Leistungsfähigkeit der Unternehmungen, die Gleichartigkeit der Ware, beständige Preisverhältnisse auf den vor- und nachgeordneten Märkten. Die Fertigindustrie erscheint aus allen diesen Gründen für die Kartellierung ungeeignet. Schacht[62] (1902) formuliert die damals herrschende Ansicht von der Schwierigkeit einer Kartellbildung in der Fertigindustrie am schärfsten, indem er erklärt, daß sie infolge der Verschiedenartigkeit der Produkte im Rahmen der Kartelle niemals ihren Platz finden werde.

[56] Ebenda. S. 292.

[57] „Kartellbestand und Monopol sind... unauflöslich verbunden", schreibt Reith a. a. O., S. 23.

[58] Die Kartelle. S. 5.

[59] Die Kartelle. Arch. f. Soziale Gesetzgebung u. Statistik. III. Bd. S. 17.

[60] Die Unternehmerverbände. S. 48.

[61] Die Kartelle der gewerblichen Unternehmer. S. 122.

[62] Preußische Jahrbücher. 110. Bd. S. 10.

In der Folge wird auf den grundlegenden Umschwung hingewiesen, den die Ausbildung von Monopolschutzmaßnahmen, wie Sperren und Exklusivverträge, für die Kartellierbarkeit der Fertigindustrie herbeigeführt hat.

Schäffer (1928) schreibt, es sei ein ganzes „Arsenal von Mitteln" erfunden worden, weswegen man heute kaum eine Industrie schlechthin als kartellunfähig bezeichnen könne[63]. (Die erste größere Monographie über Kartelle in der Fertigindustrie, H. v. Beckeraths Untersuchung über die Seidenindustrie (1911), zeigte sogar, daß manche Eigenarten der Fertigindustrie, die bisher als Hindernisse der Kartellierung galten, sich als Vorteile erweisen können. So zwingt z. B. die Spezialisierung der einzelnen Fabriken in der Seidenweberei die Verbraucher dazu, auf die Verpflichtung zum ausschließlichen Bezug beim Kartell einzugehen, weil die Außenseiter nur einen Teil der verlangten Sorten zu liefern imstande sind.) Immer noch bleiben aber von Produktionszweig zu Produktionszweig und je nach den besonderen Umständen mehr oder weniger große Hemmungen zu überwinden. Unter den objektiven Hindernissen, die in der Literatur genannt werden, seien hervorgehoben die Verschiedenheit der Abnehmer (Großhändler, Warenhaus, Kleinhändler), vgl. H. v. Beckerath[64] (1911); die Ungleichheit der Unternehmungen (Riesenkonzerne neben kleinen Unternehmungen), vgl. H. v. Beckerath[65] (1924). Die Massenware, Produkte einheitlicher Qualität erleichtern die Kartellierung[66]. Eine umfassende Aufstellung sämtlicher objektiver Faktoren gibt H. v. Beckerath[67] (1930). „Schwerer noch", meint aber Wiedenfeld (1927), „als die Tücke der Objekte seien die subjektiven oder persönlichen Hemmnisse[68]." Der Selbständigkeitsdrang der leitenden Köpfe wehre sich gegen die Marktbindung. Auch Unterschiede in Reichtum und sozialer Stellung, sagt H. v. Beckerath[69] (1911), können zur Hemmung der Kartellierung werden. Gemeinsame Tätigkeit in Fachvereinen oder Arbeitgeberverbänden, nachbarliche oder gesellschaftliche Beziehungen, gleiche Bildung oder gesellschaftliche Schichtung hätten Einfluß auf die Kartellierbarkeit[70] (1930). Die deutschen Unternehmer hält er auf Grund des alten Genossenschaftsgeistes und der militärischen Erziehung zur Einordnung in persönlicher Hinsicht für besonders organisierbar[71].

[63] Strukturwandlungen der deutschen Volkswirtschaft. Erster Band. S. 329/30.

[64] Die Kartelle der deutschen Seidenwebereiindustrie. S. 148.

[65] Kräfte, Ziele und Gestaltungen in der deutschen Industriewirtschaft. S. 48/49.

[66] Vgl. Liefmann, Kartelle, Konzerne und Trusts. 7. Aufl. 1927. S. 37.

[67] Der moderne Industrialismus. S. 290ff.

[68] Gewerbepolitik. S. 99.

[69] Die Kartelle der deutschen Seidenwebereiindustrie. S. 149.

[70] Der moderne Industrialismus. S. 290.

[71] Ebenda. S. 280.

Tschierschky (1921) glaubt, daß die Kriegswirtschaft psychologisch äußerst förderlich auf die Kartellierung gewirkt habe. „Zurückgeblieben ist... die verstärkte Überzeugung in den weitesten Kreisen der Industrie, daß die Zeiten rein individualistischen Wettbewerbs auf absehbare Zukunft nicht gegeben sind[72]." In einem theoretischen Satz sucht Vershofen den Grad der Kartellierfähigkeit zu umschreiben, wenn er sagt (1928): „Das Optimum für die Bildung eines Marktverbandes ist gegeben, wenn ein Maximum der natürlichen Fungibilität und eine möglichst kleine Zahl von Marktsubjekten vorhanden ist[73]."

Die Kartelliteratur hat auf Grund eines reichen Erfahrungsmaterials die vielfältigen günstigen und ungünstigen Kartellbedingungen dargestellt. Eine wertvolle Ergänzung vermöchte eine auf deduktivem Wege zu gewinnende Systematik der möglichen Schwierigkeiten der Kartellierung zu bieten[74].

## B. Die Fähigkeit zur Kartellerhaltung.

Die Überwindung der Hemmungen des Zusammenschlusses führt zur Begründung des Kartells. Seine Haltbarkeit oder Dauerhaftigkeit hängt von neuen Faktoren ab, die während des Bestandes von innen und außen wirksam werden.

Liefmann (1897) untersucht die Haltbarkeit. Eine Gefährdung des Kartells ergäbe sich aus der Verschiedenheit der Produktionskosten und einer entsprechenden Verschiedenheit des Produktionsoptimums unter den Mitgliederunternehmungen. Die Kartelle seien um so haltbarer, je größer die Monopolstellung sei[75]. Eine Sprengung des Kartells kann sich aus den

[72] Zur Reform der Industriekartelle. S. 43.

[73] Die Marktverbände. S. 38.

[74] Lange (Organisierte Wirtschaftsfreiheit, S. 16) spricht davon, daß „überhaupt nur ein Bruchteil der Industrie in monopolistischem Sinne kartellierungsfähig" sei. Damit ist nicht die mangelnde Kartellfähigkeit in dem hier besprochenen Sinne gemeint. Lange hat vielmehr offenbar die Tatsache im Auge, daß es in vielen, vielleicht in der überwiegenden Mehrzahl der Industrien auch heute nicht möglich ist, eine ökonomisch relevante Monopolstellung durch kartellmäßigen Zusammenschluß zu gewinnen. Es fehlt nicht an der Verbandsfähigkeit, sondern an der Monopolisierbarkeit. Wie groß der Teil der deutschen Industrie ist, der kartelliert ist oder wirklich, d. h. monopolistisch, kartelliert werden könnte, ist in wissenschaftlicher Weise bisher nicht festgestellt worden. Es wäre dringend zu wünschen, daß diese Aufgabe bald in Angriff genommen würde.

[75] Die Unternehmerverbände. S. 59.

Interessengegensätzen zwischen großen und kleinen Werken[76], zwischen reinen und gemischten Werken[77] und aus den Meinungsverschiedenheiten zwischen den „Preistreibern“ und den „Mäßigkeitsaposteln“[78] ergeben. Ob größere Festigkeit des Kartells im Sinn der Syndizierung oder Kontingentierung die Sprengungsgefahren mindert, ist umstritten; Kestner[79] (1912/1927) ist der Meinung, daß die Konflikte mit der Festigkeit zunehmen. Die Einsicht in die sprengenden, kartellgefährdenden Momente wird am meisten durch die Darstellungen von Tschierschky in seinem neuesten Buch über Kartellpolitik (1930) gefördert. Er hebt in etwas anderem Zusammenhang wiederholt die dynamischen Elemente hervor, die geeignet sind, die Kartellmitglieder auseinanderzutreiben. Vor allem weist er auch hier subjektive Elemente nach, psychologische Wirkungen der Politik der Kartelle, die „früher oder später eine Verbandsgegnerschaft auslösen“[80].

Die Haltbarkeit oder Dauerhaftigkeit der Kartelle wäre wert, zum Gegenstand besonderer Untersuchungen gemacht zu werden. Immer wieder findet sich die Behauptung, eine monopolistische Preispolitik sei schon deshalb nicht möglich, weil sie zur Sprengung der Kartelle führen müßte. Wir wiesen aber schon darauf hin, daß ja unter Umständen auch eine zu „maßvolle“ Monopolausnützung das Kartell gefährden könne, indem die weniger produktiven Unternehmungen, wenn sie in ihrer Rentabilität nicht gesichert werden, ihr Interesse am Kartell verlieren müßten. Aus allgemeinen Überlegungen ergibt sich, daß Kartelle gesprengt werden entweder infolge bloßer Meinungsverschiedenheiten oder infolge wirklicher Interessengegensätze:

### 1. Die Meinungsverschiedenheiten.

Sie können sich beziehen auf die künftige Kartellentwicklung, auf den Einfluß des Preises auf den Absatz oder der Produktionsbeschränkung auf den Preis, auf die Grenzen der Monopolstellung, d. h. aber auf die Gefahren der Außenseiterkonkurrenz, auf die Aussichten eines Kampfes mit den Außenseitern u. a. m. Die Meinungsverschiedenheiten können eine gemeinsame rationelle Kartellpolitik unmöglich machen. Die Haltbarkeit des Kartells ist deshalb zum Teil eine Funktion der die Einigung herbeiführenden Organe des Kartells.

---

[76] Vgl. H. v. Beckerath, Die Kartelle der deutschen Seidenwebereiindustrie. 1911. S. 62.

[77] Vgl. Wiedenfeld, Gewerbepolitik. 1927. S. 96 ff.

[78] Ebenda.

[79] Der Organisationszwang. 2. Aufl. S. 20.

[80] Kartellpolitik. S. 23.

## 2. Die internen Interessengegensätze.

Sie können auf die Verschiedenheit der Selbstkosten bzw. der Selbstkostenveränderungen in den einzelnen Unternehmungen zurückgehen. Verschiedenheit der Kostendegression und -progression schafft Unterschiede des Interesses in bezug auf den Grad der Produktionseinschränkung. Ein weiterer Gegensatz ergibt sich aus der Verschiedenheit der Expansionstendenz. Die entwicklungsfähigen, finanziell starken, auf Grund von Differentialrenten zur Selbstfinanzierung besonders befähigten Unternehmungen haben die Tendenz, auf Kosten der Schwächeren zu expandieren[81]. Dadurch entstehen neue Quotenforderungen. Der Quotenkampf kann zur Sprengung des Kartells führen. Aus Veränderungen der Kostenlage und aus ungleicher Expansion ergeben sich Veränderungen hinsichtlich des Vorteils der Wettbewerbsbeschränkung für die einzelnen Unternehmungen. Für Unternehmungen mit starker Kostendegression und hoher Expansionsfähigkeit wachsen die Aussichten, bei neu ausbrechendem unbeschränktem Wettbewerb gegen die schwächeren Kartellmitglieder erfolgreich zu sein. Sie können ein Interesse daran haben, einen solchen Wettkampf einzuschalten und sei es nur, um bei einer erneuten Kartellierung höhere Quoten durchsetzen zu können. Die Nachteile der Bindungen und der Produktionseinschränkung, die zum Zwecke der Monopolausnützung in Kauf genommen werden müssen, werden um so drückender, je größer die Erfolgsaussichten in einem neuen Wettbewerbskampf werden.

Je stärker die Meinungsverschiedenheiten und wirklichen Interessengegensätze sind, auf eine desto härtere Probe wird die Kartelltreue gestellt. Es hängt deshalb sowohl von den Maßnahmen des Meinungs- und Interessenausgleichs als von den Maßnahmen des internen Kartellzwangs ab, ob die sprengenden Kräfte gebändigt werden können oder nicht. Gleiche Tüchtigkeit der Kartelleitung hinsichtlich dieser Maßnahmen vorausgesetzt, ist dort die Fähigkeit und Eignung zur Kartellerhaltung am größten, wo die objektiv und subjektiv differenzierenden Faktoren am geringsten sind.

---

[81] Vgl. Tschierschky, Kartellpolitik. 1930. S. 26/27. Ferner Reith a. a. O., S. 65ff. und S. 45.

Viertes Kapitel.

# Die Tätigkeit oder Politik der Kartelle.

## I. Einleitung.

Man spricht häufig von der Preispolitik der Kartelle und bezeichnet damit den wichtigsten Zweig der Kartellbetätigung als eine Politik der Kartelle. Tschierschky faßt in seiner neuesten Schrift (1930) die Betätigung der Kartelle ausdrücklich als „Kartellpolitik" auf und stellt sie damit in eine Reihe mit der Betätigung des Staates im Hinblick auf die Kartelle, für die es üblich ist, den Ausdruck Kartellpolitik zu verwenden[1]. Diese Ausdrucksweise wird damit gerechtfertigt, daß die Kartelle ebenso wie der Staat in der Lage seien, eine „kollektive, korporative, organisierte" Wirtschaftspolitik zu betreiben[2]. Wenn man unter Politik mit Tschierschky ein „planmäßiges Wirken für ein selbst gesetztes Ziel[3]" versteht, so ist man berechtigt, die Tätigkeit der Kartelle als deren Politik anzusprechen. Vermöge ihrer Monopolstellung sind sie in der Lage, in diesem Sinn eine Markt- und Preispolitik zu führen. Der Ausdruck darf aber nicht dahin mißverstanden werden, als ob die Betätigung der Kartelle ein Handeln im Sinne und Dienst eines übergeordneten staatlichen oder gemeinschaftlichen Ganzen wäre und damit im Gegensatz stünde zur bloß privatwirtschaftlichen Tätigkeit nichtkartellierter Unternehmer. Tschierschky hebt mit Recht den privatwirtschaftlichen Charakter der Politik der Kartelle hervor und spricht von einer Privatwirtschaftspolitik[4].

Die Politik der Kartelle ist, außer von Tschierschky, nirgends zum Gegenstand einer systematischen Untersuchung gemacht worden. Statt von der Betätigung, ist es üblich, entweder von den Kartellvereinbarungen auszugehen, die die Grundlage der Kartelltätigkeit sind oder

[1] Er beruft sich dabei (S. 6, Anm. 10) auf Wagenführ, der eine subjektive Politik der Kartelle von einer objektiven, d. h. öffentlichen, Politik gegenüber den Kartellen unterscheidet. Früher sprach Tschierschky von der „Politik der Kartelle" (vgl. „Kartell und Trust", S. 56).

[2] Kartellpolitik. S. 9.

[3] Ebenda. S. 5.

[4] Ebenda. S. 3 u. S. 5.

von den Wirkungen, die sie ausübt. Wir gehen dagegen im folgenden von den Zielen aus, die sich die Kartelle bei ihrer Betätigung setzen und besprechen daran anschließend die Maßnahmen, die sie in Verfolgung dieser Ziele ergreifen[5].

## II. Die Ziele der Politik der Kartelle.

Daß der mittelbare Zweck aller Kartellbetätigung die Erhöhung oder Sicherung der privatwirtschaftlichen Rentabilität der Kartellunternehmungen ist, sollte keinem Zweifel unterliegen.

Liefmann legt besonderen Nachdruck darauf, daß die Kartellierung keine Abwendung von dem die kapitalistische Wirtschaft charakterisierenden Prinzip des privatwirtschaftlichen Ertragsstrebens bedeutet[6]. „Die Politik der Kartelle", sagt Tschierschky[7] (1930), habe „ausschließlich das privatwirtschaftliche Interesse der Mitglieder" im Auge. Sie könne allerdings „überprivatwirtschaftliche Folgen" zeitigen; „darüber hinaus in die Sphäre allgemeiner, volkswirtschaftlicher Erwägungen ihre Politik vorzutreiben", sei dagegen, wie er meint[8], „den meisten, ja, man wird ruhig behaupten dürfen, allen diesen Organisationen einfach objektiv unmöglich".

Es ist nicht ohne Wichtigkeit, dieses Fernziel der Kartellpolitik im Auge zu behalten; es ergibt sich aus ihm z. B., daß ein Kartell in aller Regel nur Bestand haben wird, wenn sämtliche Mitglieder bei Aufrechterhaltung des Zusammenschlusses privatwirtschaftlich auf ihre Kosten kommen. Die spezifische Art der Betätigung ergibt sich dagegen aus den Nahzielen, um deretwillen eine Gruppe von Unternehmern in Verfolgung des privatwirtschaftlichen Ertragsstrebens sich kartellmäßig verbindet.

### A. Das primäre oder eigentliche Ziel.

Auf Grund der Einsicht in die Ursachen der Kartellierung ergab sich, daß der primäre Zweck der Kartellierung die Beschränkung oder Aufhebung des Wettbewerbs, d. h. aber die Erreichung einer wenn auch begrenzten Monopolstellung ist. Das primäre Ziel der Kartellbetätigung muß daher die Ausnützung der gewonnenen Monopolstellung, die

---

[5] Wir hoffen zeigen zu können, daß sich daraus eine theoretisch klarere Erfassung der Kartellbetätigung ergibt. Zum Teil wird es sich dabei nur um eine andere Einordnung der von Tschierschky dargestellten Gedanken handeln.

[6] Kartelle, Konzerne und Trusts, 1. Aufl. S. 56.

[7] Kartellpolitik. S. 10.

[8] Ebenda. S. 13.

Monopolausnützung sein[9]. Wäre dieser Ausgangspunkt jeder Kartellbetätigung in der Kartellehre klar ins Auge gefaßt worden, so wäre manche Unsicherheit zu vermeiden gewesen. Eine wirksame Betätigung als Kartell liegt nur vor, wenn und soweit auf Grund der Tatsache einer Wettbewerbsbeschränkung, sei es mittels Verbesserung der Preise, sei es mittels günstigerer Konditionen eine Erhöhung des Nettogewinnergebnisses erzielt wird. Damit ist gesagt, daß eine wirksame primäre Kartellpolitik nicht stattgefunden hat, wenn höhere Preise durch entsprechend schlechtere Konditionen, oder wenn bessere Konditionen durch entsprechend niedrigere Preise im Gewinnergebnis kompensiert werden. Eine bloße Preisfestsetzung durch ein Kartell ist deshalb auch keine Monopolausnützung, wenn ein Ausweichen in schlechtere Konditionen den Gewinnerfolg aufhebt; umgekehrt liegt in einer bloßen Regelung der Konditionen keine Monopolausnützung, wenn ein Ausweichen in entsprechende Preisnachlässe eintritt. Der Übergang von einer Art des Wettbewerbs auf eine andere mag eine Verbesserung oder Rationalisierung der Methoden des Wettbewerbs bedeuten; sie ist aber keine Wettbewerbsbeschränkung. Damit läßt sich die in der Literatur viel umstrittene Frage nach dem Kartellcharakter der reinen Konditionenkartelle beantworten. Der Umstand, daß ein Verband bloß Konditionen oder bloß Preise vereinbart, gibt keine Antwort auf die Frage nach seinem Kartellcharakter. Ein Verband ist als Kartell anzusprechen, wenn er eine, wie auch immer begrenzte, Monopolstellung besitzt. Ist eine solche infolge von Faktoren des Wettbewerbsausschlusses vorhanden, so ist eine Kartellbetätigung im Sinne der Monopolausnützung objektiv möglich. In der bloßen Festlegung von Konditionen kann unter Umständen eine solche Monopolausnützung liegen; es scheint in praxi häufig vorzukommen, daß die Konkurrenz sich nicht oder nicht in vollem Maße kompensierend auf die Preise zu verlegen vermag[10]. Ein sogenanntes Konditionenkartell

---

[9] Nichts anderes kann Tschierschky meinen, wenn er die „Gewinnung besserer Preis- und Absatzbedingungen" als das Hauptziel bezeichnet.

[10] Es wäre interessant, zu prüfen, weshalb in Produktionszweigen wie z. B. der Textilindustrie die Beseitigung der sogenannten Mißstände im Konditionenwesen, auch ohne gleichzeitige Preisfestsetzung, so häufig geeignet ist, das Gewinnergebnis zu verbessern.

Stark (1930), Die Theorie der Kartelle, S. 42ff., bestreitet, daß die bloße Festsetzung der Konditionen zu einer monopolistischen Beeinflussung des Marktes führen könne.

kann deshalb ein echtes Kartell sein. Ob es ein Kartell und nicht bloß ein nicht-monopolistischer Verband ist, hängt wie beim Preis„kartell“ einzig und allein davon ab, ob die Konkurrenz durch objektive Faktoren in relevanter Weise ausgeschlossen und also eine Monopolstellung gewonnen ist. — Es muß daran erinnert werden, daß die „Konditionen“ im Bankgewerbe in Wahrheit Preise sind; sie stellen den Preis der in diesem Wirtschaftszweig angebotenen Ware, nämlich der Kapitaldisposition, dar. Die sogenannten Konditionenkartelle im Bankgewerbe sind somit eigentliche Preiskartelle. —

Die Monopolausnützung kann mithin Preispolitik oder Konditionenpolitik oder beides zugleich sein:

## 1. Die Preispolitik der Kartelle.

a) Die erste und einfachste Form der Monopolausnützung durch Preispolitik ist die Preishochhaltung oder Preiserhöhung.

Daß die Kartelle eine Politik betreiben, die darauf gerichtet ist, die Preise zu erhöhen oder auf einem höheren Stand festzuhalten, als ohne Kartellierung zu erreichen wäre, wird nicht bestritten. Darin liegt ja privatwirtschaftlich die Rechtfertigung des kartellmäßigen Zusammenschlusses, seiner Kosten und Behinderungen. Ein Zustand ungünstiger Preise soll überwunden werden. Über den Grad der Erhöhung oder Hochhaltung läßt sich aber theoretisch und allgemein nur sagen, daß er durch das Ausmaß der jeweiligen Monopolstellung und durch den Grad ihrer Ausnützung bestimmt ist. Da diese aber von Kartell zu Kartell völlig verschieden sind, so täten empirische Untersuchungen über das Verhältnis zwischen Kartell- und Konkurrenzpreisen dringend not. Vereinzelte Angaben finden sich in Monographien und allgemeinen Kartellschriften. Ein auch nur annähernd umfassendes zahlenmäßiges Bild läßt sich daraus aber für keinen Produktionszweig und keine Wirtschaftsperiode gewinnen. Trotz aller Schwierigkeiten, denen eine solche Untersuchung begegnen würde, kann sie nicht als aussichtslos angesprochen werden.

Von der Tendenz zur Preishochhaltung oder -erhöhung war in der Kartelliteratur von Anfang an die Rede. Die weitaus größere Zahl der Kartellschriftsteller ist aber bemüht, die Bedeutung dieser Politik der Kartelle abzuschwächen oder aber die Preishochhaltung volkswirtschaftlich zu rechtfertigen. Die Preishochhaltung, so wird gesagt, geschähe erstens bloß mit dem Ziel, einen „angemessenen“ Gewinn zu sichern, und somit jedenfalls nicht in „unberechtigtem“ Umfang. Von Preishochhaltung könne aber zweitens nur im Verhältnis zu den ohne Kartellierung und vor der Kartellierung geltenden Notstands- oder Schleuderpreisen gesprochen werden. Zudem trete sie drittens nur verbunden mit einer volkswirtschaftlich vorteilhaften Preisstabilisierung auf.

Schäffle (1898) beschäftigt sich eingehend mit der Frage der Kartellpreise. Er ist der Meinung, daß die Kartelle, wenn die Sachlage es gestattet, keine Skrupel hätten, vom Normalpreis abzuschwenken, soweit es ihr Vorteil sei[11]. Selbst wenn sie sich aber an den Preis hielten, den er als den volkswirtschaftlich normalen Preis bezeichnet, so läge auch dann noch unter Umständen Monopolausnützung vor; denn er charakterisiert diesen Preis als einen, bei dem „das letzte und kostspieligst" hergestellte Angebot noch verlustlos ist. Der Streit geht aber in der Folge gerade darum, ob die Kartelle nicht die schwächsten angeschlossenen Unternehmen in ihrer Preispolitik zu berücksichtigen hätten, und ob daher nicht die Rentabilität auch solcher Unternehmungen gesichert werde, die bei freier Konkurrenz ausgeschaltet würden. Liefmann[12] (1897) und Pohle[13] (1898) sind der Meinung, daß mit Preiserhöhungen durch die Kartelle zu rechnen sei. Ihr stehe aber die Preisstabilisierung gegenüber. Pohle allerdings bezeichnet sie als ein Danaergeschenk. Gruntzel (1902) dagegen sieht in den Kartellen, wie übrigens auch im Zoll, das Streben nach dem „gerechten" Preisniveau[14]. Götzke (1905) rühmt die maßvolle und vernünftige Preispolitik des Kohlensyndikats[15]. Die Verhinderung zu starker Preisermäßigung scheint ihm in mehrfacher Hinsicht ein Vorzug zu sein. Troemel[16] (1926) ist der Preisfestsetzung mit besonderer Aufmerksamkeit nachgegangen und stellt fest, daß in der von ihm untersuchten Industrie im Anfang immer die Kosten der schlechtesten Werke berücksichtigt worden seien. Es werde ein Grundpreis festgesetzt, der dem Preis der freien Konkurrenz entspricht, und dazu ein Aufschlag vorgenommen, der den Einfluß des Monopols zum Ausdruck bringe. Klotzbach (1916) bestreitet, daß die Preise des Syndikats für alle gewinnbringend gewesen seien; die Verbandsleitung habe mit Vorbedacht die Preise so festgesetzt, daß lebensunfähige Werke nicht künstlich erhalten würden[17]. Wiedenfeld[18] (1930) berichtet, daß im Kohlenbergbau

[11] Zum Kartellwesen und zur Kartellpolitik. Zeitschrift für die gesamte Staatswissenschaft. 54. Jahrg. S. 668/69.

[12] Die Unternehmerverbände. S. 87.

[13] Die Kartelle der gewerblichen Unternehmer. S. 88ff.

[14] Über Kartelle. S. 129.

[15] Das Rheinisch-Westfälische Kohlensyndikat. S. 177ff.

[16] Kartell- und Preisbildung in der deutschen Geschirr- und Luxusporzellanindustrie. S. 78 u. 131.

[17] Der Roheisenverband. S. 273.

[18] Enqueteausschuß, 1. Unterausschuß, 3. Arbeitsgruppe, 4. Teil, 2. Abschnitt, S. 413.

die Werke vom Syndikat aufgekauft und stillgelegt würden, deren Kosten von den Preisen nicht gedeckt würden; die Kosten für die Stillegung würden aber in den Preisen zum Ausdruck kommen und abgewälzt werden.

Wenn aber auch die Berücksichtigung der schwächsten Unternehmungen als Preisuntergrenze in der Regel anerkannt wird, so wird doch, z. B. von Liefmann (1927), immer wieder nachdrücklich betont, daß eine „rücksichtslose" Preispolitik nicht betrieben werde[19]. Troeltsch (1916) meint allerdings, es sei schwer zu entscheiden, welche Preise angemessen seien; im ganzen werde man aber die Kartellpreise kaum als „unberechtigt" ansehen können[20]. Lehnich[21] (1928) und Dobretsberger[22] (1929) bestreiten nicht die Tendenz der Preiserhöhung oder, wie Dobretsberger sich ausdrückt, die Tendenz zur „Preisstabilisierung auf etwas höherem Niveau". Eigentliche Monopolpreise im Sinne der Theorie lägen aber nicht oder nur in seltenen Fällen vor. Herle-Metzner[23] (1929) schreiben, es müsse zugegeben werden, daß die Preise der Kartelle zeitweise höher seien als die Preise einer nicht kartellierten Industrie. (Über die Preisberechnung bei den Kartellen vgl. die Spezialuntersuchung von Petri über „Industrielle Kartellpreise und betriebliche Kosten", 1926.)

Daß es sich bloß um die Überwindung von Notstandspreisen handle, wird schon von Steinmann-Bucher[24] (1891) behauptet. Den gleichen Standpunkt vertritt in neuester Zeit Ertel[25] (1930). „Man darf nicht verwechseln", sagt er, „die Erhöhung tiefliegender, ungenügender Preise mit einer Erhöhung von Preisen, die auch schon bisher ausreichenden Gewinn boten."

Der Streit darüber, ob die Preispolitik der Kartelle „angemessen" und „berechtigt" sei oder nicht, hat uns schon bei der Frage der Monopolausnützung beschäftigt. Nimmt man an, daß die Monopolstellung so vollkommen wie möglich ausgenützt wird, wovon oben die Rede war, so ergibt sich, daß die Erhöhung der Preise gegenüber denen der freien Konkurrenz sich bestimmt erstens nach der Weite der Monopolstellung und zweitens nach der Nachfrage- und Selbstkostenlage. Die unterste Preisgrenze ist theoretisch bestimmt durch die Kostenlage der schwächsten Unternehmung, deren Verbleiben beim Kartell notwendig erscheint, oder durch die Kosten der letzten nicht stillgelegten Unternehmung, zusätzlich

---

[19] Kartelle, Konzerne und Trusts. 7. Aufl. S. 136.

[20] Die deutschen Industriekartelle vor und seit dem Krieg. S. 31.

[21] Kartelle und Staat. S. 54ff.

[22] Konkurrenz und Monopol in der gegenwärtigen Wirtschaft. S. 122.

[23] Neue Beiträge zum Kartellproblem. S. 32.

[24] Wesen und Bedeutung der gewerblichen Kartelle. Schmollers Jahrbuch. 15. Jahrg. S. 170.

[25] Internationale Kartelle. S. 180.

deren Anteil an den Kosten der Stillegung noch schwächerer Unternehmungen. Damit ist nicht gesagt, daß bei Konzernkartellen notwendigerweise die Kosten der unproduktivsten Grenzwerke der einzelnen Konzerne berücksichtigt werden müssen; der optimale Gewinnpreis errechnet sich für den Gesamtkonzern. Die Preiserhöhung oder -hochhaltung kann unter Umständen sehr geringfügig sein; sie steht deswegen keineswegs im Widerspruch zum theoretischen Schema der Monopolpreisbildung, wie Dobretsberger anzunehmen scheint. Die Tatsache, daß nur wenige Gruppen von Kartellen in der Lage sind, eine ins Gewicht fallende, oder gar sehr starke Preiserhöhung während längerer Zeit durchzuführen, beweist nur, daß annähernd vollkommene oder unbegrenzte Monopolstellungen selten sind. Enge Begrenzung der Monopolstellung, Schwäche des inneren Zusammenhalts und schließlich da und dort auch außerökonomische Rücksichtnahme stehen einer weitreichenden monopolausnützenden Preispolitik bei der Mehrzahl der Kartelle im Wege. Das volkswirtschaftliche Interesse richtet sich deshalb auf die Monopolkartelle im engeren Sinne, d. h. auf die Kartelle, die im Genuß einer ausgiebigen Monopolstellung stehen.

b) Die Preispolitik der Kartelle kann zweitens den Charakter der Preisdifferenzierung annehmen. Die Monopoltheorie gibt Auskunft darüber, weshalb der Monopolist in der Lage ist und es unter Umständen für vorteilhaft hält, Preise zu differenzieren, sei es zwischen verschiedenen Kundenkreisen eines Gebiets, sei es zwischen verschiedenen Absatzgebieten. Wenn den Kartellen die Fähigkeit zur Preisdifferenzierung zugesprochen wird, so ist damit ihre monopolistische Marktstellung vorausgesetzt. Es ist ja auch allgemein bekannt und zugegeben, daß Kartelle, die nicht nur den zollgeschützten Innenmarkt beliefern, sondern auch exportieren, von der Fähigkeit zu differentieller Preisstellung Gebrauch machen. (Wir kommen auf das Problem des sogenannten Dumping zurück[26].) Hier fragt es sich, ob die Politik der Preisdifferenzierung im Gegensatz steht zu einer Politik der Preiserhöhung, so etwa, daß sie die Preiserhöhung zum Teil oder für manche Abnehmerschichten aufhöbe. Löwe (1930) spricht von der Möglichkeit differenzierender Preisstellung zugunsten förderungswürdiger Abnehmer[27].

---

[26] Vgl. unten S. 117f. und 122f.

[27] Enqueteausschuß, 1. Unterausschuß, 3. Arbeitsgruppe, 4. Teil, 2. Abschnitt, S. 324.

Damit konstruiert er aber einen Fall der Preisdifferenzierung, der dem privatwirtschaftlichen Interesse des Kartells widerspräche. Theoretisch läßt sich natürlich der Fall denken, daß ein Kartell aus volkswirtschaftlichen oder sozialen Erwägungen ein Preisopfer zugunsten gewisser Kundenkreise vornehmen würde. Nachgewiesen sind solche Fälle unseres Wissens nicht.

Es kann auch geschehen, daß ein Kartell von übermächtigen Gegenkontrahenten gezwungen wird, differentielle Preisnachlässe zu gewähren. (Hier sind es aber gerade nicht die „förderungswürdigen Abnehmer" im Sinne Löwes, die die Erleichterung erhalten.) Die übliche Preisdifferenzierung hat nicht den Charakter eines Preisopfers. Sie dient vielmehr unmittelbar der Monopolausnützung. Die Preise werden gegenüber jeder Abnehmergruppe und auf jedem Teilmarkt so weit erhöht, als es ohne Schaden für den Umsatz möglich ist. Die niedrigeren Preisstufen, wie z. B. die Dumpingpreise auf dem Auslandmarkt, dienen aber gleichfalls dazu, den Gewinn im ganzen zu erhöhen, auch wenn sie unter den Weltmarktpreisen liegen[28].

c) Als Widerspruch zu dem eben Gesagten mag es zunächst erscheinen, wenn drittens die Preispolitik der Kartelle vielfach wegen ihrer Preisvereinheitlichung gerühmt wird. Die Preisfestsetzung von Verbandes wegen bringt es mit sich, daß in einem gegebenen Zeitpunkt von sämtlichen konkurrierenden Unternehmungen für die gleiche Ware dieselben Preise gefordert werden. Der Unterbietungskampf ruht. Im Falle der Preisdifferenzierung gilt die Preisvereinheitlichung für jede der vom Verband festgesetzten Stufen. Ausnahmen liegen vor, wenn den Mitgliedern die Unterbietung gegenüber Außenseitern gestattet wird.

d) Eine immer größere Rolle spielt schließlich in der Kartelliteratur die Frage, ob die Preispolitik der Kartelle viertens den Charakter einer Preisstabilisierung trage.

Schon Schönlank[29] (1890) scheint daran zu denken, wenn er von der größeren „Kontinuität des Wirtschaftens" spricht. Steinmann-Bucher (1891) geht näher auf die Preisstabilisierung ein, die er beim Walzwerks-

---

[28] Vgl. unten S. 120.

[29] Die Kartelle. Archiv für soziale Gesetzgebung und Statistik. 3. Bd. S. 594.

verband in den Jahren 1886ff. konstatieren will[30]. In den Verhandlungen des Vereins für Sozialpolitik (1894) wird gleichfalls von der Stabilisierung der Preise gesprochen. Schon aber treten kritische Erwägungen auf, die sich an die Frage knüpfen, ob denn eine Preisstabilisierung volkswirtschaftlich vorteilhaft sei. Der Verlauf der Krise von 1901 läßt sodann die Frage auftauchen, ob denn eine preisstabilisierende Wirkung tatsächlich zu konstatieren sei. Liefmann hebt in seiner Schrift von 1897 und auch in seinen späteren Werken nachdrücklich hervor, daß die „größere Gleichmäßigkeit der Preise" und damit die „größere Ruhe und Ordnung des Marktes" für die ganze Volkswirtschaft von höchster Bedeutung sei[31]. Pohle[32] (1898) meinte dagegen, die viel gerühmte Stabilisierung der Preise sei „ein etwas fragwürdiger Vorzug". Er erkannte darin den Ausdruck für die Hochhaltung der Preise bei rückgängigem Geschäftsgang. Nach der Krise von 1901 wandte sich am schärfsten Eulenburg[33] (1902) gegen die Lehre von der preisstabilisierenden Tendenz der Kartelle; den Einfluß einer Beseitigung der Preisschwankungen dürfe man tatsächlich nicht sehr hoch veranschlagen. Im übrigen seien stabile Preise in einem System der Privatwirtschaft durchaus nicht das Normale; „gerade das Schwanken der Preise gibt den einzigen Gradmesser für den jeweiligen Stand der Nachfrage". Solche aus der theoretischen Einsicht in den Mechanismus des Marktes hervorgehende Erkenntnisse und Äußerungen gehören in der Kartelliteratur zu den Seltenheiten! Auch Vogelstein[34] (1902) meint, es könne keine Rede davon sein, daß die Kartelle die Preise stabilisieren; für kurze Zeit übten die Syndikate eine mäßigende Wirkung aus. Am lebhaftesten wurde darüber gestritten, ob das Rheinisch-Westfälische Kohlensyndikat preisstabilisierend gewirkt habe. Wiedenfeld[35] (1912) hält es für unbestreitbar, daß das Syndikat eine Politik der allmählichen Preissteigerung und Preisstabilisierung verfolge. Götzke[36] (1905) schildert die Preispolitik des Kohlensyndikats in ausführlicher Weise und scheint in ihr gleichsam den Idealfall stetiger und maßvoller Preisstellung zu erblicken. Mit dem wachsenden Interesse am Konjunkturproblem gewinnt die Frage an Bedeutung, ob nicht die Preisstabilisierung durch die Kartelle, falls eine solche nachweisbar sein sollte, geeignet sei, den Pendelschlag der Konjunkturbewegung abzuschwächen. Noch ist aber umstritten, ob überhaupt von einer allgemeinen preisstabilisierenden

---

[30] Wesen und Bedeutung der gewerblichen Kartelle. Schmollers Jahrbuch. 15. Jahrg. S. 171.

[31] Vgl. dazu in der neuesten, 7. Aufl. des „Kartelle, Konzerne und Trusts", S. 129ff., und „Die Unternehmerverbände", S. 116.

[32] Die Kartelle der gewerblichen Unternehmer. S. 99.

[33] Die gegenwärtige Wirtschaftskrise. Jahrb. für Volkswirtschaft und Statistik. 24. Bd. S. 367.

[34] Die Industrie der Rheinprovinz. S. 95.

[35] Das Rheinisch-Westfälische Kohlensyndikat. S. 113 u. 115.

[36] Das Rheinisch-Westfälische Kohlensyndikat. S. 177ff.

Wirkung der Kartelle gesprochen werden kann. Tschierschky hält sie unter Zustimmung H. v. Beckeraths nicht für nachweisbar. Erweislich, meint H. v. Beckerath[37] (1930), sei sie sicher nur für einige starke Rohstoffkartelle. Lederer[38] (1928) sowohl als Löwe[39] (1930) betonen, daß der Nachweis nicht erbracht sei.

Die Frage, ob eine Stabilisierung von Kartellpreisen geeignet ist, die Konjunkturbewegung auszuglätten und ob sie volkswirtschaftlich günstige Wirkungen hat, wird uns noch beschäftigen[40]. Hier ist dagegen zu untersuchen, ob eine Politik der Preisstabilisierung im Sinne der primären Politik der Monopolausnützung liegt. Wäre das nicht der Fall oder würde sie sogar eine Verminderung der Monopolausnützung bedeuten, so müßte die Kartelltheorie zu erklären vermögen, aus welchen Gründen die Kartelle sich veranlaßt sehen könnten, von der Linie ihres privatwirtschaftlichen Interesses abzuweichen. Dieses Problem ist in der Kartelliteratur nicht erörtert worden. Preisstabilisierung heißt relative Niedrighaltung der Preise im Aufschwung der Konjunktur und relative Hochhaltung im Niedergang. Das letztere bedarf keiner weiteren Erörterung. Nach allgemeiner Meinung ist die Hochhaltung in der Depression der Hauptzweck der Kartellierung; als Hauptursache der Kartellierung gilt ja der ruinöse Preisrückgang und Preisunterbietungskampf in den Zeiten der Depression. Sehr viel schwieriger ist es dagegen, für eine relative Niedrighaltung der Preise im Aufschwung eine Erklärung zu finden. Das privatwirtschaftliche Interesse gebietet Ausnützung des Aufschwungs. Es bestünde für die Kartelle kein Grund, meinte Pohle[41] (1898), „die Konjunktur nicht bis aufs letzte auszunützen“. Gegenteilige Behauptungen, die sich in der Literatur da und dort finden, schreiben die Niedrighaltung der Einsicht oder dem maßvollen Geiste der Kartellleiter zu[42]. Für eine nicht vollkommene Ausnützung des Aufschwungs,

---

37 Der moderne Industrialismus. S. 304.

38 Monopole und Konjunktur, Ergänzungshefte zu den Vierteljahrsheften für Konjunkturforschung. 1928.

39 Enqueteausschuß, 1. Unterausschuß, 3. Arbeitsgruppe, 4. Teil, 2. Abschnitt, S. 326.

40 Vgl. unten S. 110f.

41 Die Kartelle der gewerblichen Unternehmer. S. 101.

42 Alfred Tismer („Zur Preispolitik der Kartelle“ in „Wirtschaftsdienst“, Heft 6, XVI. Jahrg. 1931) macht den Versuch, für die Niedrighaltung der Preise im Aufschwung eine theoretische Erklärung zu finden. Er meint im Hinblick auf die Eisenkartelle, daß sie im Jahre 1926 „mit Rücksicht

falls eine solche tatsächlich nachweisbar sein sollte, könnten, wie uns scheint, die folgenden, im wesentlichen außerökonomischen Gründe gelten:

a) Weitsichtige Kartelleiter könnten in Voraussicht kommender Krisen allzu schroffe Preisrückschläge und deren kartellgefährdenden Wirkungen vermeiden wollen.

b) Der Öffentlichkeit sehr exponierte Kartelle mögen sich scheuen, dem Preisauftrieb der Hausse zu folgen, da sie sonst für Rückschläge verantwortlich gemacht werden könnten.

c) Die Schwerfälligkeit und Bürokratisierung in den großen Syndikaten erschwert rasche Preisveränderungen.

d) Schließlich könnte eine soziologische Erwägung insbesondere für die Schwerindustrie eine Hilfserklärung abgeben: die großen Monopolisten wollen Herr über den Markt sein und sich also nicht von Konjunkturschwankungen des Marktes ihre Preispolitik aufzwingen lassen. Die einmal getroffenen Preisfestsetzungen mögen daher eine gewisse Beständigkeit gewinnen.

Nichts ist besser geeignet, als die Aufzählung dieser möglichen Motive, um wahrscheinlich zu machen, daß eine Preisstabilisierung von den Kartellen nicht allgemein erwartet werden kann. Die sogenannte Stabilisierung wird, soweit die Kartelle in rationeller Weise ihrem eigenen Interesse folgen, in der Hauptsache eine wenigstens teilweise Verhinderung starker Preisrückschläge in der Depression bedeuten. Sie ist nur ein anderer Ausdruck dafür, daß sich die preiserhöhende Politik der Kartelle in Depressionszeiten stärker geltend macht als im Aufschwung.

---

auf die gleichbleibenden belgischen und französischen Konkurrenzpreise" ihre Preise nicht erhöht hätten. „Unter Konkurrenzbedingungen", fährt er fort, „wären in solchem Fall die Preise gestiegen" mit der Folge, daß erhebliche Einfuhren eingesetzt hätten. Ein Monopolverband verhindere eine derartige Entwicklung, die ihm den Markt stört. Damit ist nur gesagt, daß im Konjunkturaufschwung diejenigen inländischen Preise, die vom Weltmarktpreis abhängig sind, nicht in gleichem Maße wie das Preisniveau steigen, wenn die ausländische Konjunktur nicht dieselbe aufsteigende Linie hat. Es ist nicht einzusehen, wieso unter freier Konkurrenz diese „Stabilität" der betreffenden Preise sich nicht auch durchsetzen müßte. Tismer fügt immerhin hinzu, daß „die Stabilisierung der konjunkturellen Preisbewegungen ... nicht Grundsatz der Kartellpolitik, sondern Folge der Grenzen ihrer Wirksamkeit" sei.

### 2. Die Konditionenpolitik der Kartelle.

Was hierüber in der Literatur gesagt ist, wird unten bei Besprechung des Inhalts der Kartellvereinbarungen zu erwähnen sein. Eine theoretische Untersuchung über die Konditionenpolitik, ihrer Ziele und Mittel findet sich in der Kartelliteratur nicht. Die Konditionenpolitik kann sich auf eine Verringerung der Kosten für den Verkäufer richten. Hierher gehört z. B. die Verkürzung der Kreditfristen, die Beschränkung der Nebenleistungen des Verkäufers, wie z. B. der Pflicht, die Verpackungs- und Frachtkosten zu tragen. Der Verkäufer erreicht damit im Grunde eine Preisverbesserung, indem er für denselben Preis weniger zu leisten hat. Die Konditionenpolitik kann auch auf die Ausschaltung schwer kalkulierbarer und daher mit besonderem Risiko verbundener Kostenfaktoren gehen, wie z. B. auf die Ausschaltung des Rücktrittsrechtes des Verkäufers. Auch hier liegt indirekt eine Preisverbesserung vor, indem der Verkäufer einen Teil des Risikos abzuwälzen vermag, das ihm früher im Preis vergütet wurde. Die sogenannten Mißstände im Konditionenwesen scheinen häufig darin zu bestehen, daß wettbewerbsschwache Produzenten solche schwer kalkulierbaren Posten ohne genügende Einsicht in das Risiko auf sich nehmen. Der Mißstand kann aber auch bloß in einer die richtige Einschätzung der Wettbewerbsaussichten erschwerenden Vielfältigkeit der Konditionen liegen. In solchen Fällen könnte eine Normierung durch den Verband Abhilfe schaffen, ohne daß es einer Wettbewerbsbeschränkung bedürfte. Eine Spezialuntersuchung über den Tatbestand dieser sogenannten Mißstände würde weitere Aufklärung geben.

## B. Die sekundären Ziele oder Hilfsziele.

Das Kartell kann sich nicht darauf beschränken, seinem primären Ziel der Monopolausnützung nachzugehen. Es muß gleichzeitig darauf bedacht sein, durch seine Maßnahmen erstens die Monopolstellung zu erhalten und wenn möglich weiter auszubauen, und zweitens den Kartellverband selbst in seinem Bestand zu sichern und zu festigen[43]. Vermindert sich die Monopolstellung oder lockert sich das Kartell, so wird davon die Monopolausnützung mitbetroffen; die wirksame Ver-

[43] „Das Streben nach Selbsterhaltung und Expansion", schreibt Vogelstein (1914) im G.d.S. (Abt. VI, S. 234), „ist den monopolistischen und semi-monopolistischen Organisationen immanent."

folgung des primären Ziels ist mithin von der erfolgreichen Verfolgung der Hilfsziele abhängig.

Die Vorgänge, um die es sich hier handelt, insbesondere die Maßnahmen, die der Erreichung dieser sekundären Ziele dienen, werden in der Kartelliteratur entweder bei Besprechung des Inhalts der Kartellvereinbarungen unter dem Titel des Organisationszwanges oder in anderen Zusammenhängen besprochen. Ihren systematischen Platz aber können sie nur hier in einer von den Zwecken der Kartellierung ausgehenden Darstellung der Kartellbetätigung finden.

### 1. Die Erhaltung und der Ausbau der Monopolstellung.

Die Monopolstellung wird erkämpft oder muß verteidigt werden gegen vorhandene oder latente Außenseiterkonkurrenz. Während die primäre Politik der Kartelle eine „Außenpolitik" im Hinblick auf den Markt und die Käuferschaft ist, handelt es sich hier um die Außenpolitik der Kartelle im Hinblick auf die Außenseiter[44]. Ihr Ziel kann sein:

1. Die Errichtung oder die Erhöhung von Schranken gegen Außenseiterkonkurrenz. Hierher gehört z. B. der Abschluß von Exklusivverträgen oder von internationalen Kartellverträgen.

2. Die Bekämpfung oder die Ausschaltung vorhandener Außenseiterkonkurrenz, sei es durch Unterbietungskampf, sei es durch Aufnahme in das Kartell, sei es durch Aufkauf zum Zwecke der Stilllegung. Es ist üblich, hier von einer Politik des „externen Organisationszwanges" zu sprechen.

### 2. Die Erhaltung und der Ausbau des Kartellverbandes selbst.

Man kann hier von einer „Innenpolitik" des Kartells im Hinblick auf seine Mitglieder sprechen. Das Ziel ist die Überwindung von Meinungsverschiedenheiten und Interessengegensätzen zwischen den Mitgliedern. Angesichts der früher erörterten internen Sprengungskräfte, die das Kartell in seinem Bestand und in seiner Festigkeit bedrohen, ist eine Innenpolitik nötig, erstens, um die Meinungsverschiedenheiten zu bereinigen, zweitens, um die Interessen entweder auf dem Kompromißwege oder durch sogenannten „internen Organisationszwang" zum Ausgleich zu bringen.

[44] Vgl. Tschierschky, Kartellpolitik. 1930. S. 14.

## C. Die tertiären oder uneigentlichen Ziele (insbesondere die Rationalisierung).

Die Tätigkeit vieler Kartelle erschöpft sich augenscheinlich nicht in der Verfolgung der bisher aufgezeigten primären und sekundären Ziele. Wir finden Kartelle beschäftigt mit Rationalisierungsmaßnahmen, mit der Verbreitung von Informationen an ihre Mitglieder und anderem mehr. Hier handelt es sich offenbar nicht um Wettbewerbsbeschränkung und monopolistische Marktbeeinflussung. Da jedes Kartell zugleich den Charakter eines Wirtschaftsverbandes hat, so ist es an sich nicht verwunderlich, wenn es sich auch solchen Verbandsaufgaben widmet, die mit dem spezifischen Kartellcharakter nichts zu tun haben. Das Kartell treibt hier Verbandspolitik[45].

Das wichtigste „uneigentliche" oder Verbandsziel ist die Kostensenkung oder, wie es heute häufig genannt wird, die Rationalisierung. Alle Maßnahmen, die eine Gewinnerhöhung durch Verminderung der Selbstkosten statt durch Verbesserung der Preise und Konditionen erstreben, stehen im Dienste dieser Zielsetzung. Es ist daher zu untersuchen, in welcher Beziehung eine solche Betätigung zur eigentlichen Politik der Kartelle in ihrer Kartelleigenschaft steht. Die Frage, ob die Kartelle sich der Rationalisierung zu widmen pflegen und ob sie zur Erfüllung dieser Aufgabe geeignet seien, wird in der Kartellliteratur eingehend erörtert. Wir kommen bei Besprechung der volkswirtschaftlichen Wirkungen der Kartelle auf dieses Problem zurück[46]. Hier interessiert die Rationalisierung nur in ihrer Eigenschaft als Ziel der Verbandspolitik. Es gibt Unternehmerverbände, die ausschließlich zum Zwecke der Kostensenkung gegründet werden. Sie sind in der Literatur irreführenderweise als „Fertigungskartelle" bezeichnet worden. [Liefmann[47] (1927) sowohl als Tschierschky[48] (1930) lehnen für solche Verbände die Bezeichnung Kartell mit Recht ab.] Der Fertigungsverband bedarf keiner Monopolstellung; die Kostensenkung

---

[45] Möglich ist auch der Fall, daß kartellierte Unternehmer einen Teil ihrer Betätigung und ihrer Selbständigkeit aufgeben und sich teilweise vertrusten oder fusionieren, mit der Folge, daß auf diesen Teilgebieten die Trustaufgaben in den Vordergrund treten.

[46] Vgl. die Literaturangaben unten S. 99ff.

[47] Kartelle, Konzerne und Trusts. 7. Aufl. S. 13.

[48] Kartellpolitik. S. 84.

erhöht vielmehr die Wettbewerbstüchtigkeit und die Wettbewerbsaussichten.

H. v. Beckerath[49] (1927) glaubt eine Wandlung des Kartellziels in neuerer Zeit feststellen zu können in dem Sinne, daß an die Stelle der Wettbewerbsbeschränkung in wachsendem Maße die Rationalisierung trete. Auch Tschierschky[50] (1927), der es für unberechtigt hält, „von einem Inhaltswandel ... heute schon zu sprechen", will (1930) die Möglichkeit nicht völlig von der Hand weisen, daß eine Fortbildung der Kartelle zu Fertigungsverbänden möglich wäre[51]. Er spricht davon, daß das Programm der Rationalisierung in der Gegenwart unter Zurückstellung aller Nebenziele in den Brennpunkt der Kartellpolitik gerückt sei; die subjektive privatwirtschaftliche Rentabilität nach dem Vorbilde der kapitalistischen Organisationen von der Art der Trusts gelange zur prinzipiellen Vorherrschaft als Programm der Kartellierung. Allerdings wird daran anschließend bemerkt, daß sich alle Elemente der Rationalisierung „nur sehr beschränkt und bedingt im Rahmen horizontal organisierter Kartellpolitik zur höchsten Wirkung bringen lassen". An anderer Stelle schreibt Tschierschky (1930)[52]: „Man darf heute feststellen, daß die Panegyriker auf die Kartelle, die sich bis zur Feststellung eines ‚Inhaltswandels' des Kartellbegriffs mit der Behauptung verstiegen, daß deren Verbände sich mehr und mehr von der einfachen kollektiven Marktregelung zugunsten weitgehender Rationalisierungsbestrebungen abgekehrt hätten, durch die Kritik zum Schweigen gebracht worden sind." (Die starke Hervorhebung der Produktionsförderung durch die Kartelle dürfte nicht ohne Zusammenhang mit der kritischen Einstellung der öffentlichen Meinung und der Eingriffe des Staates zu verstehen sein. Die Rationalisierungstätigkeit wird vielfach von Verteidigern der Kartelle und von Interessenvertretern in den Vordergrund gerückt, um den Angriffen gegen den Monopolismus die Spitze abzubrechen. Es dürfte somit weniger eine Wandlung des Charakters der Kartelle als eine Veränderung der Argumentation zugunsten der Kartelle der Grund für die lebhafte Erörterung des Rationalisierungsproblems in der neueren Kartelliteratur sein.)[53]

---

[49] Der Inhaltswandel des Kartellbegriffs. Wirtschaftsdienst. 1927. H. 30. S. 1119ff.

[50] Zur Frage einer Wesensänderung der Kartelle. Wirtschaftsdienst. 1927. H. 38. S. 1443.

[51] Kartellpolitik. S. 21ff.

[52] Produktionsförderung durch Kartelle. Wirtschaftsdienst. 1930. H. 5. S. 173f.

[53] Vgl. dazu Keiser, a. a. O., S. 63ff., der von dem „etwas peinlichen Beigeschmack" der Aussprache über die Änderung des Ziels der Kartelle spricht. Vgl. auch Generalbericht des Enqueteausschusses, 1. Unterausschuß, 3. Arbeitsgruppe, 4. Teil, 1. Abschnitt, S. 13.

Die Ausführungen H. v. Beckeraths lassen den Eindruck entstehen, als ob sich auf Grund geistiger Umstellung ein Übergang der Kartelle von ihrer ursprünglichen Politik der Monopolausnützung zur Rationalisierungspolitik vollziehe oder vollziehen könnte. Es ist an sich durchaus möglich, daß ein Wirtschaftsverband, der sich zunächst als Kartell betätigt, später, unter Aufgabe des ursprünglichen Zieles, als Fertigungsverband weiter besteht. Eine solche Änderung des Charakters eines Verbandes läßt sich aber — sofern wir annehmen, daß der Verband sein privatwirtschaftliches Eigeninteresse verfolgt — nur verstehen, wenn entweder die Monopolstellung verloren gegangen ist oder wenn sich unüberwindliche Schwierigkeiten hinsichtlich der Monopolausnützung geltend gemacht haben. (Gewiß mag es vorkommen, daß die wettbewerbstüchtigeren und entwicklungsfähigeren Mitgliederunternehmungen, insbesondere die Großkonzerne, mehr Interesse an der Durchführung produktivitätssteigernder, damit allerdings meistens expansiver Maßnahmen gewinnen als an einer weiteren Monopolausnützung, die auf die schwächsten Unternehmungen Rücksicht zu nehmen hat. Hört der Verband aber auf, auch den schwächsten Mitgliedern ihre Rentabilität zu sichern, so hört deren Kartellfähigkeit auf. Wird ihr Austritt und ihre Außenseiterkonkurrenz in Kauf genommen, so wird sich der „Fertigungsverband" der Konzerne voraussichtlich in eine Form der Vertrustung verwandeln.)

Die Fälle dürften selten sein, in denen in der eben gezeichneten Weise Kartelle sich in Fertigungsverbände verwandeln. Dagegen steht nichts im Wege, daß ein Kartell bei weiterer uneingeschränkter Verfolgung der Kartellziele nebenher sich als Fertigungsverband betätige. Dem Eigeninteresse entspricht es, wie schon früher gesagt wurde, die Rentabilitätserhöhung, wenn immer möglich, gleichzeitig nach der Preis- und nach der Kostenseite hin zu erstreben. Wenn auch die Rationalisierungsmaßnahmen monopolistischer Verbände sich nicht oder nicht voll in den Preisen auswirken, so ist es selbstverständlich doch von volkswirtschaftlichem Vorteil, wenn sich in den Kartellen die Bemühungen um die Rationalisierung verstärken und wenn Mittel und Wege gefunden werden, um trotz der lockeren Verbandsform kostensenkende Maßnahmen zur Durchführung zu bringen. Die Kartellierung kann nicht mit Hinweis auf die Rationalisierungsmaßnahmen der Kartelle gerechtfertigt werden, weil diese gar nicht auf den Kartellcharakter des Verbandes zurückgehen. Wenn aber Verbände, trotzdem sie Kartelle sind, der Produktionsförderung dienen, und zwar so, daß sie Rationalisierungsmaßnahmen durchführen, die ohne Kartellierung unterblieben wären, so können damit unter Umständen volkswirtschaftliche Nachteile anderer Art, die sich aus dem Kartellcharakter ergeben, kompensiert werden. Die sonst zu erwartende Preiserhöhung kann z. B. ausbleiben, trotzdem es gleichzeitig zu einer Verbesserung des Gewinnergebnisses kommt.

Die Kartelle können als Verbände auch noch andere uneigentliche Aufgaben erfüllen, so, wenn sie sich als Einkaufsvereinigung oder als Arbeitgebervereinigung betätigen oder wenn sie die staatliche Wirtschaftspolitik im Sinne ihres Unternehmerinteresses zu beeinflussen suchen. Alles das liegt aber außerhalb des eigentlichen Kartellcharakters. Eine Untersuchung über die nichtmonopolistischen Verbände hätte diese Seite der Kartelltätigkeit mit zu begreifen[54].

## III. Der Inhalt der Kartellvereinbarungen und die Maßnahmen der Kartelle.

Um ihre Ziele verfolgen zu können, müssen die Kartelle Maßnahmen verschiedenster Art treffen. Sie müssen Preise festsetzen, Exklusivverträge abschließen, Unterbietungskämpfe gegen Außenseiter führen u. a. m. Die Kartelleitung, die diese Maßnahmen zur Durchführung bringt, ist dabei an die Direktiven gebunden, die in den Vereinbarungen der Mitglieder festgelegt sind. Der Spielraum für freie eigene Entscheidung der Organe wird in der Regel gering sein, da die Unternehmer ihre Selbständigkeit im Kartell bewahren. Der Inhalt der Kartellvereinbarungen zwischen den Mitgliedern besagt deshalb alles wesentliche über die Mittel, die dem Kartell zur Verfolgung seiner Ziele zur Verfügung stehen und über die Maßnahmen, die die Kartellorgane zu treffen in der Lage sind. In der Kartellliteratur werden denn auch die Kartelle in der Regel nach dem wichtigsten Inhalt der Kartellvereinbarungen unterschieden und systematisiert.

---

[54] Vgl. darüber unseren Aufsatz „Über monopolistische und nicht-monopolistische Wirtschaftsverbände", Arch. f. Soz., Bd. 59, Heft 2, insbesondere S. 316 ff.

### A. Organisatorische Vereinbarungen zum Zwecke der Begründung und Einrichtung der Kartelle.

Sie befassen sich mit der Organbestellung, der Kompetenzverteilung usw. Hierher gehört auch z. B. die Einrichtung gemeinsamer Vertriebsorgane, die als Syndikatsbildung bezeichnet zu werden pflegt.

### B. Vereinbarungen zur Durchführung der Politik der Kartelle.

Die Besprechung der kartellpolitischen Ziele gibt uns die Grundlage für eine zweckmäßige Systematik dieser Vereinbarungen. Je nachdem es sich um Vereinbarungen handelt, die die Richtlinien niederlegen und die Maßnahmen feststellen, mit denen das primäre, die sekundären oder die tertiären Ziele zu verfolgen sind, werden drei entsprechende Gruppen von Vereinbarungen zu unterscheiden sein:

#### 1. Die primären Vereinbarungen der Kartelle.

Sie richten sich auf die Monopolausnützung. Jedes Mittel, das geeignet ist, die Ausnützung der Monopolstellung zu bewirken, kann Gegenstand solcher Vereinbarung sein. Dazu gehören naturgemäß in erster Linie direkte Bestimmungen über Preise und Konditionen. Die Verbesserung des Preisergebnisses kann aber auch indirekt erreicht werden z. B. durch Abmachungen, die sich auf den Produktionsumfang beziehen. Ehe auf die Literatur über die einzelnen Vereinbarungen eingetreten wird, erscheint es notwendig, einen Aufriß der primären Kartellvereinbarungen im Hinblick auf ihre Funktion im Sinne der Monopolausnützung zu geben.

Das primäre Kartellziel kann in vielen Fällen durch bloße und direkte Preisfestsetzung erreicht werden. Eine wichtige Voraussetzung dafür ist, daß ein Ausweichen in ungünstigere Konditionen nicht zu befürchten ist. Wir haben dann ein **reines Preiskartell** vor uns. Da das Hauptziel die Verhinderung der Unterbietung ist, so wird häufig die Festsetzung von Mindestpreisen genügen. Wenn aber Waren verschiedener Qualität in Frage kommen, so kann sich die Konkurrenz auf die Qualität verlegen, wenn nicht für jede Qualität besonders gestufte Preise festgesetzt werden.

Manche Schriftsteller glauben in der Verlegung der Konkurrenz auf die Qualität einen besonderen volkswirtschaftlichen Vorteil der Kartellierung erblicken zu sollen. In der Tat wird es volkswirtschaftlich erwünscht sein, daß das Streben nach höherer Qualität möglichst gefördert werde. Vom Standpunkt der Kartellmitglieder aus gesehen liegt in dem Ausweichen auf verschärfte Qualitätskonkurrenz ein Zeichen dafür, daß die Wettbewerbsbeschränkung nicht wirksam durchgeführt worden ist. (Vgl. Ettinger[55] (1905), der die Vorteile für die Konsumenten hervorhebt, und H. v. Beckerath[56] (1911), der die Gefahr für die Kartellmitglieder in den Vordergrund stellt.) H. v. Beckerath erwähnt die Verlegung der Konkurrenz auf die Qualität bei der Krawattenstoffindustrie, Eucken[57] (1914) bei der Schiffahrt. Wenn Tschierschky[58] (1921, 1930) das Kalkulationskartell als eine rationellere Form des Kartells befürwortet, so will er offenbar erreichen, daß eine schematische Preisfestsetzung durch eine die Qualitätsunterschiede genauer berücksichtigende Preisabstufung ersetzt wird.

Die Monopolausnützung kann, wie früher dargelegt wurde, unter Umständen auch durch bloße Konditionenvereinbarungen erfolgen. Voraussetzung dafür ist, daß eine Verschärfung des Wettbewerbs im Preis in entsprechendem Umfang nicht erfolgt[59], [60].

Wir haben in diesem Fall ein reines Konditionenkartell vor uns.

Wenn sowohl die Preise als die Konditionen Gegenstand der Vereinbarung sind, so spricht man von gemischtem Preis- und Konditionenkartell.

Die Verbesserung des Preisergebnisses braucht nicht auf dem Wege der unmittelbaren Preisfestsetzung angestrebt zu werden. Ja, diese Art der Vereinbarung kann sich sogar als unwirksam erweisen. Überschätzen z. B. die Kartellmitglieder die Absatzaussichten, die sich ihnen bei den kartellmäßig festgesetzten Preisen bieten, so wird zu viel produziert und das Kartell wird durch den Wunsch nach Markterweiterung in seinem Bestand gefährdet. Um den Preis zu verbessern, kann es daher angezeigt sein, den indirekten Weg einer Beschränkung der Gesamtangebotsmenge zu beschreiten. Diese läßt sich herbeiführen durch Vereinbarungen, sei es über die zulässige Produktionsmenge, sei es über das zulässige Absatzvolumen. Man spricht hier vom reinen Produk-

---

55 Die Regelung des Wettbewerbs im modernen Wirtschaftssystem. S. 11.

56 Die Kartelle der deutschen Seidenwebereiindustrie. S. 134.

57 Die Verbandsbildung in der Seeschiffahrt. S. 67.

58 Zur Reform der Industriekartelle, S. 79, und Kartellpolitik, S. 71ff.

59 Die Konditionenkartelle als Vorstufe zu Preiskartellen bespricht H. v. Beckerath, Kartelle der deutschen Seidenwebereiindustrie, S. 42 (1911). Vgl. auch Dobretsberger, Konkurrenz und Monopol, S. 34 (1929), und Tschierschky, Kartellpolitik, S. 32ff. (1930).

60 Siehe oben S. 56.

tions- oder Absatzkartell oder vom reinen Kontigentierungskartell.

In der Regel wird aber auch die bloße Festlegung des Produktionsvolumens oder der Absatzmenge nicht genügen. Sie läßt den Preiswettbewerb bestehen. Die billiger produzierenden Werke sind in der Lage, durch billigeres Angebot ihren Absatz auf Kosten der andern zu erweitern; es kann leicht geschehen, daß sie mit dem ihnen zugewiesenen Kontingent oder mit ihrer Quote nicht auskommen. Das Kartell wird durch neue Quotenkämpfe gefährdet. Diesen Gefahren vermag das gemischte Preis- und Kontingentierungskartell vorzubeugen.

Schließlich kann die Monopolausnützung sich noch in einer dritten Weise vollziehen, so nämlich, daß jedem Mitglied ein Teil des Marktes ausschließlich zugewiesen und reserviert wird. Auf seinem Teilmarkt ist damit jeder vor Wettbewerb geschützt. Er ist in der Lage, sein räumliches Monopol durch eigene Preis- und Produktionspolitik auszunützen, ohne daß es weiterer Preis- oder Angebotsvereinbarungen bedürfte. Hier haben wir ein reines Gebiets- oder Rayonnierungskartell vor uns.

Auch diese Kartellform ist in der Regel mit andern gemischt, z. B. dann, wenn auf einem Teil des Marktgebietes, etwa auf den Exportmärkten, auch weiterhin von allen Kartellmitgliedern angeboten wird. Für diese Märkte pflegt Kontingentierung und gemeinsame Preisfestsetzung Platz zu greifen. Es gibt deshalb gemischte Produktions- und Gebietskartelle, gemischte Preis- und Gebietskartelle und gemischte Preis-, Produktions- und Gebietskartelle.

Die Mittel der Monopolausnützung sind damit erschöpfend aufgezählt, so daß sämtliche Kartelle in eine der genannten Gruppen fallen müssen. Von dem zugrunde gelegten Einteilungsprinzip aus kann es weitere Kartelle nicht geben, weil es keine anderen Mittel der Monopolausnützung gibt. Da sämtliche Kartelle primär der Monopolausnützung dienen, müssen sie sich in eine dieser Gruppen einordnen lassen. Nur von anderen Einteilungsprinzipien her lassen sich weitere Kartellformen benennen und unterscheiden.

In der Literatur wird untersucht, weshalb in einzelnen Fällen diese oder jene Kartellform sich als ungenügend erweist. So schreibt Steinmann-Bucher[61] (1891): „Preisvereinbarungen allein genügen nicht. Sie steigern

[61] Wesen und Bedeutung der gewerblichen Kartelle. Schmollers Jahrb. 15. Jahrg. S. 153.

vielmehr durch die Erhöhung der Gewinne die Überproduktion." Liefmann[62] (1897) betont, daß die Absatzkontingentierung die rationellste Form sei. Pohle[63] (1898) erwähnt gleichfalls Fälle, in denen reine Preiskartelle nicht genügen. Er unterscheidet die bloß zeitweise Produktionseinschränkung, die der Beseitigung einer bereits entstandenen Überproduktion dient, von der eigentlichen Preiskartellierung, die das Entstehen einer Überproduktion zu verhindern bestimmt sei. Wenn die Lager bei den Händlern und Produzenten groß sind, sagt Liefmann[64] (1910), so können Preisvereinbarungen allein überhaupt nicht wirksam werden; der Preis läßt sich ohne sofortige Einschränkung der Produktion nicht halten. Stube[65] (1921) diskutiert die Vor- und Nachteile verschiedener Kartellformen unter besonderer Berücksichtigung der chemischen Industrie. Daß die Festsetzung bloßer Mindestpreise genüge, hebt Vogelstein[66] (1902) hervor; Troemel[67] (1926) zeigt aber, daß in der Porzellanindustrie die Mindestpreise faktisch zu allgemeinen Kartellpreisen werden. (Vgl. dort über die großen Schwierigkeiten einer gemeinsamen Preisfestsetzung in der geschilderten Industrie.)

Metzner[68] (1926) weist mit Recht darauf hin, daß die Industrien in der Wahl des Inhalts der Kartellvereinbarungen nicht frei sind; es liege eine sachliche Begründung vor. In der Tat müssen ja die Mittel gewählt werden, die unter den gegebenen Verhältnissen eine Ausnützung der Monopolstellung am sichersten und vollkommensten gewährleisten. Daß es sich nur um verschiedene Formen einer gleichen Zielverfolgung handelt, spricht Kestner[69] (1912, 1927) mit Deutlichkeit aus, wenn er sagt: „Tatsächlich ist aber die Absatzbeschränkung das Charakteristische für alle Kartelle, nicht nur dort, wo das Absatzgebiet genauer umgrenzt oder die Produktion ausdrücklich kontingentiert wird, sondern auch da, wo nur eine Preiskonvention vorliegt."

## 2. Die sekundären Vereinbarungen der Kartelle.

### a) Vereinbarungen zur Erhaltung und zum Ausbau der Monopolstellung.

Sämtliche Vereinbarungen, die den sogenannten externen Organisationszwang zum Gegenstand haben, gehören hierher. Die Maßnahmen des externen Organisationszwanges werden in der Kartelliteratur aus-

---

[62] Die Unternehmerverbände. S. 169.

[63] Die Kartelle der gewerblichen Unternehmer. S. 31–38.

[64] Kartelle und Trusts. S. 59.

[65] Über Arten und Formen des Zusammenschlusses der Kartelle sowie J.G. in der deutschen Industrie.

[66] Die Industrie der Rheinprovinz. S. 87.

[67] Kartell- und Preisbildung in der deutschen Geschirr- und Luxusporzellanindustrie. S. 78ff.

[68] Kartelle und Kartellpolitik. S. 29.

[69] Der Organisationszwang. 2. Aufl. S. 13.

führlich behandelt. Der breite Raum, der ihnen in der Kartellbetätigung zukommt, wird allgemein anerkannt. Da ihr ökonomischer Sinn die Verteidigung oder Verbreiterung der Monopolstellung ist, kommt ihnen für die Wirksamkeit der Kartelle eine große Bedeutung zu.

Die „Zähmung der Widerspenstigen" durch systematisches Preisunterbieten wird von Pohle[70] (1898) besprochen. Er erwähnt Fälle, in denen Kartellmitgliedern für die Führung des Kampfes gegen die Außenseiter besondere Entschädigung gewährt wird, oder in denen ihnen die Unterbietung des offiziellen Kartellpreises zum Zwecke der Bekämpfung von Außenseitern gestattet wird[71]. Liefmann[72] (1910) bespricht neben der Niederkonkurrierung den Aufkauf von Außenseitern. Als immer wichtiger werdendes Mittel erscheinen Exklusivverträge[73]. Es finden sich Verträge mit den Abnehmern, mit Hilfsindustrien, mit Vorlieferanten und mit Arbeitern. Daß der Aufkauf von Außenseiterwerken „geradezu eine Spekulation auf die Kapitalien des Syndikats" herbeiführt, schreibt Timmermann[74] (1916) im Hinblick auf die Erfahrungen in der Zementindustrie. Die Frage des Organisationszwanges wurde 1912 von Kestner in einer noch heute maßgeblichen Weise systematisch untersucht (Der Organisationszwang, 1. Auflage, 1912, 2. Auflage mit neuer Bearbeitung von Lehnich 1927; über den externen Organisationszwang vgl. 2. Auflage S. 53ff. Wir haben die Abweichungen der zweiten von der ersten Auflage im Arch. f. Soz., Bd. 62, Heft 3, S. 644ff. besprochen.) Kestner bespricht die Materialsperre, die Sperrung der Arbeitskräfte, die Sperre der Zufuhr- und Absatzwege, die Sperrung des Kredits und die Verrufserklärung. (Vgl. auch Lucae, Außenseiter von Kartellen, 1929, S. 64ff.)

In seinen Maßnahmen zur Erhaltung und zum Ausbau der Monopolstellung erweist sich das Kartell als Kampfverband nach außen. Dieser Charakter geht aus dem primären Zweck der Wettbewerbsbeschränkung mit Notwendigkeit hervor, so daß Kestner[75] mit Recht schreiben kann, der Organisationszwang sei „seinem Inhalt nach allen Organisationen, die auf Marktbeherrschung gerichtet sind, schlechthin gemein".

---

[70] Die Kartelle der gewerblichen Unternehmer. S. 53.

[71] Vgl. auch Vogelstein, Die Industrie der Rheinprovinz. S. 87 u. 91 (1902).

[72] Kartelle und Trusts. S. 79/80.

[73] Vgl. wichtige Beispiele bei H. v. Beckerath, Die Kartelle der deutschen Seidenwebereiindustrie. S. 77, 123—126, 134 u. 138 (1911).

[74] Das Kartellproblem in der rheinisch-westfälischen Zementindustrie. S. 101.

[75] Organisationszwang (1927). S. 337.

Sämtliche Maßnahmen zur Erhaltung der Monopolstellung, mit Ausnahme der Exklusivverträge, belasten die Selbstkosten und mindern daher die Vorteile der Monopolausnützung. Die Verteidigung der Monopolstellung wird deshalb ökonomisch sinnlos, wenn dem Aufkommen neuer Außenseiter keinerlei objektive Hindernisse im Wege stehen. Die Niederkämpfung erfordert eine Preispolitik, die der Monopolausnützung diametral zuwiderläuft; der Aufkauf zwecks Stillegung belastet die Selbstkosten und mindert daher die künftigen Gewinne[76]; die Aufnahme neuer Unternehmungen ins Kartell erhöht die Produktionskapazität und zwingt daher, falls kein neuer Markt hinzugewonnen wird, entweder zu stärkerer Produktionsbeschränkung oder zu einer Senkung der Kartellpreise. In allen Fällen mindern sich die Monopolvorteile. Am günstigsten liegt der Fall der Ausschaltung von Außenseitern mittels internationaler Kartellierung. Hier wird durch Einbeziehung ausländischer Konkurrenten in ein gemeinsames Kartell zugleich das monopolistisch beherrschte Gebiet ausgeweitet und der alte monopolisierte Innenmarkt durch Rayonnierungsbestimmungen in verstärktem Maße gesichert[77].

### b) Vereinbarungen zur Erhaltung und zum Ausbau des Kartellverbandes selbst.

Es war oben[78] von den Sprengungskräften die Rede, die das Kartell in seinem Bestand bedrohen. Durch Vereinbarungen und Maßnahmen, die dem internen Interessenausgleich, der Beilegung von Meinungsverschiedenheiten und der zwangsweisen Unterwerfung widerspenstiger Mitglieder dienen, wird das Kartell erhalten und gefestigt. Für die Zwangsmaßnahmen gegen Mitglieder wird der Ausdruck „interner Organisationszwang" verwendet.

Kartelle, bei denen ein Ausgleich der Gewinne oder eine gleichmäßige Verteilung der Aufträge vereinbart ist, gelten als besonders gefestigt. Man spricht ausdrücklich von Gewinnausgleichskartellen. Liefmann nennt schon

---

[76] Tismer (1931, S. 217) weist darauf hin, daß der Einfluß der Konzerne in den Kartellen zu häufigen Stillegungen führe. Dieses an sich rationellere Verfahren hebe sich aber in seiner günstigen Wirkung bei fortgesetzter Anwendung von selber auf, da die Abfindungslasten immer höher, die Vorteile besserer Beschäftigung bei dem im Betrieb befindlichen Werke immer geringer werden.

[77] Wir besprechen die internationale Kartellierung unten S. 120ff.

[78] Vgl. oben S. 53.

in seiner ersten Schrift[79] (1897) die Gewinnkontingentierung die höchste Form des Kartells. Tschierschky[80] (1930) bespricht den Risikoausgleich unter dem Titel der „organisationstechnischen Mittel". Das Ausgleichsverfahren sei, trotz aller Schwächen, doch ein schlechthin unentbehrliches Korrelat aller auf fixen Berechtigungsansprüchen beruhenden Kartelle. Nach Wiedenfeld[81] (1927) scheinen allerdings z. B. die Ausgleichskassen im Rheinisch-Westfälischen Kohlensyndikat wenig Erfolg gehabt zu haben. Vereinbarungen, die sich gegen die Expansion der einzelnen Unternehmungen richten, sind aus den heute geltenden Kartellverträgen der Eisenindustrie bekannt geworden. Sie sind unseres Wissens in der Literatur noch nicht besprochen. Morgenroth[82] (1907) nennt einen Fall, wo den Mitgliedern zur Verhinderung des Quotenkampfes verboten wird, Werke von Nichtmitgliedern zu kaufen oder neue Anlagen zum Zwecke der Quotenvermehrung zu erstellen. Auch Eucken[83] (1914) bespricht Vereinbarungen der Schiffahrt zur Verhinderung der internen Konkurrenz. An Stelle von Verboten, wie sie Morgenroth nachweist, kann nach Tschierschky[84] (1930) die Vereinbarung einer Revision der Quoten in nicht zu langen Abständen ein Mittel sein, um der Sprengung des Kartells vorzubeugen. Sie müssen aber, sagt er, „satzungsmäßig sehr sorgfältig vorgesehen sein". (Die Methoden der Ausgleichsberechnung, wie sie bei den Syndikaten erforderlich sind, bilden den Hauptinhalt der Schrift von Niklisch, „Kartellbetrieb", Leipzig 1909.)

Der Quotenkampf in den Kontingentierungskartellen konzentriert die latente Konkurrenz auf sich, die zwischen den Mitgliedern fortbesteht. Mit der größeren Quote wird das größere Produktionskontingent zu erobern gesucht; im Quotenkampf vollzieht sich deshalb in veränderter Form der Kampf zwischen den früheren Konkurrenten um den vergleichsweisen Anteil an Produktion und Absatz. Volkswirtschaftlich liegt in dieser Form des Wettkampfes kein Ersatz für den freien Wettbewerb. Die Quotenausweitung und -eroberung braucht sich nicht auf dem Wege der Selbstkostensenkung und des Produktionsfortschrittes gegenüber den Konkurrenten zu vollziehen. Der Erfolg des Quotenwettkampfes wirkt sich auch nicht in einer Preissenkung aus. Es kann im Gegenteil geschehen, daß die Kosten dieses Kampfes nachher in den Preisen abgewälzt werden und daß die Quotenausweitung durch Aufkauf schwächerer Werke sich auf dem Wege der Kostenverteuerung vollzieht. Die Probleme der Kontingentierung sind in

79 Die Unternehmerverbände. S. 112—114.
80 Kartellpolitik. S. 55.
81 Gewerbepolitik. S. 144.
82 Die Exportpolitik der Kartelle. S. 83.
83 Die Verbandsbildung in der Seeschiffahrt. S. 70ff.
84 Kartellpolitik. S. 57.

neuester Zeit von Hammesfahr[85] systematisch dargestellt und untersucht worden. Eine eigentliche Untersuchung über den Quotenkampf und seine Methoden, sowohl bei den nationalen wie bei den internationalen Kartellen, ist damit aber nicht gegeben. Sie täte weiterhin not.

Erwähnung bedürfen noch die Maßnahmen, die einer Kartellgefährdung durch mangelnde Kartelltreue und Kartelldisziplin vorbeugen sollen.

„Ohne eine Kontrolle und einen Zwang auf die Beteiligten", schreibt Lehnich[86] (1928), „den man als internen Kartellzwang bezeichnet, ist die Regelung des Wettbewerbs, auf der Grundlage eines Vertrages, der die Selbständigkeit der beteiligten Unternehmungen voraussieht . . ., überhaupt nicht durchführbar." Kestner bespricht im 2. Kapitel des 2. Abschnittes den „internen Kartellzwang" gegenüber den Zentrifugalbestrebungen der Kartellmitglieder. Zuweilen wird die Syndizierung als ein Mittel gepriesen, um Verletzungen des Kartellvertrages zu verhindern [vgl. Pohle[87] (1898) und Herle-Metzner[88] (1929)].

Der interne Organisationszwang, etwa in Form von Geldstrafen, von Verrufserklärungen und dergleichen mehr, kann zur Folge haben, daß Unternehmungen beim Kartell verbleiben, die andernfalls ein ökonomisches Interesse an einer Fortführung der Wettbewerbsbeschränkung nicht mehr haben würden. Es ist nicht verwunderlich, wenn der interne Kartellzwang bei den Kartellen besonders stark in Erscheinung tritt, die ihren Mitgliedern wenig zu bieten haben, deren Monopolmacht also gering ist. Gerade bei ihnen wird man häufige Klagen über mißbräuchlichen internen Zwang zu erwarten haben. Die Übermacht der Großen im Kartell kann sich in diesen Zwangsmaßnahmen zur Geltung bringen. Wo die stärkeren Werke an geringerer Preiserhöhung interessiert sind, kann daher unter Umständen der innere Organisationszwang ein Mittel gegen die „Preistreiber" sein. In andern Fällen aber kann er dazu dienen, wettbewerbstüchtige Unternehmungen beim Kartell zu halten, die es sonst gewagt hätten, auf Grund ihrer Produktionsfortschritte den freien Wettbewerb neu aufleben zu lassen.

---

85 Kartellbeteiligungsziffer. Berlin 1930.

86 Verhandlungen des 35. Deutschen Juristentages. 1. Bd. S. 267.

87 Die Kartelle der deutschen Unternehmer. S. 41.

88 Neue Beiträge zum Kartellproblem. S. 10.

## C. Die tertiären oder uneigentlichen Vereinbarungen der Kartelle.

Hierher gehören vornehmlich Vereinbarungen und Maßnahmen der Produktionsförderung oder Rationalisierung[89]. Die Literatur beschäftigt sich in besonderer Eindringlichkeit mit ihnen, seitdem die Kartelle gegen kartellfeindliche Angriffe mit dem Hinweis auf ihre produktionsfördernde Tätigkeit verteidigt werden. Immer schon war auf die Möglichkeit einer Kostenersparnis mittels gemeinsamer Reklame, mittels Verminderung der Zahl der Verkaufsagenten, mittels Zentralisierung der Ein- und Verkaufsorganisation und dergleichen hingewiesen worden[90]. In neuerer Zeit wird die Frachtersparnis und Auftragszuweisung, die Normierung und Typisierung, die Spezialisierung, die gemeinsame Verwertung von Nebenprodukten, die gemeinsame Projektierung und Erhaltung von Forschungsinstituten und Reparaturwerkstätten erwähnt. [Müllensiefen (1926) will in seiner Schrift über die „Kartelle als Produktionsförderer" Rationalisierungsmaßnahmen von Kartellen im einzelnen feststellen.]

Die Produktionsförderung, von der hier gesprochen wird, umfaßt drei Gruppen von Vereinbarungen und Maßnahmen.

1. Maßnahmen, die darauf gerichtet sind, Teile des Produktions- oder Vertiebsprozesses, zwecks Verbilligung, von den einzelnen Unternehmungen auf das Kartell zu übertragen. Hierher gehören z. B. gemeinsame Reklame, gemeinsame Verkaufsstellen und Versuchsinstitute. In Fällen gemeinsamen Betriebs von Fabriken kann man schon von einer Teilfusionierung sprechen.

2. Maßnahmen, die den Produktionsprozeß der einzelnen Mitgliederunternehmungen verbilligen sollen. Hierher gehören Normierung und Typisierung, Erfahrungsaustausch. Anleitung zu rationeller Kalkulation und Anregungen anderer Art, die die Zentralorgane des Kartells zu geben in der Lage sind. Alle diese Maßnahmen können auch von nichtmonopolistischen Verbänden durchgeführt werden. Sie stehen dort, da sie durch keine anderweitige primäre Zielsetzung überschattet sind, im Mittelpunkt der Aktivität.

---

[89] Vgl. oben S. 67ff. und unten S. 99ff.

[90] Vgl. die Literaturangaben unten S. 99ff.

3. Maßnahmen, die den einzelnen Mitgliederunternehmungen eine im Rahmen des gesamten Produktionszweiges rationellere Ausnützung gewährleisten sollen. Diesem Zweck würde vor allem die Spezialisierung der Unternehmungen dienen; sie ist aber im Rahmen des Kartells kaum in nennenswertem Umfang durchführbar[91].

## IV. Die Systematik der Kartelle.

Die systematische Erfassung der Ziele der Kartelle und der Vereinbarungen, die der Verfolgung dieser Ziele dienen, schafft die Grundlage für eine aus ökonomischen Gesichtspunkten gewonnene systematische Ordnung der Kartelle selbst.

Eine befriedigende Systematisierung der Kartelle ist immer von neuem versucht worden. Schönlank[92] (1890) unterscheidet fünf Stufen der Kartellierung, beginnend mit den „losen Vereinbarungen" und aufsteigend bis zu den Trusts, den „Kartellen relativ höchster Ordnung". Es ist offenbar, daß er den Festigkeitsgrad bzw. die Stärke der Bindung zum Einteilungsprinzip nimmt. Auch Liefmann[93] (1897) teilt zunächst in Kartelle niederer und höherer Ordnung. Die ersteren werden auch beschränkende, die letzteren verteilende Kartelle genannt. Auch damit ist der Grad der Bindung gemeint. Beide Gruppen werden nach einem zweiten Einteilungsprinzip untergeteilt, und zwar in Kartelle 1. „zwecks gemeinsamer Angebotspolitik", 2. „zwecks gemeinsamer Monopolisierungspolitik" und 3. „zwecks gemeinsamer Preispolitik". Diese Unterteilung ist wenig befriedigend, da alle Kartelle der Regelung des Angebots, der Monopolisierung und der Preisgestaltung primär zu dienen bestimmt sind. In den späteren Schriften wählt Liefmann für die Unterteilung die Ausdrücke Gebiets-, Preis- und Produktionskartelle[94]. Auch Pohle[95] (1898) kennt diese drei Arten und fügt zu ihnen

---

[91] Die angeblich frachtersparende und rationelle Verteilung der Aufträge kann nicht ohne weiteres als Produktionsförderung angesprochen werden. Sie bedeutet häufig nur, daß Werke von geringerer Produktivität, die bei freiem Wettbewerb trotz günstiger Frachtlage teurer liefern und deshalb ausgeschaltet würden, nunmehr durch Auftragszuweisung in ihrer Rentabilität gesichert werden. Von unökonomischem Verhalten der Kunden abgesehen, gehen ja doch bei freier Konkurrenz die Aufträge nur dann an ferner gelegene Werke, wenn die hohen Frachtkosten durch andere Kostenvorteile überkompensiert werden.

[92] Die Kartelle. Arch. für Soziale Gesetzgebung und Statistik. III. Bd. S. 513/14.

[93] Die Unternehmerverbände. S. 42.

[94] Kartelle, Konzerne und Trusts. 7. Aufl. S. 41ff.

[95] Die Kartelle der gewerblichen Unternehmer. S. 31ff.

noch die Gewinnkartellierung und die Vertriebskartellierung hinzu. Nicht wesentlich abweichend sind die Einteilungen von Schäffle[96] (1898) und von Gruntzel[97] (1928). Baumgarten und Meszleny (1906) unterscheiden drei Arten von Kartellen, die sie dahin charakterisieren, daß die einen (die Konditionen- und Preiskartelle) die Symptome des Wettbewerbs beseitigen, die zweiten (die Gewinnkontingentierungen) die Motive der Konkurrenz beseitigen oder schwächen, die dritten (die aufteilenden oder Absatzkartelle) den Wettbewerb selbst aufheben oder einschränken wollen[98]. Es ist nicht recht einzusehen, wie ein Kartell mit Gewinnerfolg bloß die Symptome des Wettbewerbs und nicht diesen selbst beseitigen sollte. Die meisten Schriftsteller begnügen sich damit, die bisher genannten Kartelltypen, insbesondere die Preis-, Produktions- und Gebietskartelle, zu untersuchen und daran anschließend weitere, auf Grund ganz anderer Einteilungsprinzipien benannte „Kartelle besonderen Zweckcharakters" anzuschließen, wie Tschierschky sie in seiner Schrift über Kartellorganisation (1928), dem eigentlichen Lehrbuch der Kartellformen, bezeichnet. Er selbst bespricht unter diesem Obertitel die Submissions-, Fertigungs-, Markenschutz- und Zwangskartelle. H. v. Beckerath legt der „Gruppierung" der Kartelle besondere Bedeutung bei (1930). „Das Abgleiten in juristische Problematik auf der einen Seite und undurchsichtiger Kasuistik auf der anderen Seite" könne nur vermieden werden", schreibt er, wenn zunächst „ökonomische Prinzipien für die Gruppierung der Organisationen ..." gefunden werden. Es komme aber für die Wirkungen, heißt es auf der folgenden Seite, „weniger auf die Kartellformen als auf die besonderen persönlichen und sachlichen Verhältnisse" an, unter denen die betreffende Organisation tätig ist[99]. Danach wäre eine Einteilung am Platz, die die persönlichen und sachlichen Verhältnisse zum Einteilungsprinzip machte, und die also etwa genossenschaftliche Kartelle und Konzernkartelle, Kartelle mit großer Mitgliederzahl und kleiner Mitgliederzahl, Kartelle mit starker oder schwacher Monopolstellung unterschiede. (Stark, „Die Theorie der Kartelle", gewährt der systematischen Erfassung der Kartelle und Kartellformen breiten Raum. In einem besonderen Kapitel (S. 117ff.) wird die Behandlung der Kartellsystematik in der bisherigen Kartelliteratur behandelt.)

Eine Reihe von Schriftstellern bemüht sich um die systematische Einordnung der Kartelle in die Zusammenschlußformen oder Wirtschaftsverbände. So dient die von Vershofen[100] (1928) vorgeschlagene komplizierte Symbolsprache, was die Kartelle anbetrifft, weniger der Einteilung der Kartelle als der Einordnung der Kartelle in den Rahmen der Wirtschafts-

---

[96] Zum Kartellwesen und zur Kartellpolitik. Zeitschrift für die gesamte Staatswissenschaft. 54. Jahrg. S. 503ff.

[97] Die wirtschaftliche Konzentration. S. 34.

[98] Kartelle und Trusts. S. 67.

[99] Der moderne Industrialismus. S. 271.

[100] Die Marktverbände. S. 161ff.

verbände. Das gleiche gilt für Saitzews Schrift (1927) „Horizontal und Vertikal im Wandel der letzten Jahrzehnte".

Auf Grund unserer Unterscheidung von primären, sekundären und tertiären Kartellzielen und Kartellvereinbarungen läßt sich eine Stufenfolge von drei ökonomisch relevanten Einteilungsprinzipien gewinnen:

1. Im Hinblick auf die primäre Kartellpolitik unterscheiden sich die Kartelle nach der Art der Vereinbarungen, die der Monopolausnützung dienen. Hier lassen sich reine Konditionen-, Preis-, Produktions- und Gebietskartelle und so viele Formen gemischter Kartelle, als Verbindungen möglich sind, voneinander unterscheiden.

2. Die sekundäre Kartellpolitik ist gerichtet auf Festigung der Monopolstellung und des Kartellverbandes. Es lassen sich danach unterscheiden Kartelle mit starker und schwacher Monopolstellung; für die ersteren kann der Ausdruck „eigentliche Monopolkartelle" nützlich sein. Die Kartelle können hier aber auch unterschieden werden nach dem Grund ihrer Monopolstellung, z. B. in Patentgemeinschaftskartelle, Rohstoffkartelle und Zwangskartelle. Sie können weiterhin geschieden werden nach der Festigkeit der Bindung in lose Kartelle oder Kartelle höherer Ordnung. Die letzteren werden meistens Syndikate sein; alle Syndikate werden zu ihnen gehören. Es kann aber auch die Art, wie die Kartellfestigung erreicht wird, als Einteilungsprinzip dienen. Zu unterscheiden wären danach z. B. bloße Syndikate und Gewinnverteilungskartelle.

3. Schließlich können auch die uneigentlichen Zielsetzungen herangezogen werden und also z. B. Kartelle mit und ohne Rationalisierungstätigkeit, mit und ohne gemeinsame Einkaufspolitik usw. unterschieden werden.

Jedes Kartell läßt sich unter allen drei Gesichtswinkeln betrachten und fällt in eine der drei Hauptgruppen und in die verschiedenen in der zweiten Gruppe genannten Untergruppen. Ein weiteres Einteilungsprinzip, das aus dem Charakter der Kartellpolitik nicht zu gewinnen ist, ergibt sich im Hinblick auf die Gegenkontrahenten, denen das Kartell auf dem Markt begegnet: hier kann von Defensivkartellen, von Submissionskartellen u. dgl. gesprochen werden.

Fünftes Kapitel.

# Die Wirkungen der Kartelle.

Neben der Schilderung und Klassifizierung der Kartellvereinbarungen nimmt die Besprechung der Wirkungen der Kartelle in der Kartelliteratur bei weitem den größten Raum ein. In Liefmanns Standardwerk über Kartelle, Konzerne und Trusts (7. Aufl.) handeln von 176 den Kartellen gewidmeten Seiten 120 von den Wirkungen. Liefmann unterscheidet die Wirkungen für die betreffende Industrie selbst (Teil 2) von den Wirkungen auf die Abnehmer (Teil 3). Wir werden zunächst die Wirkungen auf die einzelnen Wirtschaftsgruppen in- und außerhalb der Kartellindustrie untersuchen, um daran eine Betrachtung der allgemeinen Wirkungen auf die Volkswirtschaft anzuschließen. Eine volkswirtschaftliche Beurteilung der Kartelle wird sowohl das gesamte Ergebnis der vielfachen und verschiedenartigen Wirkungen auf die einzelnen Wirtschaftsgruppen als die allgemeinen Wirkungen auf die Volkswirtschaft zu berücksichtigen haben.

## I. Die Wirkungen auf die einzelnen Wirtschaftsgruppen.

### A. Das Kartell und die Unternehmer des kartellierten Produktionszweiges.

#### 1. Das Kartell und seine Mitglieder.

Die Beschränkung des Wettbewerbs verändert das Verhältnis zwischen den ehemaligen Konkurrenten sowohl in sozialer als in ökonomischer Beziehung. Als Mitglieder eines Verbandes entstehen für sie gleichgerichtete Interessen. Trotzdem bleibt noch immer, und sei es auch in latenter Form, der Kampf unter ihnen bestehen.

In der Literatur wird die Frage aufgeworfen, ob die Kartellierung sich mehr zugunsten der großen oder zugunsten der kleineren und mittleren Unternehmungen auswirke.

Kleinwächter[1] (1883) ist der Meinung, daß die Großbetriebe auf Kosten der kleinen Betriebe gefördert würden; bei gleichen Preisen würden die

[1] Die Kartelle. S. 7.

Abnehmer die ersteren vorziehen. (Er setzt dabei voraus, daß den Abnehmern die freie Wahl unter den Kartellmitgliedern verbleibe.) Auch Friedrichowicz[2] (1895) sieht in den Kartellen eine Gefahr für die kleinen Unternehmer, die Entstehung neuer Betriebe werde verhindert; die Macht der Großen wachse durch ihre beherrschende Stellung im Kartell. Auch Wolf[3] (1894) meint, die großen Unternehmungen würden sich mit den kleinen Betrieben nur dann zum Kartell vereinigen, wenn sie keine Aussicht hätten, die kleinen im Wege des Wettbewerbs zu vernichten. Brentano[4] (1894) nahm den gegenteiligen Standpunkt, vor allem auch gegen Bücher, ein: „Die Kartellbildung vollzieht sich meistens unter den mittleren Betrieben..., die bestrebt sind, mittels dieser Organisation sich gegen die Übermacht der Starken zu schützen." [In gleichem Sinne auch Liefmann[5] (1897) und Schäffle[6] (1898).] Immer deutlicher zeigt sich, daß die Verhältnisse in dieser Beziehung von Produktionszweig zu Produktionszweig und von Kartell zu Kartell andere sind. Die Schwächeren würden einerseits ohne Kartellierung unterliegen, meint Gruntzel[7] (1902), die Großen anderseits täten sich erfahrungsgemäß mit den Kleineren nur zusammen, wenn sie nicht hofften, diese im Wettbewerb ausmerzen zu können. H. v. Beckerath[8] (1911) sucht nach tieferen Ursachen für die Verschiedenheit der Wirkungen und stellt fest: Dort, wo die Großbetriebe dem kleinen Betrieb überlegen sind, fördert die Kartellierung die Konzentration, indem die leistungsfähigeren Großbetriebe die kleinen Betriebe aufkaufen, um ihre Quoten zu übernehmen. Dort dagegen, wo der Kleinbetrieb einen Produktionsvorsprung besitzt, kann ihm der Großbetrieb auch im Kartell nicht gefährlich werden. Hier verstärkt vielmehr das Kartell den Kleinbetrieb gegenüber dem Handel und verbessert seine finanzielle Position durch Regelung der Konditionen. Daß die Methode des Quotenkaufs den Konzernen im Kartell neue Möglichkeiten der Machtgewinnung gegenüber den kleineren Betrieben bietet, hebt auch Tschierschky[9] (1930) hervor. Er spricht davon, daß sie „vielfach zu vordringlicher Machtbildung von Konzernen in diesen Organisationen" geführt habe.

Das Verhältnis der großen und kleineren Unternehmungen in einem Kartell und seine Veränderung im Lauf der Zeit hängt offenbar von zu vielerlei Umständen ab, um systematisch erfaßt werden zu können.

---

[2] Kartelle. Zeitschrift f. d. ges. Staatswissenschaft. 51. Jahrg. S. 647.

[3] Schriften des Vereins für Sozialpolitik. Bd. 60. S. 217.

[4] Ebenda. S. 176.

[5] Die Unternehmerverbände. S. 191.

[6] Zum Kartellwesen und zur Kartellpolitik. Zeitschr. f. d. ges. Staatswissenschaft. 54. Jahrg. S. 680.

[7] Über Kartelle. S. 114.

[8] Die Kartelle der deutschen Seidenwebereiindustrie. S. 189/90.

[9] Kartellpolitik. S. 58.

Eine Spezialuntersuchung würde aber auf Grund des reichen Erfahrungsstoffes wichtige Ergebnisse zeitigen können.

Durch die Kartellierung verändert sich die Marktposition aller beteiligten Unternehmer. Andere Fähigkeiten, als sie der freie Wettbewerb erfordert, gewinnen Bedeutung. Das kann zur Folge haben, daß die Auslese der Unternehmer eine andere wird.

So schreibt Kestner[10] (1912, 1927): „An Stelle der eigentlichen kaufmännischen Betätigung tritt teilweise die juristische Findigkeit." Es trete eine Verschiebung „vom Kaufmännischen zum Organisatorisch-Spekulativen" ein. „Die monopolistische Welt entkommerzialisiert sich", sagt Vogelstein[11] (1914). Die Übertragung der Verkaufstätigkeit auf das Syndikat lasse die Notwendigkeit der Anpassung an rasch wechselnde Situationen verschwinden. Es träte eine Bürokratisierung ein. Wiedenfeld[12] (1927) ist sogar der Meinung, daß die Gefahr der Bürokratisierung bei den Syndikaten größer sei als bei den Konzernen. Die Ausschaltung des eigentlich unternehmerischen Elementes, der Übernahme von Risiko, der Initiative und der Freude am Wettkampf wird oftmals erwähnt, aber unter verschiedener Beurteilung. Während Kleinwächter[13] (1883) einen besonderen Vorteil des Kartells darin findet, daß der Produzent Sicherheit gewinnt, sieht Pohle[14] (1898) die Rechtfertigung des Unternehmergewinns schwinden, da das Kartell eine „Art Versicherungsanstalt auf Gegenseitigkeit" sei. Selbst Wiedenfeld[15] (1927) weist darauf hin, daß „der kleingeistige Drang nach Lebenssicherheit" das Übergewicht über die Initiative gewinnen könne. Viel hängt dabei von dem Grad der Einbuße an Selbständigkeit ab, von der Übertragung der kaufmännischen Funktionen auf Kartellorgane u. a. m. [Vgl. hierüber Kestner[16] (1912, 1927), der die Mittel des Kartells zur Verminderung der Selbständigkeit seiner Mitglieder zusammenfassend darstellt.]

Eine Änderung des Geistes, in dem die Unternehmungen geleitet werden, wird aber auch in anderer Richtung erwartet.

So widmet Vershofen[17] (1928) den Vorzügen des Verbandsgeistes, des „Geistes der Solidarität" im Gegensatz zu der im Wettbewerb herrschenden „sozialen Atmosphäre der gegenseitigen Verachtung und damit des Leides" eine ausführliche psychologische Untersuchung. [Vgl. dazu die Schriften von

---

10 Der Organisationszwang. S. 47ff.
11 Grundriß der Sozialökonomik. VI. Abteilung. S. 243.
12 Gewerbepolitik. S. 111.
13 Die Kartelle. S. 93/94.
14 Die Kartelle der gewerblichen Unternehmer. S. 104.
15 Gewerbepolitik. S. 160.
16 Der Organisationszwang. S. 90ff.
17 Die Marktverbände. S. 156. Vgl. auch S. 151ff.

Erwin Steinbach[18] (1897, 1898, 1900).] Kestner[19] (1912, 1927) untersucht kritisch das, was er Organisationsgefühl oder Organisationsbewußtsein nennt. Im wirtschaftlichen Kampf entstehe eine „Waffenbrüderschaft". Auch Wiedenfeld[20] (1927), der sich an vielen Stellen mit der Unternehmerpsychologie auseinandersetzt, bespricht den „Korpsgeist", der sich „in Rückerinnerung an zünftlerische Auffassungen längst vergangener Zeiten" im Kampf gegen die Außenseiter geltend mache[21].

Die ökonomischen Wirkungen auf die Mitglieder bedürfen keiner weiteren Erörterung. Soweit das Kartell seine Aufgaben wirksam erfüllt, erhöht es die Rentabilität der angeschlossenen Unternehmungen. Der Kapitalwert und die Kreditfähigkeit steigen. Eine eigentliche Monopolrente braucht nicht immer zu entstehen; schwächere Unternehmungen kommen oft nur aus den Verlusten heraus.

## 2. Das Kartell und die Außenseiter.

Das Wichtigste hierüber ist schon oben bei Besprechung der Außenpolitik der Kartelle gegenüber den Außenseitern gesagt worden[22].

Die Beurteilung der Außenseiter ist in der Literatur naturgemäß eine andere, je nachdem, wie die Kartelle selbst angesehen werden. Bald erscheinen sie als schädliches Hindernis für eine wirksame Wettbewerbsbeschränkung, bald als Gegengewicht gegen das Kartell und als Mittel, um die „Überspannung der Kartellpolitik" zu verhindern. Typisch für diejenigen, die die Außenseiter als Schmarotzer ansehen, ist die Äußerung Kirdorfs[23], der sagt, die Außenseiter seien doch diejenigen, „die in der schärfsten Weise sich die ganzen Vorteile des Syndikats verschafften, ohne an den Lasten teilzunehmen. Lucae[24] (1929) unterscheidet in seiner

---

[18] Zitiert bei Kestner. 2. Aufl. S. 178. Anm.

[19] Der Organisationszwang. S. 47ff.

[20] Gewerbepolitik. S. 154.

[21] Eine weitere Vertiefung der Einsicht in die geistigen Veränderungen zu vermitteln ist Sache vornehmlich der Kartell- und Verbandssoziologie. Die weitschweifigen Ausführungen Klugs (Das Wesen der Kartell-, Konzern- und Trustbewegung, vgl. insbesondere S. 292ff.) bieten dafür keinen brauchbaren Ansatzpunkt. Da Vershofen allgemein von den Marktverbänden spricht, kommen die Besonderheiten des Kartells in dieser Beziehung nicht zur Geltung. Vgl. aber seine Ausführungen über die Entstehung einer besonderen Verbandsideologie in „Die Marktverbände", S. 158ff.

[22] Vgl. oben S. 66 und S. 74ff.

[23] Schriften des Vereins für Sozialpolitik. Bd. 116. S. 276.

[24] Außenseiter von Kartellen. S. 24.

instruktiven Spezialstudie über das Außenseiterproblem die an den Vorteilen des Kartells teilnehmenden Außenseiter von denjenigen, die dem Kartell um des freien Wettbewerbs willen fernbleiben. [Über das Verhältnis zu den Außenseitern, insbesondere über den Kampf mit den Außenseitern vgl. auch die ausgezeichneten Ausführungen von Vogelstein[25] (1914).]

Über die Wettbewerbsaussichten der Außenseiter gegenüber den Kartellen läßt sich nichts allgemeines aussagen. In allen Monographien findet sich Material über einzelne Kämpfe gegen Außenseiter[26]. Die Schärfe solcher Kämpfe geht schon daraus hervor, daß es dem Kartell um seine Monopolstellung geht und daß es besondere Kampffonds und Reserven einzusetzen in der Lage ist. Kestner[27] (1912, 1927) zeigt aber, daß auch noch ideologische Momente dazukommen, die im Kampf mit Außenseitern moralische Hemmungen beseitigen, wie sie beim Einzelwettbewerb vorhanden sind. Es scheint so etwas wie eine „Kartellraison" wirksam zu sein! [Ähnlich auch Wiedenfeld[28] (1927).]

Die Wirkungen des Kartells auf die Außenseiter werden diametral verschieden sein, je nachdem, ob es zum Versuch einer Niederkämpfung des Außenseiters durch das Kartell kommt oder nicht. Es wird von der Bedeutung und vom Verhalten des Außenseiters abhängen, welche Haltung das Kartell einnimmt. Handelt es sich um einen bloßen Mitläufer, einen „parasitären" Außenseiter, der den Absatz der Kartellmitglieder und den Kartellpreis nicht wesentlich beeinflussen kann, so wird das Kartell ihn gewähren lassen. Der Außenseiter hat hier die Möglichkeit, an der Monopolausnützung teilzunehmen; er wird allerdings unter Umständen den Kartellpreis um einen geringen Betrag unterbieten. Er hat den Vorteil, seine Selbständigkeit wahren und die Kartellkosten sparen zu können. Ist der Außenseiter ein starkes Unternehmen, das dem Kartell ernsthafte Konkurrenz machen kann, so muß das Kartell, wenn es nicht zerfallen will, den Kampf aufnehmen, sei es, um den Außenseiter niederzuringen oder um ihn zum Eintritt in das Kartell willig zu machen.

Die Außenseiterstellung ist oft nur als eine provisorische gedacht. Der Beitritt zum Kartell ist beabsichtigt, sofern die Bedingungen des Außenseiters insbesondere hinsichtlich seiner Quote erfüllt werden. Der augenblickliche Kampf dient nur der gegenseitigen Messung der Kräfte im

---

25 Grundriß der Sozialökonomik. VI. S. 234ff.

26 Vgl. insbesondere Lucae. 1929. S. 47ff.

27 Der Organisationszwang. S. 178.

28 Gewerbepolitik. S. 154.

Hinblick auf die Quotenverteilung. In manchen Fällen ist die Aufnahme in das Kartell den Mitgliedern nicht erwünscht, weil dadurch z. B. die Einigung unter ihnen hinsichtlich der Quoten oder der Produktionseinschränkung gefährdet würde.

## B. Das Kartell und seine Marktkontrahenten.

### 1. Das Kartell und die Käufer der Kartellprodukte.

Bei der Kartellierung handelt es sich primär um eine Monopolisierung des Warenangebots. Die Wirkungen gehen daher vornehmlich vom Kartell in seiner Eigenschaft als Verkäufer aus. — Vom Nachfrage- oder Einkaufskartell, das bisher unberücksichtigt geblieben ist, wird unten die Rede sein[29]. — Die Verbesserung der Preise und der Verkaufsbedingungen, die der eigentliche Zweck der Kartellierung ist, trifft naturgemäß vor allem die Abnehmer. Das Kartell, auch das Händlerkartell oder Bankenkartell, verkauft entweder an Händler oder an andere Produzenten (Weiterverarbeiter) oder an die letzten Konsumenten. In der Kartelliteratur werden die Wirkungen auf jede der drei Abnehmergruppen gesondert betrachtet. Bei der Literaturbesprechung werden wir daher zunächst auch diesen Weg gehen, um zum Schluß das für alle Gruppen Gemeinsame zusammenzufassen.

#### a) Das Kartell und die Händlerschaft.

Die Händler sind die wichtigsten unmittelbaren Abnehmer der gewerblichen Produzenten und damit der Produzentenkartelle. Die Wirkungen auf die Händler sind deshalb auch in der Kartelliteratur stark beachtet worden.

Steinmann-Bucher[30] (1891) eröffnet die Reihe derjenigen Schriftsteller, die in der Ausschließung des Handels und damit in der Ausmerzung angeblich unproduktiver Zwischenglieder der Marktwirtschaft ein besonderes Verdienst der Kartelle erblicken. Pohle[31] (1898) dagegen nimmt eine den Händlern freundlichere Stellung ein. Eine ganze Reihe von Kartellen sei „geradezu aus Eifersucht auf die Größe des Gewinns des Zwischenhandels" gebildet worden. Er sieht eine dreifache Beengung des Handels, indem ihm die Warenmärkte vorgeschrieben, die Absatzgebiete abgegrenzt und die

---

[29] Vgl. unten S. 93ff.

[30] Wesen und Bedeutung der gewerblichen Kartelle. Schmollers Jahrb. 15. Jahrg. S. 175.

[31] Die Kartelle der gewerblichen Unternehmer. S. 108/9.

Preise bestimmt würden. Bonikowsky[32] (1907) vertritt dagegen in seiner umfangreichen Schrift zu diesem Thema die These, daß der Handel im allgemeinen die Kartelle nicht abzulehnen brauche. Es entstünden zwar manche Nachteile, so aus dem Kampf der Kartelle mit den Außenseitern, aus unerwarteten Bewegungen der Kartellpreise, aus der Förderung von Einkaufsgenossenschaften der Kleinhändler, aus unmittelbarer Belieferung der Verbraucher, aus der Festlegung von Zuschlägen für die Verbandshändler. Ihnen stünden aber wesentliche Vorteile gegenüber, so aus der Gesundung der den Handel beliefernden Industrie, aus der Stabilisierung der Preisverhältnisse, aus der Beendigung ruinöser Konditionenkämpfe. Daß der Handel aber an Selbständigkeit verliert, kann als herrschende Meinung angesprochen werden. Schon Pohle[33] (1898) hatte mit Scharfblick erkannt, daß die Entwicklung dazu führen werde, den Handel zum „Angestellten des Kartells" zu machen. Hilferding[34] (1909) sieht den Handel zum „Agenten der Kartelle" werden. Wiedenfeld[35] (1909) kritisiert Bonikowsky: Es komme bei ihm die volkswirtschaftlich wichtige Frage zu kurz, wie es unter den Kartellen mit dem Handel als selbständigem Beruf stehe. Vogelstein[36] (1914) meint, Bonikowsky habe „das Wesen kapitalistischer Tätigkeit und einer auf sie gegründeten sozialen Position arg verkannt". Eine Machtverschiebung zuungunsten des Handels konstatiert auch Liefmann[37] (1927). In einer besonderen Lage befindet sich allerdings der sogenannte Werkshandel. Er bleibt erhalten und gewinnt unter Umständen eine bessere Stellung als zuvor; er besitzt aber keine Selbständigkeit. Vgl. Götzke[38] (1905) und Tschierschky[39] (1930). Günstig wirken die Kartelle, sagt H. v. Beckerath[40] (1911), auf solche Großhändler, die sich, gestützt auf ihre Verträge mit dem Fabrikantenkartell, selbst zu kartellieren in der Lage sind. Weißhäupl[41] (1904) untersucht speziell das wechselseitige Verhältnis von Großhandel und Fabrikantenkartell.

### b) Das Kartell und die Weiterverarbeiter.

Die Wirkungen auf die Weiterverarbeiter interessieren insbesondere bei der Betrachtung der Beziehungen zwischen den Rohstoff- und Halbzeugkartellen und der Fertigindustrie.

---

[32] Der Einfluß der industriellen Kartelle auf den Handel.

[33] Die Kartelle der gewerblichen Unternehmer. S. 109.

[34] Das Finanzkapital. S. 262.

[35] Schmollers Jahrb. Jahrg. 1909. S. 361.

[36] Grundriß der Sozialökonomik. VI. Abteilung. S. 240.

[37] Kartelle, Konzerne und Trusts. 7. Aufl. S. 66.

[38] Das Rheinisch-Westfälische Kohlensyndikat. S. 223.

[39] Die Kartellpolitik. S. 96ff.

[40] Die Kartelle der deutschen Seidenwebereiindustrie. S. 86. Vgl. auch Bonikowsky a. a. O., S. 194ff., und Huber (1903), Die Kartelle, S. 77.

[41] Zwei Großhandelskartelle der Textilbranche. S. 14ff.

Liefmann[42] (1927) widmet diesen Wirkungen besondere Aufmerksamkeit. Er stellt voraus, daß naturgemäß die Weiterverarbeiter von Preiserhöhungen der Monopole am schwersten getroffen würden. Er geht dann aber dazu über, andere Vorteile für die Weiterverarbeiter als Kompensation aufzuweisen. Er sieht solche vor allem in der Einheitlichkeit der Einkaufspreise und in der größeren zeitlichen Gleichmäßigkeit der Preise. Die Preiserhöhung oder Preishochhaltung selbst sei um so weniger nachteilig, je maßvoller sie durchgeführt werde. Im ganzen sei die Bildung festgeschlossener Rohstoffkartelle auch für die Weiterverarbeiter von Vorteil gewesen. Sie hätten sich zu einem Teil unter dem Druck der Rohstoffpreise selbst organisiert „und so den empfangenen Druck an die Abnehmer" weitergegeben. Der beste Beweis liege in der Lage der Maschinenindustrie im ganzen letzten Jahrzehnt vor dem Weltkrieg; sie habe sich trotz der fest organisierten Rohstoff- und Halbfabrikatkartelle auf das günstigste entwickelt. — Ein „Beweis" ist darin allerdings nicht zu erblicken. Wer könnte sagen, wie sich die Maschinenindustrie ohne die Vorbelastung erhöhter Rohstoff- und Halbzeugpreise entwickelt hätte? In einer Aufschwungsperiode lassen sich zudem nachteilige Kostenverhältnisse hinsichtlich eines Teils der Vorprodukte leichter ertragen, unter Umständen auch auf Dritte abwälzen. — Die Liefmannschen Darlegungen können als typisch gelten. Alle Schriftsteller, die die Preisvereinheitlichung und Preisstabilisierung durch die Kartelle als erwiesen ansehen und in den Vordergrund stellen und überdies der Meinung sind, daß die Preishochhaltung oder -erhöhung seitens der Kartelle unbeträchtlich ist, stellen die Nachteile für die Weiterverarbeiter als geringfügig hin. Auf Nachteile für die Abnehmer, die über die Preiserhöhung hinausgehen, wie Verweigerung der Lieferung bestimmter Marken, Erschwerung des Verkehrs mit Außenseitern, auch wenn das Kartell bestimmte Waren und Qualitäten nicht liefern kann, macht Vogelstein[43] (1914) aufmerksam. In der Besprechung des Dumpings werden die Nachteile zu erörtern sein, die sich für manche Gruppen von Weiterverarbeitern aus der Preisdifferenzierung zugunsten ausländischer Abnehmer ergeben. „Die Schädigung der Ausfuhr der Fertigindustrie durch die Preispolitik der Rohstoffkartelle", schreibt Morgenroth[44] (1907), „steht außer Zweifel". Zu erwähnen ist ferner die Schädigung der „reinen Werke" durch das Übergreifen der Rohstoffunternehmungen mittels gemischter Werke in die Verarbeitung. Auch hier liegt eine Kartellwirkung vor[45].

---

[42] Kartelle, Konzerne und Trusts. 7. Aufl. S. 136ff.

[43] Grundriß der Sozialökonomik. VI. Abteilung. S. 238.

[44] Die Exportpolitik der Kartelle. S. 104.

[45] Vgl. darüber Wiedenfeld (1927), Gewerbepolitik, S. 101, und die aufschlußreiche Darstellung H. G. Heymanns, Die gemischten Werke im deutschen Gußeisengewerbe, insbesondere 4. Kap., S. 242ff.

c) Das Kartell und die Konsumenten.

**Die Wirkungen auf die letzten Abnehmer spielen vor allem in den sozialpolitischen Diskussionen eine Rolle. Hier handelt es sich um die Auswirkungen auf die breite Masse der Bevölkerung.**

Kleinwächter[46] (1883) lehnt sich dagegen auf, daß der Konsument sich als Preisrichter über die ganze Welt aufspiele. Die Verkehrsfreiheit habe dem Konsumenten „vielleicht — aber wohlgemerkt, nur vielleicht — den Vorteil gebracht, daß die Artikel „etwas billiger, besser oder gefälliger geworden sind"; um dieses „armseligen und unbedeutenden Vorteils willen" (!) sei aber die ganze Sicherheit der wirtschaftlichen Existenz der Produzenten geopfert worden. In schärfstem Gegensatz zu ihm meint Friedrichowicz[47] (1895), daß für das konsumierende Publikum infolge der Kartellierung „die Gefahr der Aushungerung" mit jedem Tag näher käme. Liefmann[48] (1897) hält empfindliche Schädigungen des Konsumenten für möglich, während Berdrow[49] (1898) eine Überteuerung, die dem Konsumenten gefährlich werden könnte, nicht erwartet. Ebenfalls sei es für den Konsumenten gleichgültig, meint Ettinger[50] (1905), ob nur eine Stufe der Produktion oder alle kartelliert seien. Er übersieht offenbar, daß der Monopolgewinn einer Stufe auf Kosten der Gewinne einer anderen Stufe, z. B. auch des Handels, gehen könnte. Während Wiedenfeld[51] (1912) früher der Meinung war, daß sich die Einkommen den erhöhten Auslagen für Lebensnotwendigkeiten anpassen können, schreibt er jetzt im Sinne seiner den Kartellen gegenüber kritischeren Einstellung[52] (1927): „Und da nun, wie gezeigt, der Rahmen der Produktion, innerhalb dessen sich Monopole bilden können, verhältnismäßig sehr eng gezogen ist, so bedeutet dies, daß der große Teil der Bevölkerung einem verhältnismäßig kleinen Bruchteil von Produzenten (Unternehmer, Kapitalisten und Arbeiter) mit wichtigen Bestandteilen seines Einkommens einen Sondertribut entrichtet." Dobretsberger[53] (1929) allerdings ist der Meinung, daß in der Hauptsache nur die wohlhabenden Schichten betroffen würden, da in der Nahrungsmittelindustrie keine Kartelle vorhanden seien.

**Die widerspruchsvollen Urteile über Wirkungen der Kartelle auf alle drei Gruppen von Abnehmern gehen gewiß zu einem guten Teil darauf zurück, daß diese Wirkungen je nach der Sachlage**

---

[46] Die Kartelle. S. 93/94.

[47] Zeitschr. f. d. ges. Staatswissenschaft. 51. Jahrg. S. 647.

[48] Die Unternehmerverbände. S. 158.

[49] Die Unternehmerkartelle und der Weg zum wirtschaftlichen Frieden. S. 76.

[50] Die Regelung des Wettbewerbs im modernen Wirtschaftssystem. S. 118.

[51] Das Rheinisch-Westfälische Kohlensyndikat. S. 126.

[52] Gewerbepolitik. S. 151.

[53] Konkurrenz und Monopol in der gegenwärtigen Wirtschaft. S. 132.

von Fall zu Fall sehr verschieden sein können. Wäre aber die Kartellbetrachtung auch in dieser Frage von grundsätzlichen Erwägungen ausgegangen, so wäre größere Klarheit zu gewinnen gewesen. Die Wirkung muß doch zunächst, wenn nicht besondere Umstände vorliegen, für alle Abnehmer, welcher Art sie auch sein mögen, eine nachteilige sein. Bessere Preise und Verkaufsbedingungen für den Verkäufer, die der Zweck der Kartellierung sind, bedeuten in der Marktwirtschaft schlechtere Preise und Einkaufsbedingungen für den Käufer. Das Ausmaß dieser negativen Wirkungen ergibt sich, ebenso wie das Ausmaß der positiven Wirkungen für die Kartellunternehmer, aus der Stärke der Monopolstellung und dem Grad ihrer Ausnützung. Ein Kartell, bei dem diese Wirkungen in negativer wie in positiver Hinsicht gleich Null geblieben wären, hätte keinen Sinn. Wenn es trotzdem im Gesamteffekt zu einer Schädigung von gewissen Abnehmern unter Umständen nicht kommt, so müssen andere Momente hinzutreten, die den primär zu erwartenden Nachteil kompensieren. Es läßt sich zeigen, welche Momente hierfür in Frage kommen:

1. Es kann sein, daß die Nachteile auf Dritte abgewälzt werden können. So mag es dem Handel oder den Weiterverarbeitern zuweilen gelingen, ihre Preise in gleichem Maße wie das Kartell zu erhöhen, ohne daß sie deshalb durch Verringerung des Absatzes geschädigt würden. Besonders begünstigt in diesem Sinne sind diejenigen Händler und Weiterverarbeiter, denen die Kartellierung der Vorstufe die Möglichkeit zu eigener Kartellierung bietet. Der Abschluß von Exklusivverträgen schafft auf der nächsten Stufe wiederum eine Monopolstellung.

2. Manche Abnehmergruppen sind in der Lage, sich vom Kartell eine Vorzugsbehandlung zu erwirken. Die Kartellierung der Vorstufe kann auf solche Weise diesen Gruppen einen Kostenvorsprung im Wettkampf mit ihren eigenen Konkurrenten verschaffen.

3. In der sogenannten „Beruhigung des Marktes“ liegt zwar nicht der oft behauptete gesamtwirtschaftliche Vorteil, wohl aber kann darin für manche Abnehmer ein Vorteil liegen, der die Nachteile höherer Preise als Prämie erscheinen läßt. Der kaufmännisch tüchtige Unternehmer allerdings müßte aus der Ungleichheit und den Schwankungen der Preise Vorteile ziehen können. Schädlich sind die Preisschwankungen und Preisverschiedenheiten dagegen für die Unternehmer, die im unrichtigen Augenblick oder bei einem teureren Anbieter kaufen und da-

durch Kostennachteile gegenüber ihren Konkurrenten erleiden. Soweit deshalb die Kartelle preisstabilisierend oder preisvereinheitlichend wirken, verkleinern sie das kaufmännische Risiko und das spekulative Moment im Ankauf. Sie vermindern damit unter Umständen den Abstand zwischen kaufmännisch tüchtigeren und weniger tüchtigen Unternehmern zugunsten der letzteren. In manchen Fällen ist auch die Erhaltung gewisser Lieferanten, auf die der Abnehmer eingespielt ist, für ihn ein gewisser Gegenwert für das Preisopfer; denn ein ruinöser Konkurrenzkampf auf der Vorstufe kann den regelmäßigen Fortgang der Belieferung und damit vorübergehend seine Produktion stören.

4. Die Kartelle verfolgen, wie gezeigt wurde, neben ihrem primären Ziel auch noch uneigentliche Aufgaben. Es besteht daher an sich die Möglichkeit, daß die Nachteile, die der Abnehmer aus der Monopolausnützung erleidet, durch Vorteile kompensiert werden, die ihm z. B. aus Qualitätsverbesserungen oder größerer Einheitlichkeit der Qualität entstehen mögen. Ein überzeugender Nachweis in diesem Sinne ist allerdings noch in keinem konkreten Falle erbracht worden. Es müßte auch die Frage geprüft werden, ob die etwa nachzuweisenden Vorteile unter der Wirkung freier Konkurrenz oder eines nicht-monopolistischen Verbandes nicht in gleichem oder höherem Grade eingetreten sein würden. Ferner muß bedacht werden, daß die Kartelle auch nachteilige Nebenwirkungen über die Monopolausnützung hinaus für die Abnehmer haben können, so z. B., wenn diese in der Wahl der Werke, von denen sie beliefert sein wollen, beschnitten werden.

Wie immer aber auch die einzelnen Abnehmergruppen sich hinsichtlich der Nachteile stellen mögen, so bleibt doch die Tatsache bestehen, daß ein Nachteil für die Abnehmerschaft in ihrer Gesamtheit in der Höhe entstehen muß, in der den Kartellunternehmern der Vorteil der Gewinnverbesserung vermöge Monopolausnützung, d. h. aber ein Vorteil aus der Kartellierung überhaupt, zukommt. Wenn daher in manchen Fällen Händler und Weiterverarbeiter oder ein Teil von ihnen eine Gewinneinbuße nicht erleiden, so bedeutet das nur, daß die Nachteile auf die letzten Konsumenten abgewälzt worden sind.

### 2. Das Kartell und die „Verkäufer von Produktionsfaktoren".

Kartelle sind in erster Linie und ihrem eigentlichen Zwecke gemäß Verkaufsvereinigungen; die Kartellierung verändert daher vor allem ihre Angebotstellung. Daneben gibt es aber, besonders im Handel, auch Einkaufskartelle, d. h. aber Kartelle, deren primärer Zweck ist, die Marktstellung im Einkauf zu verbessern. Bei ihnen ist der primäre Zweck somit die Gewinnung einer monopolistischen Nachfragestellung[54]. Den Charakter eines Einkaufskartells können aber auch solche Kartelle gewinnen, die in erster Linie als Verkaufs- oder Produktionsvereinigungen gedacht sind. Sie üben dann als Nachfragende kartellmäßige Wirkungen aus und treffen damit die Vorproduzenten, die Kreditgeber und die Arbeitnehmer. Wenn es zur Einkaufsmonopolisierung nicht kommt, d. h. aber wenn die einzelnen Kartellmitglieder als Nachfragende weiterhin ihre volle Selbständigkeit wahren, so kann das Kartell doch auch dann indirekt durch Stärkung der Position der einzelnen Mitglieder Wirkungen in den genannten Richtungen ausüben.

### a) Das Kartell und die Vorproduzenten.

In der Literatur wird von der Wirkung auf diejenigen, die den Kartellen als Verkäufer von Waren gegenübertreten, nicht ausdrücklich gesprochen. Indirekt ist davon die Rede, wenn beispielsweise gesagt wird, die Kartellierung des Handels zwinge die Vorproduzenten zu defensiver Gegenkartellierung. Es leuchtet ein, daß vor allem ein Händlerkartell gleichzeitig Einkaufs- und Verkaufskartell ist und somit auch beim Wareneinkauf von seiner Monopolstellung Gebrauch machen wird. Aber auch von der Fertigindustrie wird gesagt, daß sie sich zum Schutz gegen die Rohstoffkartelle zusammenschließe. Dies kann allerdings geschehen zwecks Weiterwälzung der Lasten auf die Abnehmer. Es kann sich daneben aber auch darum handeln, mittels Kartellierung eine Verstärkung der Nachfragestellung im Verkehr mit den Rohstoffkartellen der Vorstufe zu gewinnen.

### b) Das Kartell und die Banken.

Die Banken treten als Anbieter von Krediten den Industrie- und Handelskartellen gegenüber. Selbst wenn die Kartellunternehmer weiterhin nur als Einzelne Kredit aufnehmen, so kann sich doch indirekt die durch die Kartellierung erfolgte Verbesserung und Sicherung ihrer Marktstellung und Macht auch gegenüber den Kreditgebern auswirken.

---

[54] Vgl. Flechtheim, Die rechtliche Organisation der Kartelle, S. 6, und die dort angeführte Literatur.

— Von der Bankenkartellierung selbst soll hier nicht gesprochen werden. Für sie gelten dieselben Grundsätze wie für alle andern Kartellierungen. Sie wirken sich im Preis des Kreditangebots, d. h. aber in den sogenannten Konditionen gegenüber den Kreditnehmern aus[55]. —

Schäffle[56] (1898) glaubt, daß die Kartelle die Stellung der Unternehmer dem Leihkapital gegenüber, d. h. aber im wesentlichen den Banken gegenüber, zu stärken geeignet seien. Wiedenfeld[57] (1905) zitiert Kirdorf, der auf der Generalversammlung des Vereins für Sozialpolitik 1905 behauptet hat: „Niemals ist der Einfluß der Großbanken so gering gewesen, wie er zur Zeit ist." Wiedenfeld sieht darin einen „Erfolg des Syndikats". Auch später[58] (1927) erwähnt er, daß der industrielle Leiter durch die Syndizierung mehr „Unabhängigkeit von der Bankenvermittlung" erhalte. Auf der anderen Seite erscheinen die Großbanken selbst als „Hauptschrittmacher" der Kartellierung[59].

Ohne Zweifel vermindert sich der Einfluß der Banken, wenn große Kartelle auf Grund der Kartellgewinne zur Selbstfinanzierung befähigt werden. Ähnlich wie gegenüber den Vorproduzenten kann sich auch gegenüber den Banken die ökonomische Machtstellung der kapitalnachfragenden Unternehmer durch die Kartellierung verstärken. Die Banken können aber in mehrfacher Richtung an der Kartellierung der Industrie oder des Handels interessiert sein, so, wenn die Rentabilität

---

[55] Es ist überraschend, wie wenig in der Kartelliteratur über die Bankenkartellierung gesprochen wird. Bei Jeidels („Das Verhältnis der deutschen Großbanken zur Industrie", 1905) wird die Konzentration der Banken geschildert, die zur Herausbildung von fünf großen Kreditinstituten geführt hat. Von einem Kartellverhältnis zwischen diesen fünf Großbanken wird aber nicht gesprochen. Auf S. 253ff. wird das Verhältnis der Großbanken zu den Kartellen der Industrie behandelt. Auch Rießer („Die deutschen Großbanken und ihre Konzentration") bespricht nur die Konzentration der Banken im engeren Sinne der Fusionierung und die Beziehungen der Banken zur Industriekartellierung (vgl. insbesondere S. 572ff.). In der öffentlichen Diskussion über die staatliche Monopolpolitik wird die sogenannte „Stempelvereinigung" als Kartell der deutschen Großbanken erwähnt. Vgl. Franz Neumann in „Die Arbeit". Jahrg. 1930. S. 476. Eine wissenschaftliche Untersuchung liegt dagegen unseres Wissens nicht vor.

[56] Zum Kartellwesen und zur Kartellpolitik. Zeitschr. f. d. ges. Staatswissenschaft. 54. Jahrg. S. 667.

[57] Das Rheinisch-Westfälische Kohlensyndikat. S. 153.

[58] Gewerbepolitik. S. 109.

[59] Vgl. Troeltsch, Die deutschen Industriekartelle vor und seit dem Kriege. S. 10.

von Unternehmungen, an denen sie beteiligt sind, gesichert oder erhöht wird, oder wenn der Zusammenschluß sich zwischen Unternehmungen vollzieht, an denen die gleiche Bank beteiligt ist[60]. Dazu kommen Vorteile aus Anlaß der Kartellbegründung.

### c) Das Kartell und die Arbeitnehmerschaft.

Während die Wirkungen auf Vorproduzenten und Banken geringem Interesse begegnet sind, ist der Einfluß der Kartellierung auf die Arbeitnehmer, zumal in der ersten Epoche der Kartelliteratur, Gegenstand ausgiebiger Betrachtung gewesen. Die soziale Frage stand damals in Deutschland im Mittelpunkt der wirtschaftswissenschaftlichen Untersuchungen. Die Kartellierung selbst wurde ja, wie wir zeigten, vorwiegend als eine Veränderung der soziologischen Verhältnisse angesehen und begrüßt. Von entscheidender Bedeutung war es deshalb, festzustellen, ob der Verbesserung der sozialen Beziehungen im Unternehmertum, die man von der Kartellierung erwartete, vorteilhafte Wirkungen auch für die Arbeiterschaft zur Seite gingen.

Kleinwächter[61] (1883) und Brentano[62] (1889) erwarten eine für die Arbeiter günstigere Verteilung des Sozialprodukts. Es wird zunächst ohne Beweis durch empirische Untersuchungen angenommen, daß den Arbeitern der Kartellindustrie ein Teil der Vorteile aus der Monopolausnützung bzw. aus der Beseitigung des ruinösen Wettbewerbs zufallen werde. Diesem Optimismus tritt Bücher[63] (1894) in vorsichtiger Beurteilung entgegen; „daß freiwillig eine kartellierte Industrie die Arbeiter ihrem Monopolgewinn entsprechend aufgebessert habe", sagt er, „davon weiß keiner unserer Berichterstatter zu melden". Die Befürchtung wird ausgesprochen, daß den Arbeitern aus der Stärkung der Unternehmerposition Nachteile erwachsen könnten. Pohle[64] (1898) glaubt, daß die Wirkung auf die Arbeiterklasse „nur ungünstig ausfallen" könne. „Offenbar ist es einem starken Kartell von Unternehmern leichter", schreibt Berdrow[65] (1898), „eine wider-

---

[60] Unter dem Gesichtspunkt der Kreditsicherung haben Banken oft ein erhebliches Interesse an der Kartellierung eines an sie verschuldeten Wirtschaftszweiges. Durch die Monopolrenten können unter Umständen sogar fehlinvestierte Kapitalien künstlich auf Kosten anderer Wirtschaftszweige rentabel gemacht werden.

[61] Die Kartelle. S. 92.

[62] Die Ursachen der heutigen sozialen Not. S. 24 u. 26.

[63] Schriften des Vereins für Sozialpolitik. Bd. 60. S. 149.

[64] Die Kartelle der gewerblichen Unternehmer. S. 113.

[65] Die Unternehmerkartelle und der Weg zum wirtschaftlichen Frieden. S. 77. Die Tatsache, daß „Arbeit Nordwest", d. h. also der den schwer-

spenstige Menge von Arbeitern zu unterwerfen, als einer Anzahl von Arbeitgebern, die durch erbitterten Wettbewerb voneinander getrennt und zerfallen sind". [Ähnlich urteilen Baumgarten und Meszleny[66] (1906), während Götzke[67] (1905) es für unverständlich hält, wie man eine lohngefährdende Wirkung der Kartelle überhaupt befürchten kann, da der Lohn im allgemeinen den wirtschaftlichen Verhältnissen folge, und da die Kartelle doch die Aufgabe hätten, diese zu verbessern (!)[68].]

Utsch („Kartelle und Arbeiter", Berlin 1911) hat als einziger die hier besprochene Frage systematisch untersucht. Die Schrift genügt allerdings den Anforderungen nicht, die man heute an eine solche Untersuchung stellen müßte. Sie ist zudem in ihren Voraussetzungen veraltet. Utsch zieht eine im wesentlichen für die Arbeiter günstige Bilanz. Sozialpolitische Mißstände, die auf die Kartelle zurückgehen, könne man nicht feststellen. Den Grund dafür sucht er in der Angst der Kartelle vor der Kritik der öffentlichen Meinung und in ihrem Bestreben, sich einen festen Arbeiterstamm zu erhalten. Wiedenfeld[69] (1905) vertritt in seiner Schrift über das Rheinisch-Westfälische Kohlensyndikat den Standpunkt, daß der größte Teil der Preiserhöhungen des Kohlensyndikats den Bergarbeitern zugeflossen sei. Nur die im Syndikat liegende Möglichkeit, die bewilligten Lohnerhöhungen auf den Verbraucher in den Preisen abzuwälzen, gebe die Grundlage für die starken Lohnsteigerungen der letzten Jahre ab. Hier wird die auch in neuerer Zeit oft vermerkte Solidarität zwischen Unternehmerschaft und Arbeitnehmerschaft der Monopolindustrien gegenüber der Verbraucherschaft hervorgehoben. „Je stärker sich die Macht des Syndikats durchsetzt", heißt es, „um so vorteilhafter für beide Teile der Produzentenschaft." In der Folge treten die Erörterungen über den Einfluß auf die Löhne in den Hintergrund. Vor allem werden statistische Nachprüfungen nicht mehr versucht, offenbar aus der Einsicht heraus, daß die Lohnbewegung von zu vielen Faktoren bestimmt ist, um in irgendeinem Fall auf die Kartelle zurückgeführt werden zu können. So kann denn auch Liefmanns Nachweis[70] (1927) steigender Löhne im Oberbergamtsbezirk Dortmund für die Vorkriegszeit wohl nicht als Beweis für die lohnsteigernde Wirkung der Syndizierung gemeint sein. Liefmann behandelt dort in vorsichtiger Ab-

---

industriellen Syndikaten entsprechende Arbeitgeberverband des Industriereviers als weitaus stärkste Arbeitgebergruppe gilt und als solche auch eine organisatorische Sonderstellung einnimmt, kann wohl als Beleg für die Richtigkeit dieser Anschauung angesehen werden.

[66] Die Kartelle und Trusts. S. 203.

[67] Das Rheinisch-Westfälische Kohlensyndikat. S. 135.

[68] Im Jahre 1903 streiten sich v. Rottenburg („Die Kartellfrage in Theorie und Praxis") und der Syndikus Dr. Tille über die Wirkungen der Syndikatsbildung auf den Lohn.

[69] Das Rheinisch-Westfälische Kohlensyndikat. S. 124 u. 125.

[70] Kartelle, Konzerne und Trusts. 7. Aufl. S. 88. Vgl. auch S. 96ff.

wägung die zum Teil entgegengesetzten Wirkungen, die für die Arbeiterschaft zu erwarten sind.

Man hat sich gefragt, ob die Kartelle über eine etwaige indirekte Beeinflussung hinaus auch eine aktive Arbeitsmarktpolitik betreiben. Auf der Tagung des Vereins für Sozialpolitik im Jahre 1905[71] kam es hierüber zwischen dem Vertreter der Hirsch-Dunckerschen Gewerkschaften und den Vertretern der Industrie zu einem scharfen Zusammenstoß. Heute, nachdem die Arbeitgeberverbände organisiert und nachdem die Löhne zwischen ihnen und den Arbeitnehmerverbänden mittels Tarifvertrag festgesetzt werden, hat dieses Problem an Bedeutung verloren. Liefmann[72] (1927) betont aber, daß entgegen den Behauptungen kartellierter Unternehmer und entgegen den Bestimmungen mancher Kartellstatuten auch heute noch von den Kartellen ein Einfluß auf die Arbeitsverhältnisse ausgehe. Die Aufgabe der früheren Isoliertheit erleichtere auch den Zusammenschluß der Arbeitgeber gegen die Arbeiter [vgl. hierzu auch Kestners (1912, 1927) Bemerkungen über die von manchen Kartellen bei Lieferungsverträgen durchgesetzte Streikklausel].

Ähnlich wie für die verschiedenen Gruppen der Käufer von Kartellprodukten lassen sich auch für die **Wirkungen der Kartelle auf die drei Gruppen, die an das Kartell „verkaufen"**, („Verkäufer" von Waren, von Kapital und von Arbeitskraft), trotz aller Verschiedenheiten im einzelnen, gewisse einheitliche Gesichtspunkte gewinnen:

Soweit wir es nicht mit Einkaufskartellen, sondern mit Produktionskartellen zu tun haben, braucht eine Wirkung auf die Belieferer des Kartells überhaupt nicht vorzuliegen. Das Kartell kann bestehen, auch wenn die einzelnen Mitglieder bei ihrem Einkauf, bei ihrer Kreditaufnahme und bei ihrer Anstellung von Arbeitskräften weiterhin uneingeschränkt miteinander konkurrieren und ihre volle Selbständigkeit bewahren. Die Wirksamkeit des Kartells hängt nicht von einer Veränderung der Nachfrageposition der Kartellunternehmer ab. Aus dem Zusammenschluß kann sich aber die Möglichkeit gemeinsamen Vorgehens ergeben, sei es auch nur in der Form der stillen Abrede. Kommt es zu Vereinbarungen über die Nachfrageoperationen, so liegt eine Beschränkung des Käuferwettbewerbs, d. h. also ein mit dem Produktions- oder Verkaufskartell verbundenes Einkaufskartell, vor. Dies wirkt sich wie jede Monopolisierung als erhöhte Machtstellung gegenüber dem Gegenkontrahenten und also zunächst zu deren Nachteil aus. Ist die Monopolisierung, wie z. B. heute auf dem Arbeitsmarkt, auch

[71] Schriften des Vereins für Sozialpolitik. Bd. 116. S. 38.

[72] Der Organisationszwang. S. 130.

ohne Kartellierung vorhanden, so tritt der Einfluß der Kartelle zurück. Die Nachteile der Gegenkontrahenten können unter Umständen durch anderweitige Vorteile kompensiert werden. So kann es geschehen, daß die Vorlieferanten, seien sie Warenproduzenten, Banken oder Arbeitnehmer, an den Monopolgewinnen der Kartelle teilnehmen, die diese als Verkäufer erzielen. Ob und in welchem Ausmaß ihnen das gelingt, hängt von den wechselseitigen Machtverhältnissen ab. Generell kann darüber nichts gesagt werden. Es ist möglich, daß die Arbeiterschaft in den Rohstoffindustrien zeitweilig höhere Löhne durchgesetzt hat, weil die Unternehmer im Hinblick auf ihre Abwälzungsmöglichkeit weniger Grund hatten, sich den Lohnansprüchen zu widersetzen oder auch umgekehrt die Arbeitnehmer bereit waren, sich mit Rücksicht auf die Lohnhöhe für eine Verstärkung der Monopolstellung, etwa durch Zollerhöhung, politisch einzusetzen.

## II. Die allgemeinen Wirkungen auf die Volkswirtschaft.

### A. Die Kartellierung und die Größe des Sozialproduktes.

Das Sozialprodukt oder der gesamtwirtschaftliche Ertrag ist bei gegebener Bevölkerungszahl bestimmt durch die Produktivität der Arbeit. Die Wirkungen der Kartellierung auf den Produktivitätsfortschritt sind daher hier in erster Linie zu betrachten. Zu untersuchen ist aber auch der Einfluß, den die Kartellierung auf die Ausnützung vorhandener Produktionsanlagen, auf die Errichtung neuer Anlagen und auf die Stetigkeit der Produktion hat.

#### 1. Die Kartelle und der Produktionsfortschritt.

Wir haben oben[73] dargelegt, daß die Produktionsförderung oder Rationalisierung zu den uneigentlichen Zielen der Kartellpolitik gehört. Es wäre denkbar, daß Kartelle in der Richtung auf ihre primäre Zielsetzung wirksam sein könnten, trotzdem sie den Produktionsfortschritt sogar hemmen würden. Zu fragen ist deshalb nicht nur nach dem Willen zur Rationalisierung, sondern auch nach der objektiven Eignung der Kartelle für die Produktionsförderung.

Die Befürchtung, daß die Kartelle den technischen Fortschritt hemmen könnten, ist schon den ersten Kartellschriftstellern bekannt. Brentano[74]

[73] Vgl. oben S. 67ff. und 79ff.

[74] Die Ursachen der heutigen sozialen Not. S. 25.

(1889) sucht sie zu beschwichtigen, indem er behauptet, die Konkurrenz höre nicht auf, sondern ändere nur ihr Ziel. Während früher der technische Fortschritt durchgeführt worden sei, um andere zu unterbieten, richte er sich jetzt darauf, die Differenz zwischen Produktionskosten und festgesetztem Preis und damit den Gewinn zu vergrößern. Damit ist die Frage aufgeworfen, ob der subjektive Ansporn zur Rationalisierung bei den einzelnen Unternehmungen der gleiche bleibt, wenn nicht mehr die Behauptung der wirtschaftlichen Existenz überhaupt, sondern nur der größere Gewinn auf dem Spiel steht. Schäffle[75] (1898) meint, der gesicherte Gewinn gäbe den Mut und die Mittel, „sich dem Erfinden" hinzugeben. In der Modeindustrie, sagt H. v. Beckerath[76] (1911), sei der Zwang zur Anpassung an die wechselnde Mode ein wirksames Gegengift gegen Einschläferung. Manche Schriftsteller weisen einfach auf die Erfahrung hin, aus der sich ergäbe, daß von einem Stillstand der Technik unter der Herrschaft des Kartells oder Syndikats nicht die Rede sein könne[77]. Wiedenfeld stellt in seiner Untersuchung über „Das Persönliche im modernen Unternehmertum"[78] (1911) fest, daß „einstweilen jene Gefahr des technischen Einschlummerns nicht verwirklicht wurde". Den Grund glaubt er darin zu finden, daß die Technik der deutschen Industrie wissenschaftlich orientiert sei. Sie bedürfe des Anstoßes eines drohenden Gewinnrückganges nicht. Petri[79] (1926) dagegen ist der Meinung, daß die kartellmäßige Preisstellung „einschläfernd" auf das Kostenbewußtsein wirke. Das unternehmerische Interesse konzentriert sich auf die Preispolitik; es kann geschehen, daß sich dadurch die Aufmerksamkeit und Energie vermindert, die für die Kostengestaltung und Kostenverminderung übrigbleiben[80]. Dem stehen allerdings Behauptungen wie die von A. v. Borsig[81] (1927) gegenüber, der von einer Verlagerung des Unternehmerstrebens vom Umsatz auf die Selbstkosten spricht. Er denkt dabei offenbar [ähnlich wie Wiedenfeld[82] (1905)] an die Syndikate, die ihren Mitgliedern den Verkauf der Ware abnehmen. Die Leiter der Unternehmungen, die einem Syndikat angehören, haben mit der Marktbeobachtung nichts mehr zu tun und können daher, wie Wiedenfeld

---

75 Zum Kartellwesen und Kartellpolitik. Zeitschr. f. d. ges. Staatswissenschaft. 54. Jahrg. S. 662.

76 Die Kartelle der deutschen Seidenwebereiindustrie. S. 181.

77 Vgl. Wiedenfeld über das Rheinisch-Westfälische Kohlensyndikat. 1905. S. 133ff.

78 S. 67.

79 Industrielle Kartellpreise und betriebliche Kosten. S. 39.

80 Vgl. unsere Ausführungen im Archiv f. Sozialwiss. u. Sozialpol., Bd. 59, S. 315ff.; siehe auch Kestner, Der Organisationszwang, 1912/1927, 2. Aufl., S. 144.

81 Die Kartellgeschichte in der deutschen Lokomotivindustrie. S. 47/48.

82 Das Rheinisch-Westfälische Kohlensyndikat. S. 141.

sagt, „jetzt alle Aufmerksamkeit auf den inneren Ausbau der Unternehmungen, auf die Technik und auf eine möglichst reibungslose Organisation" konzentrieren. In solchen Fällen entsteht die Gefahr, daß technische Fortschritte ohne Rücksicht auf ihre ökonomische Rationalität zur Durchführung kommen.

Der Produktionsfortschritt hängt aber nicht nur von den Maßnahmen der einzelnen Werke ab. Es kommt darauf an, daß der Ausleseprozeß unter den Werken sich in optimaler Weise vollzieht. Führt nicht die Kartellierung zur Erhaltung der wenig leistungsfähigen Betriebe? Pohle[83] (1898) sowohl als Baumgarten-Meszleny[84] (1906) weisen diese Auffassung mit der Begründung zurück, daß die leistungsfähigen Werke sich eine solche Hemmung nicht gefallen lassen würden. Das in den Kartellen lebende Genossenschaftsbewußtsein werde dazu führen, alle technischen Neuerungen sämtlichen Mitgliedern zur Verfügung zu stellen! Liefmann[85] (1927), der der Einwirkung der Kartelle auf den Produktionsfortschritt eine ausführliche Darstellung widmet, ist der Meinung, daß es volkswirtschaftlich vorteilhaft sein könne, wenn der Ausmerzungsprozeß sich unter dem Einfluß der Kartellierung verlangsame. „Der technische Fortschritt", schreibt er[86], „kann sich auch vom wirtschaftlichen Standpunkt aus zu schnell vollziehen, wenn die alten Werke noch nicht genügend amortisiert sind." Es seien aber keine Fälle bekannt geworden, daß Kartelle die Anwendung wichtiger technischer Verbesserungen verhindert hätten; sie seien vielmehr bestrebt, „den Übergang milder zu gestalten". Ähnlich schrieb Götzke[87] (1905) in Hinsicht auf das Rheinisch-Westfälische Kohlensyndikat, daß das Syndikat „die wirtschaftliche Auslese ebensowenig allgemein habe einschlafen lassen wie den technischen Fortschritt, sondern nur so weit, als sie ungesund gewesen wären".

Eine Hemmung des Produktionsfortschritts läge auch vor, falls die Kartelle die Erreichung optimaler Unternehmensgröße erschweren sollten, d. h. aber, wenn sie die Konzernbildung und Fusionierung dort, wo sie wirtschaftlich gerechtfertigt wäre, aufhalten würden. Nicht wenige Schriftsteller sehen den sozialen Vorteil der Kartellbildung in einer solchen Tendenz zur Erhaltung kleiner Einheiten. Es ist aber bekannt, daß in manchen Produktionszweigen die Konzernbildung aus der Kartellierung neuen Antrieb und neue Unterstützung gewonnen hat.

Wenn es umstritten ist, ob die bei freier Konkurrenz wirkenden Rationalisierungskräfte im Kartell ungehemmt, vielleicht sogar verstärkt zur Wirkung kommen, so besteht noch weniger Einigkeit darüber, ob die Kartellierung neue Rationalisierungsmöglichkeiten schaffe, die bei freier Konkurrenz nicht vorhanden wären. In welcher Richtung sie grund-

---

83 Die Kartelle der gewerblichen Unternehmer. S. 120.

84 Kartelle und Trusts. S. 195.

85 Vgl. Kartelle, Konzerne und Trusts. 7. Aufl. S. 105ff.

86 a. a. O. S. 107.

87 Das Rheinisch-Westfälische Kohlensyndikat. S. 68.

sätzlich liegen könnten, ist oben (vgl. S. 79ff.) dargelegt worden. Verdrow[88] (1898) hält eine Spezialisierung der Unternehmungen im Kartell für möglich. Auch Pohle[89] (1898) bespricht die lokale und sachliche Spezialisierung bei den Syndikaten. Die Möglichkeit der Senkung der Frachtkosten, des Kapitalrisikos u. a. m. wird überall besprochen. Eine Reihe von rationalisierenden Maßnahmen werden von Eucken[90] (1914) und Klotzbach[91] (1926) erwähnt; Müllensiefen[92] (1926) macht die Kartelle in ihrer Eigenschaft als Produktionsförderer zum Gegenstand einer besonderen Untersuchung und stellt die Fälle zusammen, in denen es gelungen ist, produktionsfördernde Maßnahmen einzelner Kartelle festzustellen.

Zu beachten bleibt, daß die Kartellierung selbst Kosten verursacht und insoweit also der kostensenkenden Rationalisierung entgegenwirkt. Hierauf macht insbesondere Kestner[93] (1912, 1927) in seinem Kapitel über die Bedeutung des Kartellzwangs für die Entwicklung der volkswirtschaftlichen Produktivität aufmerksam.

In der neueren Kartelliteratur wird die Eignung der Kartelle für die Durchführung von Rationalisierungsmaßnahmen vielfach besprochen. Nachdem die Behauptung aufgestellt worden ist, daß sich die Kartelle in wachsendem Maß oder vorwiegend der Rationalisierung widmen und mittels der von ihnen durchgeführten Rationalisierung volkswirtschaftlich rechtfertigen, gilt es festzustellen, ob die Kartellform des Zusammenschlusses hierfür überhaupt die nötige praktische Handhabe bietet. Daß die Trusts in dieser Art der Betätigung überlegen sind, dürfte heute nicht mehr umstritten sein[94]. Es sei nicht richtig, meint aber Wiedenfeld[95] (1927), „den Kartellen jede Wirkung auf Kostenersparnis abzusprechen". Auch „im Wege der horizontalen Betriebskonzentration", meint Gruntzel[96] (1928), lasse sich Kostenersparnis erzielen. Mannstaedt[97] allerdings nennt die Kartelle, unter den Gebilden der Zusammenschlüsse, die für Rationalisierungsbestrebungen am wenigsten geeignete Form. Sie seien aber dennoch bereits

---

[88] Die Unternehmerkartelle und der Weg zum wirtschaftlichen Frieden. S. 71.

[89] Die Kartelle der gewerblichen Unternehmer. S. 125. Vgl. hierzu O. Schulz-Mehrin, Die industrielle Spezialisierung. Schriften des Ausschusses für wirtschaftliche Fertigung. Nr. 2. Berlin 1920.

[90] Die Verbandsbildung in der Seeschiffahrt. S. 214.

[91] Der Roheisenverband. S. 271.

[92] „Kartelle als Produktionsförderer". Vgl. auch Eißfeldt (1928), Die Kartellierung der deutschen Elektroindustrie, über die normierende Betätigung der Kartelle in der Elektrotechnik.

[93] Der Organisationszwang. S. 161.

[94] Vgl. Tschierschky, Kartellorganisation. 1928. S. 22.

[95] Gewerbepolitik. S. 141.

[96] Die wirtschaftliche Konzentration. S. 20.

[97] Die monopolistischen Bestrebungen. S. 10.

in den Dienst dieser Aufgabe gestellt worden. Selbst Herle-Metzner[98] (1929), die die produktionsfördernde Wirkung der Kartelle nachdrücklich hervorheben, sprechen davon, daß tiefgreifende Rationalisierungsmaßnahmen den Kartellen infolge der kurzen Befristung der Verträge unmöglich seien. In Referaten, die in einer Vorstandssitzung des Reichsverbandes der Deutschen Industrie 1927 gehalten wurden[99], wendet sich Flechtheim nachdrücklich gegen die Übertreibungen bezüglich der Rationalisierungstätigkeit der Kartelle, während Reichert sich über die Verkennung des Wesens und Wirkens der Kartelle in der Öffentlichkeit beklagt. H. v. Beckerath[100] (1930) untersucht die „Fälle und Voraussetzungen", unter denen eine Reihe von rationalisierenden Maßnahmen bei bestimmten Kartellarten eintreten. Er nennt die Verbesserung der Warenqualität, reichlichere Kapitalbereitstellung, Vermeidung übermäßiger und ruckhafter Kapitalinvestition, Rationalisierung des Konditionenwesens, verbesserte Kalkulation und Typisierung der Waren. Sehr viel zweifelhafter, schreibt er, sei die Eignung der Kartelle als Werkzeug der Rationalisierung des inneren Betriebs in den kartellierten Unternehmungen[101]. Dazu käme auch noch ein „notwendig negativer Einfluß" der Kartellierung auf die rationelle Betriebsgestaltung, die sich aus der mehr oder weniger starren Kontingentierung des Absatzes und der Fixierung der Preise ergebe[102]. Es scheint Müllensiefen[103] (1926) vorbehalten gewesen zu sein, zu behaupten, daß die Kartelle zur Rationalisierung und Spezialisierung sogar besser geeignet seien als die Konzerne, weil in ihnen die Unternehmerinitiative im Gegensatz zu den bürokratisierten Konzernen erhalten bleibe. Tschierschky geht in seinem neuesten Werk[104] (1930) ausführlich auf diese Frage ein und kommt zu dem Schluß, daß die Rationalisierungsmaßnahmen „nur sehr beschränkt und bedingt im Rahmen organisierter Kartellpolitik zu höchster Wirkung zu bringen seien". Mit besonderer Schärfe ist Flechtheim[105] (1927) der Auffassung entgegengetreten, als ob die Rationalisierung Zweck der Kartellierung sei. „Ich glaube", schreibt er, „man muß sich darüber klar sein, daß die Kartellidee und die Idee der Rationalisierung an sich betrachtet etwas Gegensätzliches haben." In ähnlichem Sinn behandelt Reith[106] (1931) ausführlich den „Monopolkapitalismus als fortschritthemmende Erscheinung innerhalb der Industriewirtschaft". „Zwischen Monopol und technisch-wirtschaftlichem Fortschritt",

---

98 Neue Beiträge zum Kartellproblem. S. 11.

99 Vgl. Nr. 4 der Schriften der Kartellstelle des Reichsverbands der Industrie.

100 Der moderne Industrialismus. S. 309.

101 Ebenda, S. 316.

102 Ebenda, S. 319.

103 Kartelle als Produktionsförderer. S. 39.

104 Kartellpolitik. S. 21ff.

105 Schriften der Kartellstelle des Reichsverbandes der Industrie. Nr. 4. S. 10.

106 a. a. O., S. 36ff.

schreibt er, „besteht ein Gegensatz. Er beruht darin, daß der technische Fortschritt immer umwälzend wirkt, während bei der Schaffung eines Monopols ein gewisses Ruhebedürfnis neben anderen Faktoren nicht unwesentlich mitspricht." (Es sei erwähnt, daß R. nur die Syndikate des Rohstoffproduzenten als wirksame Monopolorganisationen ansieht[107].) Keiser[108] (1931) hält „die These vom rationalisierenden, kostensenkenden Einfluß der Kartelle" als „bereits mit hinreichender Deutlichkeit" widerlegt und eine weitere Erörterung deshalb für überflüssig. Der Generalbericht des Enqueteausschusses[109] (1930) spricht davon, daß auch viele Kartelle im Anschluß an das Schlagwort der Rationalisierung die Verwirklichung dieses Postulates für die Kartellierung in Anspruch genommen hätten, und fährt dann fort: „Die Untersuchungen der Arbeitsgruppe haben jedoch ergeben, daß von einer allgemeinen Ausrichtung der Kartellpolitik auf wissenschaftliche Durchdringung und wirtschaftliche Einzelgestaltung der Betriebe sowie auf Neuorientierung der gemeinschaftlichen Preisgestaltung unter Zugrundelegung so gewonnener Unterlagen heute noch nicht gesprochen werden kann."

Da und dort wird die Meinung vertreten, der Bezug von Monopolrenten fördere die Rationalisierung, indem sie dem Unternehmer die Mittel in die Hand gebe, um produktionsfördernde Maßnahmen durchzuführen[110]. Eine ähnliche Auffassung kommt dort zum Ausdruck, wo gesagt wird, daß die Kartelle den Unternehmern die nötige Ruhe und Sicherheit zur Durchführung von Rationalisierungsmaßnahmen gewähre[111].

Versucht man, die verschiedenen in den Kartellen wirkenden und einander zum Teil entgegenlaufenden Tendenzen in bezug auf die Produktionsförderung zusammenzufassen, so ergibt sich folgendes Bild:

Der kartellmäßige Zusammenschluß geschieht nicht in erster Linie zum Zwecke der Rationalisierung und ist seiner Form nach auch weniger dafür geeignet als ein Zusammenschluß, der die Selbständigkeit der einzelnen Unternehmungen aufhebt. In vielen Fällen wird sich auch der nicht-monopolistische Verband auf dem Gebiete der Rationalisierung dem Kartell überlegen zeigen. Bei ihm konzentriert sich, wie wir an anderer Stelle[112] ausgeführt haben, die Aufmerksamkeit auf die

---

[107] a. a. O., S. 14.

[108] a. a. O., S. 64.

[109] 1. Unterausschuß, 3. Arbeitsgruppe, 4. Teil, 1. Abschnitt. S. 13.

[110] Vgl. Schäffle, Zum Kartellwesen und zur Kartellpolitik, Zeitschr. f. d. ges. Staatswissenschaft, 54. Jahrg., S. 662; Wiedenfeld, Das Rheinisch-Westfälische Kohlensyndikat, S. 141; Mannstaedt, Die monopolistischen Bestrebungen. S. 18.

[111] Vgl. H. v. Beckerath, Reparationsagent und deutsche Wirtschaftspolitik. S. 60.

[112] Arch. f. Sozialwiss. u. Sozialpol. Bd. 58. Heft 2. S. 316.

reinen Verbandsziele, zu denen vor allem auch die Rationalisierung gehört. Die Produktionsförderung wird aber als Nebenbetätigung von manchen Kartellen doch in Angriff genommen und scheint sich an manchen Stellen in neuerer Zeit stärker zu entwickeln und größerer Aufmerksamkeit zu erfreuen.

Die Entwicklung dieser Nebentätigkeit von seiten der Kartelleitung ist um so notwendiger, als erstens die Kartellierung Kosten erzeugt, die volkswirtschaftlich nur durch kompensierende Produktionsfortschritte gerechtfertigt werden können und als zweitens die Gefahr besteht, daß der individuelle Antrieb zur Produktionsförderung in den einzelnen angeschlossenen Unternehmungen durch die Kartellierung sich abschwächt. Der Ausleseprozeß wird ohne Zweifel gehemmt; den Kartellen wird ja nachgerühmt, daß sie die Vernichtung vieler kleiner und mittlerer Unternehmen verhindern. Die Frage, ob es einen volkswirtschaftlich zu raschen Produktionsfortschritt geben kann und ob sich deshalb die Kartelle durch Abschwächung oder Verlangsamung insbesondere des Ausmerzungsprozesses volkswirtschaftlich ein Verdienst erwerben, bedürfte einer sorgfältigen theoretischen Untersuchung. Ob die Fusionierung oder Vertrustung gehemmt wird, läßt sich nicht allgemein sagen. (Soweit es nicht der Fall ist, entfällt der vielfach betonte Vorzug einer „Erhaltung des Mittelstandes".) Für durchgreifende Rationalisierungsmaßnahmen, wie etwa für eine Spezialisierung der Unternehmungen, ist das Kartell ungeeignet. Andere kostensenkenden Maßnahmen sind aber nicht ausgeschlossen. Nicht hierher gehört die Frage, ob die Rationalisierung sich in einer Preissenkung teilweise oder voll auswirke. Selbst wenn sie es nicht tut, ist sie volkswirtschaftlich vorteilhaft. [Anderer Meinung scheint Pohle (1898) zu sein[113].] Ein hoher Kartellpreis, der keine Monopolrente gewährt, weil sie durch hohe Kosten aufgezehrt wird, ist selbstverständlich volkswirtschaftlich betrachtet das größere Übel.

### 2. Die Kartelle und die Ausnützung vorhandener Produktionsanlagen.

Wenn es feststeht, daß der primäre Zweck der Kartelle die Verbesserung des Preisergebnisses mittels Wettbewerbsbeschränkung ist, so ist damit schon gesagt, daß ihr Ziel eine relative Beschränkung oder

[113] Die Kartelle der gewerblichen Unternehmer. S. 123.

Niedrighaltung des Gesamtangebots der kartellierten Ware sein muß. Soweit es den Kartellen nicht gelingt, die Angebotsbeschränkung dadurch herbeizuführen, daß sie rechtzeitig die Entstehung neuer Produktionsanlagen verhindern, muß sie die Form einer Produktionseinschränkung annehmen[114]. Das Ausmaß der Niedrighaltung oder Beschränkung der Produktion und damit der Grad der Ausnützung der Produktionsanlagen ist naturgemäß von Fall zu Fall verschieden. Es hängt von der Kostenprogression, von der Elastizität der Nachfrage und anderem mehr ab, welcher Grad der Ausnützung des fest investierten Kapitals lohnend wird; es hängt von der Haltbarkeit des Kartells ab, welcher Grad der Produktionseinschränkung durchführbar ist[115].

Liefmann[116] (1897) meint, die Produktionskartelle „sollten weniger dazu dienen, eine vorhandene Überproduktion zu beseitigen als eine zukünftige zu verhüten". Er hält aber eine mißbräuchliche Einschränkung nicht für wahrscheinlich, da jede größere Produktionseinschränkung die Produktionskosten zu stark erhöhe. Einen besonderen Nachteil sieht er in einer durchgehenden Beschränkung der Produktion aller Betriebe; volkswirtschaftlich nützlicher wäre die singuläre Betriebseinstellung. Es wird immer wieder hervorgehoben, daß auch die Kartelle zu Stillegungen ganzer Werke schreiten. Als vorherrschende Methode kann diese Art der Produktionseinschränkung aber nicht gelten. Gruntzel[117] (1902) rechtfertigt die Betriebseinschränkung oder Stillegung durch die Kartelle damit, daß sie nur eine eingetretene Überproduktion dokumentiere, also auch ohne Kartellierung eintreten müßte. Die Methode der Einschränkung oder Auslese wird von ihm nicht berücksichtigt. „Die allgemeine Einschränkung des Angebots", schreibt Hammesfahr[118] (1930), „stellt eine der wichtigsten Maßnahmen der Kartellpolitik zur

---

[114] Die bloße Absatzeinschränkung, die Kestner (1912, 1927) als den Mittelpunkt der Kartelltätigkeit ansieht, führt zur Überfüllung der Lager, wenn sie nicht mit einer Produktionseinschränkung verbunden wird.

[115] Vgl. hierüber Kestner, Organisationszwang, 1912 und 1927, S. 171; Wiedenfeld, Gewerbepolitik, 1927, S. 137; Schmalenbach, Grundlagen der industriellen Selbstkostenrechnung, 1930, S. 32ff. Es kommt nicht bloß auf das Ausmaß der Produktionseinschränkung an. Volkswirtschaftlich wichtiger ist die Frage, welche Teile der Produktionsanlage im Falle einer Überproduktion ausgeschaltet werden. Auch bei freier Konkurrenz muß ein Teil der Produktionskapazität ausgeschaltet werden, wenn der Wettkampf ruinös wird; volkswirtschaftlich interessiert die Frage nach der Rationalität des angewandten Ausleseprinzips; vgl. darüber oben S. 101.

[116] Die Unternehmerverbände. S. 153ff.

[117] Über Kartelle. S. 119.

[118] Kartellbeteiligungsziffern. S. 239.

Regelung der Marktverhältnisse dar. Gerade die schrankenlose Vermehrung der Erzeugnisse bzw. der Transportmittel und das sich daraus ergebende Überangebot der einzelnen Unternehmungen ist ja die Ursache für den Zusammenschluß in Kartellen und führt zur Festsetzung von Beteiligungsziffern mit dem Ziel, eine derartige Außerachtlassung der Absatz- bzw. Beschäftigungsmöglichkeiten in Zukunft zu verhindern." Er fügt hinzu: „Aufgabe der Kartelle ist es, die sich aus der Ungunst der Marktverhältnisse für die Gesamtheit der Mitglieder ergebende Minderbeschäftigung gleichmäßig zu verteilen." Die Art, wie dies beim Quotensystem geschieht, wird dort ausführlich behandelt[119]. Hammesfahr ist allerdings der Meinung, daß der Vorwurf „künstlicher Erzeugungseinschränkung" unangebracht sei, da es sich um Warenmengen handle, für die kein Bedürfnis bestehe!

Trotzdem Dobretsberger und Hammesfahr, von zwei verschiedenen Gesichtspunkten ausgehend, das Problem der Produktionseinschränkung immer wieder berühren, fehlt es doch an einer ausdrücklichen und gründlichen Untersuchung über die Ausnützung vorhandener Produktionsanlagen durch die Kartelle[120]. Insbesondere wäre die Stilllegung mittels Aufkauf, wie sie vornehmlich in den Syndikaten vorkommt, unter volkswirtschaftlichen Gesichtspunkten eingehender zu betrachten[121].

### 3. Die Kartelle und die Errichtung neuer Produktionsanlagen.

Das eigentliche volkswirtschaftliche Übel, dem mit der Produktionseinschränkung begegnet werden soll, ist nicht die Überproduktion, sondern die Überkapazität, d. h. das Übermaß der in einem Produktionszweig festgelegten Produktionsanlagen. Es ist daher für die volkswirtschaftliche Beurteilung der Kartelle von größter Bedeutung, ob sie den Eintritt dieses Tatbestandes der Überkapazität zu hemmen oder zu fördern die Tendenz haben.

Berdrow[122] (1898) war der Meinung, die Kartelle hätten die günstige Wirkung, leichtsinnige Neugründungen zu verhindern. Er denkt dabei

---

119 Ebenda. S. 241.

120 Wir kommen unten (S. 114f.) bei Besprechung der Konjunktur nochmals darauf zurück.

121 Vgl. hierüber Pohlmann-Hohenaspe, Der Staat und die Syndikate (1912), S. 49; Wiedenfeld, Das Rheinisch-Westfälische Kohlensyndikat (1912), S. 143. Für die Produktionsbeschränkung bietet die Zementindustrie reichhaltiges Material. Vgl. z. B. Timmermann, Das Kartellproblem in der rheinisch-westfälischen Zementindustrie, S. 89.

122 Die Industriekartelle und der Weg zum wirtschaftlichen Frieden. S. 73.

an die Erschwerung der Gründung von Außenseiterwerken. Das Kartell kann aber auch einen Anreiz zur Gründung von Außenseiterwerken bieten, dann nämlich, wenn Aussicht besteht, sich vom Kartell zu einem Liebhaberpreis aufkaufen zu lassen. [Vgl. Vogelstein[123] (1928) und Lucae[124] (1929).] Wichtiger ist die Frage, ob sich die Produktionskapazität der Mitgliederunternehmungen mehr oder weniger erhöht als bei freier Konkurrenz. Liefmann[125] (1910) spricht davon, „daß die Kartellbildung stark zur Vergrößerung der Produktion der Unternehmungen, besonders aber zur Errichtung immer neuer Unternehmungen anreizt. In Zeiten günstiger Konjunktur lassen die Kartelle in der Regel ihren Mitgliedern freie Hand, Vergrößerungen vorzunehmen, und diese dehnen daher oft ihren Betrieb übermäßig aus in der Hoffnung, daß das Kartell auch in ungünstigen Zeiten ihnen Beschäftigung schaffen werde". Damit ist der wesentliche Gesichtspunkt hervorgehoben. Auch später[126] (1927) spricht Liefmann davon, daß die Kartellierung zu einer „ungesunden Ausdehnung der Industrie", wie sich immer häufiger herausgestellt habe, Anlaß gegeben hat. H. v. Beckerath[127] (1928) hält es für möglich, daß Preiskartelle übermäßige Kapitalinvestitionen verhindern; er fügt aber hinzu, daß eine Übersteigerung der Preise und Gewinne zu neuen Kapitalinvestitionen in der betreffenden Industrie führe. „Straffe Syndikate", sagt Wiedenfeld[128] (1927), geben die Unterlage ab, „daß freie Kapitalien sich ohne Rücksicht auf die voraussichtliche Bedarfsentfaltung in die geschützten Industriezweige ergießen". Lehnich[129] (1928) sieht diese Gefahr nur dort, wo die Kartelle Gewinne ermöglichen, „die über dem normalen Durchschnitt liegen". Es leuchtet ein, daß die Kartelle eine Attraktion nur ausüben können, wo sie wirksam sind! „Je wirkungsvoller... ein Kartell für seine Mitglieder ist...", schreibt Liefmann[130] (1927), „um so größer ist natürlich der Anreiz zur Gründung neuer Unternehmungen." (Vgl. die von ihm angeführten Beispiele.) Schmalenbach[131] (1928) scheint der Meinung zu sein, daß ganze Industriezweige unter allen Umständen die Tendenz hätten, ihre Kapazität ohne Rücksicht auf die Nachfrage immer weiter auszudehnen.

Die Kartelle üben einen Einfluß auf die Investierung aber nicht bloß durch ihre Preis- und Produktionspolitik aus. Die Erhöhung der Gewinne und damit der höhere Grad von Kapitalbildung bei den Mitgliederunter-

---

[123] Monopol- und Individualrecht. Deutscher Volkswirt. 1927/28. S. 1701.
[124] Außenseiter von Kartellen. S. 19.
[125] Kartelle und Trusts. S. 69.
[126] Kartelle, Konzerne und Trusts. 7. Aufl. S. 82.
[127] Reparationsagent. S. 57.
[128] Gewerbepolitik. S. 142.
[129] Kartelle und Staat. S. 180.
[130] Kartelle, Konzerne und Trusts. 7. Aufl. S. 78.
[131] Zeitschr. f. handelswissenschaftl. Forschung. 1928. Heft 5.

nehmungen gibt diesen die Verfügung über Investition suchende Kapitalien. Lederer[132] (1927) glaubt konstatieren zu können, daß diese Kapitalmittel überwiegend in den eigenen Betrieben investiert würden; daraus entstünden die schweren Disproportionalitäten, welche für die Krisen der modernen Industriewirtschaft so kennzeichnend sind. Die erhöhte Investitionstätigkeit in der Depression, die von den Kartellen ausgehen soll, hält er allerdings für einen ungewollten volkswirtschaftlichen Vorteil. Nicht immer aber ist diese Expansion der Mitgliederunternehmungen auf dem Wege der Selbstfinanzierung möglich. Hohe Gewinne, verbunden mit Produktionseinschränkung, schreibt Morgenroth[133] (1907), treiben zur Anlage in anderen Industriezweigen. Die Entstehung gemischter Werke erklärt sich zu einem Teil daraus, daß die Kartellkonzerne ihre eigenen Mittel in der nächst benachbarten kartellfreien Produktionsstufe anzulegen trachten.

Der Zusammenhang zwischen Kartellierung und Investierung bedürfte einer gründlichen Untersuchung. An empirischem Material würde es nicht fehlen; man brauchte nur etwa an die Zementindustrie oder die deutsche Kali-Industrie zu denken. Sowohl das Ausmaß wie die Richtung der Investierung werden durch die Kartellbildung beeinflußt. Eine Reihe von teils parallelen, teils einander entgegenwirkenden Kräfte treten in Aktion:

Die Verbesserung des Preis- und Gewinnergebnisses infolge wirksamer Monopolausnützung übt eine Attraktion auf Anlage suchendes Kapital aus. Es besteht zunächst deshalb die Tendenz sowohl zu erhöhter Expansion der Mitgliederwerke als zur Schaffung von Außenseiterunternehmungen. Der Expansion innerhalb des Kartells stehen produktionseinschränkende Vereinbarungen entgegen; die wirksame Ausnützung der Monopolstellung setzt eine gemeinsame Produktionseinschränkung voraus. Jedes einzelne Mitglied hat aber ein Interesse daran, an dem im ganzen niedrig gehaltenen Gesamtumfang der Produktion und des Absatzes einen möglichst großen Anteil zu nehmen. Die Expansion dient daher als Mittel des Quotenkampfes. Darüber hinaus wird sie von solchen Unternehmungen betrieben werden, die sich auf Zeiten erneuten Wettkampfes vorzubereiten wünschen. Die Verfügung über Mittel der Selbstfinanzierung, die ohne Zinslast für das Unternehmen verwendet werden können, vermindert die Vorsicht bei Ausdehnung der Kapazität. Die Gründung von Außenseiterwerken

---

[132] Monopole und Konjunktur. Ergänzungshefte zu den Vierteljahrsheften für Konjunkturforschung. S. 26.

[133] Die Exportpolitik der Kartelle. S. 105.

ist nicht in allen Fällen möglich. Hat das Kartell monopolistische Macht über entscheidende Produktionsfaktoren oder die ausschließliche Macht über den Absatzmarkt, so wird die außerkartellmäßige Erweiterung der Produktionsanlagen sogar unmöglich gemacht. Dazu kommt, daß die Furcht vor einem Konkurrenzkampf mit einem starken Kartell abschreckend wirkt. Überschreiten dagegen die Kartelle in ihrer Preispolitik die Grenzen ihrer Monopolstellung, so wird das Entstehen von Außenseiterunternehmungen gefördert.

### 4. Die Kartelle und die Konjunkturbewegung.

Bei der Besprechung der Ursachen der Kartellierung zeigte sich der enge Zusammenhang zwischen den Rückschlägen der Konjunktur und der Begründung von Kartellen. Dort wurde gesagt, daß es die wesentliche Aufgabe der Kartelle sei, ihre Mitglieder vor den schädigenden Folgen des Konjunkturniedergangs zu schützen. Hier wird gefragt, ob die Kartellierung nicht darüber hinaus geeignet sei, die Konjunkturrückschläge oder, wie man früher sagte, die Krisen, selbst zu verhindern oder zu mildern.

In der Literatur ist immer wieder versucht worden, aus den Erfahrungen abzulesen, ob eine solche krisenmildernde Wirkung festzustellen sei. „Befragt man die Statistik der Dividenden und der Preise", schreibt Schönlank[134] (1890), „nach den Erfolgen der Kartelle, so erhält man eine äußerst günstige Antwort..." „Anstatt des sprunghaften Wechsels von fieberhaftem Schaffen und flauen Zeiten tritt eine größere Kontinuität des Wirtschaftens." Zurückhaltender sagt Berdrow[135] (1898): „Sie haben weder die Krisen zu beseitigen noch die Überproduktion oder Unterkonsumtion zu verhindern vermocht, aber einen Ansatz dazu kann man ihnen nicht absprechen." Durch die Krise von 1901 wird die Erörterung auf konkrete Tatbestände gelenkt. Die Rohstoffsyndikate haben, wie L. v. Wiese („Die rheinisch-westfälische Eisenindustrie in der gegenwärtigen Krisis") schreibt, ihre Feuertaufe zu bestehen gehabt. Ihr Einfluß wird sehr verschieden beurteilt. „Die ausgleichende und mildernde Wirkung der Kartelle", sagt Gruntzel[136] (1902), „ist gelegentlich der Krise von 1901 in Deutschland beobachtet worden." Vogelstein[137] (1902) untersucht die Wirkungen der Kartelle auf den Kon-

---

[134] Die Kartelle. Arch. f. soziale Gesetzgebung u. Statistik. 3. Bd. S. 520 u. 524.

[135] Die Industriekartelle und der Weg zum wirtschaftlichen Frieden. S. 69.

[136] Über Kartelle. S. 126.

[137] Die Industrie der Rheinprovinz. S. 95.

junkturverlauf für die ganze Zeit von 1888—1901. In manchen Zeitabschnitten glaubt er eine „mäßigende Wirkung" feststellen zu können, zu anderen Zeiten hätten sie nicht einmal den Versuch dazu gemacht. Vor allem sei es für die Zeit nach 1898, meint er, „nach den klaren Zahlen ... einfach unmöglich", dies von ihnen zu behaupten. Eulenburg[138] (1902) tritt der Auffassung von Gruntzel scharf entgegen und schreibt: „...selten haben sich wohl die Erwartungen, die die Nationalökonomen an eine neue Erscheinung knüpften, weniger erfüllt als gerade hier." Es sei allerdings auch nicht richtig, wenn manche Leute die Kartelle jetzt für die Entstehung der Krise direkt verantwortlich machen wollen. Eine Gegenüberstellung der verschiedenen Auffassungen, soweit sie die rheinisch-westfälische Eisenindustrie betreffen, gibt Völcker[139] (1903). Interessant ist, was er dort als die Meinung der in der Kartellbewegung stehenden Persönlichkeiten wiedergibt: die Kartelle hätten während der Hochkonjunktur einen mäßigenden Einfluß ausgeübt und in den Zeiten des Abflauens der Nachfrage mit wenigstens teilweisem Erfolg allzu schwere Erschütterungen des Wirtschaftslebens verhindert. „Man dürfe jedoch nicht vergessen, daß die Kartelle nicht in erster Linie volkswirtschaftliche Interessen zu vertreten hätten, sondern dazu dienen sollten, den Zweck jeder kaufmännischen Tätigkeit zu erfüllen, nämlich die Rentabilität der Betriebe zu erzielen." Mit auffallender Schärfe äußert sich Matern[140] (1904): „Geradezu unbegreiflich erscheint das Verhalten gewisser Rohstoff- und Halbzeugsyndikate nach Anbruch der letzten Krise. Das bei dieser Gelegenheit bekundete Maß von Rücksichtslosigkeit gegenüber der weiterverarbeitenden Industrie muß einem logisch denkenden Menschen ganz unfaßbar erscheinen." Das Verhalten des Rheinisch-Westfälischen Kohlensyndikats, das vor der Krise langfristige Abschlüsse zu hohen Preisen getätigt hatte, unterliegt besonders heftiger Kritik. (Vgl. die Verhandlungen des Deutschen Juristentages 1902 und die Verhandlungen des Vereins für Sozialpolitik 1905[141].) Götzke[142] (1905) setzt sich mit dieser ausführlich und in sachlicher Weise auseinander; er kommt im ganzen zu einem günstigen Urteil über das Verhalten des Syndikats. Er ist der Meinung, daß dieses in richtiger Weise „ohne Überstürzung und ohne Übertreibung den Veränderungen der Nachfrage gefolgt" sei und also eine „nach oben und unten stetige Preishaltung" verfolgt haben. [Vgl. hierzu auch Wiedenfeld[143] (1912) und Klotzbach[144] (1926).] In der Folgezeit tritt die Diskussion über

---

138 Die gegenwärtige Wirtschaftskrise. Conrads Jahrbücher. Neue Folge. 24. Bd. S. 362.

139 Bericht über das Kartellwesen in der inländischen Eisenindustrie. S. 21ff.

140 Die Entwicklung der Unternehmerverbände in Deutschland. S. 293.

141 Bd. 116, S. 237ff.

142 Das Rheinisch-Westfälische Kohlensyndikat. S. 177ff.

143 Das Rheinisch-Westfälische Kohlensyndikat. S. 147.

144 Der Roheisenverband. S. 101ff.

die Wirkungen einzelner Kartelle oder Kartellgruppen auf bestimmte Konjunkturperioden vor den allgemeinen Erörterungen über Preis- und Konjunkturstabilisierung zurück. In allerneuester Zeit beginnt sich die öffentliche Meinung mit der Frage der Wirkung der Kartelle auf die gegenwärtige Wirtschaftskrise lebhaft zu interessieren. „Der Ruf nach Lockerung von Marktbindungen geht um", heißt es im Generalbericht des Enqueteausschusses[145]. Zu Niederschlägen in der Kartelliteratur außerhalb der Tagespresse und der Zeitschriften ist es bis jetzt unseres Wissens nicht gekommen.

Besteht hinsichtlich der Frage, ob krisenmildernde Wirkungen eingetreten sind, Uneinigkeit, so scheint über die Art, wie eine solche Konjunkturstabilisierung, wenn überhaupt, von den Kartellen auszugehen vermöchte, Übereinstimmung zu herrschen. Wir zeigten früher[146], daß viele Kartellschriftsteller eine preisstabilisierende Politik der Kartelle glauben feststellen zu können. Von dieser Preisstabilisierung wird die Krisenmilderung oder, wie es heute heißt, die Konjunkturstabilisierung erwartet.

Da die Preisstabilisierung als „Mäßigung" im Aufschwung angesprochen wird, so wird die Konjunkturstabilisierung nur von „gut geleiteten" (Stern, 1909)[147] Kartellen oder von solchen, deren Leitung auf einer „hohen wirtschaftlichen und ethischen Stufe" steht[148], erwartet. Da ferner die Preisstabilisierung in größerem Ausmaß nur bei starker Monopolisierung möglich ist, so wird die Konjunkturstabilisierung in der Regel auch nur von den Rohstoffkartellen oder eigentlichen Monopolkartellen erwartet. Skeptisch verhalten sich zu der Krisenmilderung aber nicht nur die Schriftsteller, die an die preisstabilisierende Politik nicht glauben, sondern auch diejenigen, die aus theoretischer Überlegung die Preisstabilisierung als ein an sich ungeeignetes Mittel zur Konjunkturstabilisierung ansehen. Sie befinden sich damit im Einklang mit der gesamten Konjunkturlehre, die, so viel wir sehen können, nirgends die Stabilisierung bestimmter Preise oder Preisgruppen als Mittel der Bekämpfung des Pendelschlags der Konjunkturen empfiehlt. (Die Schrift von Alfred Müller, „Ökonomische Theorie der Konjunkturpolitik", Köln 1926, setzt sich zwar mit der kartellmäßigen Preisstabilisierung auseinander, kommt aber zu dem Schluß, daß die Preisregulierung durch Kartelle nur dann die Überwindung der Depression beschleunigen würde, wenn sie, umgekehrt wie es geschieht, durch Preisherabsetzung neue Nachfrage in den Markt zöge.) In der Kartelliteratur hat

---

145 1. Unterausschuß, 3. Arbeitsgruppe, 4. Teil, 1. Abschnitt. 1930. S. 14.

146 Vgl. oben S. 61 ff.

147 Die Kartelle in der Textil- und Bekleidungsindustrie. S. 36.

148 Baumgarten und Meszleny, Kartelle und Trusts. 1906. S. 218.

zuerst Pohle[149] (1898) die als so vorteilhaft gerühmte Stabilisierung der Preise „einen etwas fragwürdigen Vorzug“ genannt. Wo die Kartelle bestünden, versage das „selbsttätig wirkende Korrektiv“. Eulenburg[150] (1902) erklärt, daß der Vorteil einer Stabilisierung der Preise durch andere Nachteile aufgehoben werde. „Die Syndikate“, schreibt er, „wälzen das Risiko der Depression nach Möglichkeit ab.“ Ähnlich schreibt Pohlmann[151] (1912): „Die gerühmte Politik der stabilen Preise läuft darauf hinaus, die Industrie zu belasten, wenn sie sich in einer Notlage befindet, aber zu schonen, wenn es ihr gut geht.“ Erscheint hier die Preisstabilisierung als bloße Abwälzung der Depressionsschäden auf andere, so zeigen die Überlegungen von Götzke[152] (1905), daß durch Preisstabilisierung auch im Aufschwung Schäden entstehen können, die die Krise verschärfen. Wenn das Kohlensyndikat im Aufschwung vor 1900 die Preise nicht erhöht hätte, so würde, meint er, „die Vergrößerung und Vermehrung der Erzeugungsstätten in der Eisen- und den ihr verwandten Industrien mangels jeder Preissteigerung des wichtigsten Rohstoffes noch stärker und unnatürlicher werden, als sie es ohnehin schon war, und entsprechend auch später der Rückschlag und die Übererzeugung“.

Wenn die Stabilisierung der Kartellpreise die Schäden abwälzt oder unter Umständen sogar krisenverschärfende Wirkungen hat, so muß es möglich sein, theoretisch den Gegensatz zwischen Preisstabilisierung und Konjunkturstabilisierung klarzustellen. Das ist erst in neuester Zeit geschehen, und zwar zunächst von Lederer[153] (1927) und neuerdings von Löwe[154] (1930). Beiden kommt es darauf an, zu zeigen, daß eine Stabilisierung der Konjunktur nur von einer Stabilisierung des Preisniveaus erwartet werden kann. Damit ist gesagt, daß sie von der Kreditseite, nicht von der Gestaltung einzelner Preise auszugehen hat. Daß die Preisstabilisierung gar nicht den gleichen Zweck verfolgt als eine Politik der Konjunkturausgleichung, ergibt sich aber noch aus einer anderen Erwägung. Die Konjunkturpolitik zielt auf Gleichmäßigkeit der Beschäftigung, sowohl der Arbeiterschaft als der Produktions-

---

[149] Die Kartelle der gewerblichen Unternehmer. S. 100.

[150] Die gegenwärtige Wirtschaftskrise. Conrads Jahrbücher. Neue Folge. Bd. 24. S. 370.

[151] Der Staat und die Syndikate. S. 25.

[152] Das Rheinisch-Westfälische Kohlensyndikat. S. 177ff.

[153] Monopole und Konjunktur. Ergänzungshefte zu den Vierteljahrsheften für Konjunkturforschung. 1927. S. 26ff.

[154] Enqueteausschuß, 1. Unterausschuß, 3. Arbeitsgruppe, 4. Teil, 2. Abschnitt, S. 392.

anlagen. Preisstabilisierung dagegen bedeutet, unter der Voraussetzung, daß die Nachfragelage sich verändert, Entstabilisierung der Produktion und der Beschäftigung[155].

Wir haben[156] auf die Eigentümlichkeit hingewiesen, die darin besteht, daß in der Kartellehre immer wieder behauptet wird, die Kartellierung führe zu einer „Gleichmäßigkeit der Preise und Beschäftigung" [Gruntzel[157] (1928)], des „Absatzes und der Preise" [Liefmann[158] (1927)]. An anderer Stelle allerdings sagt Liefmann richtig, die Kartelle paßten die Produktion der jeweiligen Nachfrage an, aber nicht die Preise, die freie Konkurrenz dagegen zwar die Preise, aber nicht die Produktion[159]. Mit aller Entschiedenheit unterscheidet Tschierschky (1930) die Preisstabilisierung von einer volkswirtschaftlich wünschenswerten Konjunkturpolitik[160]. Das Ergebnis der Preisstabilisierung sei nur eine Verschiebung innerhalb des gesamten Wirtschaftskörpers zugunsten der kartellierten Gewerbe. „Man greift wohl kaum daneben", schreibt er, „wenn man diese bisherige Kartellpreispolitik vorwiegend als eine einfache Abwälzungsmethode privatwirtschaftlicher Risiken anspricht..." Noch deutlicher drückt sich Schmalenbach (1930) aus: „In Wirklichkeit sind die mit der Kartellierung verbundenen ‚Preisregelungen', volkswirtschaftlich gesehen, äußerst ungünstig", schreibt er. „Sie machen einen Bedarf latent, der nach der Lage der Sache nicht latent bleiben sollte. Und wenn sie (die Kartelle) bei steigenden Preisen die Preise sich nicht voll auswirken lassen, so ist es ebenfalls, gemeinwirtschaftlich gesehen, nicht zu loben[161]." (Auf S. 100ff. wird von Schmalenbach die Meinung, daß Preisstabilisierung durch Kartelle volkswirtschaftlich vorteilhaft sei, eingehend widerlegt.) Es ist angesichts dieser Kritik der Kartellwirkungen auf die Konjunkturbewegung verwunderlich, wenn der „Generalbericht des Enqueteausschusses"[162] sagt: „Ziemlich allgemein wird zugegeben, daß die Ausdehnung der Kartellierung mildernd auf die Konjunkturschwankungen wirke" und unter bestimmten Voraussetzungen „zu einer Stabilisierung der Konjunkturen verhelfen könne". Hinzugefügt wird allerdings, daß es strittig sei, „ob die teilweise Kartellierung der Wirtschaft bereits mildernd oder vielleicht sogar verstärkend auf die Schwankungen" wirke! Damit wird auf die Idee einer allgemeinen Kartellierung oder des sogenannten

---

[155] Vgl. hierüber Pigou im Arch. f. Sozialwissenschaft u. Sozialpolitik. Bd. 58. Richtig neuerdings auch Th. Kuhr, Zur Kritik der eiseninduſtriellen Preispolitik. In: Kartellrundschau. 28. Jahrg. 1930. S. 161ff.

[156] Arch. f. Sozialwissenschaft u. Sozialpolitik. Bd. 60. Heft 2. S. 392f.

[157] Die wirtschaftliche Konzentration. S. 65.

[158] Kartelle, Konzerne und Trusts. 7. Aufl. S. 141.

[159] Ebenda. S. 131.

[160] Kartellpolitik. S. 79ff. Vgl. auch Anmerkung auf S. 81.

[161] Grundlagen der Selbstkostenrechnung und Preispolitik. S. 90.

[162] 1. Unterausschuß, 3. Arbeitsgruppe, 4. Teil, 1. Abschnitt. 1930. S. 23.

Generalkartells angespielt (vgl. darüber die kritische Betrachtung von Lederer, G. d. S. VII, S. 410/11).

Die Wirkungen der Kartellierung auf die Konjunkturbewegung bedürfen weiterer empirischer Untersuchungen und gründlicherer theoretischer Klarstellung. Geht man von der Voraussetzung aus, daß die Kartelle eine Politik der Preisstabilisierung tatsächlich durchführen (was durchaus nicht feststeht), so sind zwei getrennte Vorgänge auf ihre Wirkungen hin zu prüfen, nämlich erstens die relative Niedrighaltung der Preise im Aufschwung und zweitens die relative Hochhaltung im Niedergang. Die Niedrighaltung im Aufschwung vermindert die Monopolgewinne und könnte, da sie damit den Anreiz zur Expansion abschwächt, einer Ausdehnung der Produktionsanlagen in der Kartellindustrie entgegenwirken. Soll es aber nicht zum Warenmangel und zur Rationierung kommen, so muß die Produktion ausgedehnt werden, um die Niedrighaltung der Preise durchführbar zu machen. Auf jeden Fall treibt die Niedrighaltung der Preise zu stärkerer Expansion in den Abnehmerindustrien. Das gilt vor allem bei der hier entscheidenden Niedrighaltung von Preisen wichtiger Rohstoffe. Die Hochhaltung in der Depression zwingt umgekehrt dieselben Abnehmerindustrien zu zusätzlicher Kontraktion. Deren Krise wird somit in doppelter Weise verstärkt. Die Kartellindustrie selbst wird durch die Hochhaltung der Preise in der Depression vor Verlusten bewahrt. Sie ist aber zu sofortiger und verstärkter Produktionseinschränkung gezwungen und wälzt damit zum mindesten einen Teil des aus Überkapazität entstehenden Schadens auf die Arbeiter ab, die ihre Beschäftigung verlieren.

Angesichts dieses Tatbestandes erscheint es verwunderlich, daß sich die Meinung von einer krisenmildernden Wirkung der Kartelle so lange hat halten können. Einen Kern von Wahrheit wird man in ihr vielleicht doch zu entdecken vermögen. Auf ihn hat schon Pohle[163] (1898) hingewiesen. Er hält es für vorteilhaft, daß die Rohstoffpreise vor zu starken Schwankungen bewahrt werden. Das gleiche meint Götzke[164] (1905), wenn er davon spricht, daß die Preisstellung den Schwankungen des Marktes „ohne Überstürzung und ohne Übertreibung" folgen solle. Oder Tschierschky[165] (1930), wenn er schreibt „ein volles Aus-

[163] Die Kartelle der gewerblichen Unternehmer. S. 99.

[164] Das Rheinisch-Westfälische Kohlensyndikat. S. 6.

[165] Kartellpolitik. S. 81. Anm.

wirkenlassen jeder Konjunkturbewegung ... wäre gewiß verfehlt ...". Dort wird auch Saitzew (1928) erwähnt, der „die zu weit gehende Unruhe, die zu große Nervosität des Marktes" als volkswirtschaftliches Übel darstellt, das durch die Kartellpreispolitik mit Vorteil überwunden werden könne. Alle diese und viele ähnliche Äußerungen besagen nur, daß volkswirtschaftlich eine weitsichtige Wahl der Preise unter Berücksichtigung eines längeren Zeitabschnittes vorteilhafter sein kann als die momentane Anpassung an jede Veränderung der Marktlage. Ob und unter welchen Umständen das der Fall ist, bedürfte näherer Prüfung. Keineswegs kann damit eine unelastische, die großen konjunkturellen Schwankungen der Nachfrage ignorierende Preispolitik gerechtfertigt werden.

Man kann auch noch eine zweite Erklärung dafür finden, daß die Behauptung von der krisenmildernden Wirkung der Kartelle immer wieder auftritt. Für die Kartellunternehmer selbst ist diese „Krisenmilderung" selbstverständlich vorteilhaft; sie ist der Hauptzweck der Kartellierung; das Kartell wäre unwirksam, wenn sie nicht einträte. Eine Milderung der Konjunkturrückschläge in den kartellierten Produktionszweigen wird aber auch dem volkswirtschaftlichen Beobachter stärker ins Auge fallen als die zusätzliche Schädigung und Verschärfung der Krisenlage, die sich daraus für andere ergibt; der Schaden verteilt sich auf sehr viele und wird zum Teil auf die letzten und fernen Konsumenten abgewälzt. Unter Umständen kann darin ja auch eine Rechtfertigung dieser Abwälzungsmethode liegen, dort nämlich, wo die Erschütterung eines wichtigen Industriezweiges volkswirtschaftlich größeren Schaden bedeutet als die Verschlechterung der Lage, die für die Konsumenten, einen Teil der Arbeiterschaft und manche Zweige des Handels oder der Weiterverarbeitung eintritt. Selbst in diesem Fall kann aber von Konjunkturstabilisierung nicht die Rede sein.

## B. Die Kartelle und die Verteilung des Sozialproduktes.

Eine Untersuchung über die Wirkungen der Kartelle auf die Verteilung des Sozialprodukts gibt es nicht. Sie hätte sich zu befassen mit den Wirkungen der Kartellierung auf die Einkommensverteilung. Theoretisch würde es sich darum handeln, festzustellen, auf wessen Kosten die Gewinnverbesserung geht, die die Kartellunternehmer erfahren. Wichtig wäre der Versuch, die Größenausmaße der kartellmäßigen Monopolrentenbelastung, z. B. in Deutschland, zu schätzen. Für die

Eiseinindustrie ist ein solcher Versuch gemacht worden[166]. In den meisten Fällen läßt sich eine Berechnung nicht durchführen, weil kein Anhaltspunkt dafür besteht, wie hoch die Preise stünden, wenn keine Kartellierung eingetreten wäre. Vogelstein[167] (1914) bespricht die Änderung der Verteilung des volkswirtschaftlichen Jahresertrages. „Die ganze Rentenbildung", meint er, „bedeutet eventuell eine weitgehende Verschiebung in der Verteilung des volkswirtschaftlichen Jahresertrages, eine Verschiebung, die in den letzten 25 Jahren der deutschen Entwicklung einer Preisrevolution nahekommt."

## C. Die Kartelle und die zwischenstaatlichen Wirtschaftsbeziehungen.

Noch ehe die internationale Kartellierung Bedeutung gewonnen hatte, befaßte sich die Kartelliteratur mit Wirkungen der Kartelle auf die zwischenstaatlichen Wirtschaftsbeziehungen. Im Mittelpunkt stand dabei das Problem des Dumping. Der Einfluß sowohl der nationalen wie der internationalen Kartelle auf den Außenhandel und auf die staatliche Handelspolitik ist zu untersuchen.

### 1. Die nationalen Kartelle und die zwischenstaatlichen Wirtschaftsbeziehungen.

#### a) Der Einfluß auf die Warenausfuhr.

Vom Zusammenhang zwischen Kartellierung und Schutzzoll war oben[168] die Rede. Innerhalb des Zollgebiets besteht die Möglichkeit der Preiserhöhung über den Weltmarktpreis. Wird aber aus dem Zollgebiet exportiert, so kann es nur auf dem Wege der Preisdifferenzierung zugunsten des Auslandsmarktes geschehen.

Die Auslandsverkäufe unter Inlandspreis finden in der Kartelliteratur eine sehr verschiedenartige Beurteilung. Im Ausland wurden vor dem

---

[166] Magazin der Wirtschaft. 5. XII. 1929. Vgl. außerdem Enqueteausschuß 1930, 3. Unterausschuß, „Die deutsche eisenerzeugende Industrie". S. 117/118.

[167] Grundriß der Sozialökonomik. VI. Abt. S. 243. Dobretsberger (Wandlungen der Monopoltheorie; Schmollers Jahrb. 1929, S. 16) erwartet eine Nivellierung der Profitrate dadurch, daß im Kartell die Marktfähigkeit der Grenzunternehmungen auf Kosten der Differentialrenten der produktiveren Unternehmungen erhalten bleibt. Er scheint anzunehmen, daß die stärkeren Werke sich finanzielle Opfer zugunsten der Schwächeren auferlegen.

[168] Vgl. oben S. 41.

Krieg heftige Angriffe, besonders gegen die deutschen Kartelle, gerichtet, weil sie durch billige Auslandsverkäufe (das sogenannte Dumping) die Interessen von Konkurrenzindustrien schädigten. „Obgleich es keineswegs allein von Deutschland ausgeübt wurde“, schreibt Liefmann[169] (1927), „ist es von unseren Gegnern benutzt worden, überall im Ausland den Haß gegen Deutschland zu entfachen und hat so zum Weltkriege mit beigetragen.“ Es besteht Streit darüber, ob jede Preisdifferenzierung zwischen Inlands- und Auslandsmarkt als Dumping bezeichnet werden soll, wie es bei Viner geschieht. Wir haben uns[170] gegen diese Auffassung ausgesprochen. Die Besonderheit der kartellmäßigen Auslandspreise besteht darin, daß der Monopolist auf Grund der inländischen Monopolpreise in der Lage ist, mit Vorteil für sich unter Weltmarktpreis zu exportieren. Nur die Unterbietung des Konkurrenzpreises des Weltmarkts sollte als „Dumping“ bezeichnet werden. Liefmann[171] (1897) scheint der Meinung zu sein, daß die Kartelle den Export fördern, indem sie „das überschüssige Quantum“, nötigenfalls selbst ohne Gewinn, ins Ausland verkaufen und dadurch die Überproduktion im Inland vermeiden. Morgenroth[172] (1907) dagegen wirft den Kartellen vor, daß sie in guten Zeiten den billigen Export vernachlässigen. Schumpeter[173] sieht im Export der Kartelle eine Benachteiligung der inländischen Konsumenten und Arbeiter. Er nimmt an, daß die exportierten Güter sonst dem Inlandsmarkt zugute kämen. Allgemein anerkannt wird die Benachteiligung, die die inländische Weiterverarbeitung erfährt, wenn ihre Konkurrenz im Ausland zu billigeren Preisen beliefert wird. [Vgl. darüber Liefmann[174] (1897), der allerdings mit Recht darauf hinweist, daß nicht die niedrigen Auslandspreise, sondern die hohen Inlandspreise der eigentliche Grund der Benachteiligung seien. Er tröstet sich damit, daß durch den billigen Export „die wirtschaftliche Machtstellung Deutschlands im Ausland“ erhalten und erhöht werde.] Vgl. auch Glowacki[175] (1909), der sich ausführlich mit der Ausfuhrpolitik der Kartelle befaßt und zu einem sehr wenig günstigen Urteil gelangt. Sowohl Morgenroth als Glowacki besprechen die Ausfuhrvergütungen, die der weiterverarbeitenden Industrie zur Vermeidung und Minderung des eben bezeichneten Schadens in manchen Fällen ausbezahlt werden. Morgenroth zitiert einen Vortrag von Alfred Weber über die Kartellfrage (gehalten auf dem 7. Vertretertag des Nationalsozialen Vereins zu Hannover 1902[176]), in dem er „nicht mit Unrecht... die privaten Ausfuhrprämien der deutschen Kartelle als das

[169] Kartelle, Konzerne und Trusts. S. 146.

[170] Arch. f. Sozialwissenschaft u. Sozialpolitik. Bd. 59. Heft 2. S. 299/300.

[171] Die Unternehmerverbände. S. 164.

[172] Die Exportpolitik der Kartelle. S. 65.

[173] Zur Soziologie der Imperialismen. Arch. f. Sozialwissenschaft und Sozialpolitik. 46. Bd. S. 301.

[174] Die Unternehmerverbände. S. 164ff.

[175] Die Ausfuhrunterstützungspolitik der Kartelle. S. 7ff.

[176] Die Exportpolitik der Kartelle. S. 60.

Monstrum einer förmlichen Stipendierung der leichten Industrien und *als Douceurs*" *bezeichnet hat*, „*mit denen man in die Taschen der Verarbeiter einen Teil von dem wieder hineinsteckt, was man vorher aus ihnen herausgenommen hat*". Glowacki zählt eine Reihe von Schäden auf, die sich aus den Ausfuhrunterstützungen ergeben. (Vgl. Abschnitt III und IV seiner Schrift.) Liefmann[177] (1927) widmet den Wirkungen der billigeren Auslandsverkäufe ein besonderes Kapitel. Er kommt zu dem Ergebnis, daß die Nachteile für die inländische Volkswirtschaft längst nicht so bedeutend seien, wie es auf den ersten Blick scheinen könnte. Oft bekomme der ausländische Weiterverarbeiter die deutschen Rohstoffe doch nicht billiger; der billige Export sei keine regelmäßige Erscheinung; es werde auch ohne Schutzzoll und Kartell ins Ausland billiger verkauft; durch Ausfuhrvergütungen würde die weiterverarbeitende Industrie in gewissem Umfang entschädigt.

Einen anders gelagerten Zusammenhang zwischen Kartellierung und Export sehen die Schriftsteller, die in der Kartellierung eine Ursache stärkeren Kapitalexports erblicken. Durch die Kartellierung, meint Hilferding (1909), ergäbe sich eine prinzipielle Wandlung in der Bedeutung des Außenhandels. Die Kartellierung führe zu großem Monopolgewinn. Gleichzeitig mit dem Wachstum der Profite sinke aber infolge der Produktionsbeschränkung die Möglichkeit zu rentabler Kapitalanlage im Inland, „der Widerspruch verlangt eine Lösung und findet sie im Kapitalexport"[178].

**Aus den wiedergegebenen Zitaten ergibt sich, daß die Wirkung der Preisdifferenzierung zugunsten des Auslands auf die verschiedenen inländischen Wirtschaftsgruppen nicht völlig geklärt ist. Im Ausland werden die Konkurrenten des Kartells durch Verkäufe unter Weltmarktpreis selbstverständlich geschädigt. Weiterverarbeiter im Ausland können Vorteile von der billigen Belieferung haben, wenn sie dauerhaft genug ist, um als Grundlage industriellen Aufbaus zu dienen. Daß Kartelle unter Inlandspreis verkaufen, kann nicht der Grund berechtigter handelspolitischer Vorwürfe sein. Würde das Kartell nicht bestehen, so würde der ausländische Käufer nicht billiger beliefert werden. Den Vorteil hätte nur der inländische Käufer, der jetzt einen weniger hohen Preis zu zahlen hätte. Berechtigt dagegen sind Vorwürfe gegen das wirkliche Dumping, wie wir es definiert haben, nämlich gegen die ruinöse Unterbietung schwächerer Konkurrenten eines anderen Landes. Das Kartell kann, gestützt auf seine inländischen Monopolgewinne, nichtmonopolisierte ausländische Konkurrenten niederkämpfen mit dem Ziel, die Monopolmacht auch in diesen Produktionsgebieten zu erlangen. Das Kartell selbst hat Vorteil von den**

---

[177] Kartelle, Konzerne und Trusts. S. 146—156.

[178] Finanzkapital, S. 314; vgl. auch S. 416ff.

billigen Auslandsverkäufen; es würde sonst auf den Export verzichten. Günstiger wären selbstverständlich für das Kartell höhere Weltmarktpreise. Es wird davon zu sprechen sein, daß internationale Kartelle mit diesem Ziel geschlossen werden. Die inländischen Weiterverarbeiter erfahren durch die billige Belieferung ihrer ausländischen Konkurrenten einen Nachteil, der zu der inländischen Preisverteuerung noch hinzukommt.

Nicht einzusehen ist dagegen, wieso der inländische Konsument durch billige Exportverkäufe einen Schaden erleiden sollte, der über denjenigen hinausgeht, den er auf jeden Fall durch die inländische Monopolausnützung erleidet. Sofern das Kartell überhaupt wirksam wäre, würde es auf jeden Fall die Produktion so weit einschränken, daß der Inlandspreis mindestens um den Zollbetrag über den Weltmarktpreisen stünde. Mangels Exportmöglichkeit würde nur das Kartell selbst geschädigt; sein Gewinn würde beschränkt, da auf alle Fälle die Kostendegression weniger ausgenützt werden könnte. Von einer Exportförderung oder Exportforcierung durch die Kartelle kann nur insofern gesprochen werden, als die Produktionskapazität, der Monopolausnützung wegen, für den Inlandsmarkt weniger ausgenützt wird, als es bei niedrigeren Inlandspreisen der Fall sein könnte. Der Export der weiter verarbeitenden Stufen wird aber gehemmt, falls nicht zureichende Ausfuhrunterstützungen gewährt werden.

#### b) Der Einfluß auf die Handelspolitik.

Da die Kartellierung, wie früher gezeigt wurde, in sehr vielen Fällen den Zollschutz zur Voraussetzung hat oder jedenfalls von ihm zusätzliche Vorteile zu erwarten hat, so sind die Kartellunternehmer ihrem Selbstinteresse nach schutzzöllnerisch eingestellt. Es ist anzunehmen, daß sie ihren Einfluß in der Richtung dieses Interesses geltend machen.

### 2. Die internationalen Kartelle und die zwischenstaatlichen Wirtschaftsbeziehungen.

Die internationalen Kartelle sind Gegenstand besonderer Untersuchung geworden. In allem wesentlichen gelten zwar für sie alle die Erwägungen, die schon für die nationalen Kartelle angestellt worden sind; in einigen Beziehungen aber weisen sie Besonderheiten auf.

Die Ursachen der internationalen Kartellierung sind dieselben wie die der nationalen Kartellierung. „Wenn es für die ersten Kartelle in einem

Industriezweige zutrifft, daß sie ‚Kinder der Not' sind", schreibt Liefmann (1927) in seinem Aufsatz über „Internationale Kartelle", „so gilt das noch mehr für die internationalen Kartelle."[179] Er weist allerdings eine Reihe von Gründen nach, die geeignet sind, die zwischenstaatliche Konkurrenz in besonderem Maße zu verschärfen[180]. Schon von Baumgarten-Meszleny[181] (1906) wird darauf hingewiesen, daß die internationale Kartellfähigkeit gering ist. „Regelmäßig ist auch der erste Zusammenschluß mit großen Schwierigkeiten verbunden", sagt Liefmann[182] (1927). Verschiedenheiten der Gesetzgebung z. B. erschweren die Verständigung[183]. Darüber, ob die Herausbildung internationaler Konzerne der Kartellierung förderlich sei, gehen die Meinungen auseinander. Tschierschky vertritt gegenüber Liefmann die Auffassung, daß sie die internationale Kartellierung hemmen. Es liegt auf der Hand, daß die inländische Monopolstellung durch die internationale Kartellierung verstärkt wird. Internationale Kartellierung kann zu einem fast vollkommenen Weltmonopol führen. Es muß daher besonders verwundern, wenn die Weltwirtschaftskonferenz in ihrem Schlußbericht über internationale Industriekartelle[184] (Mai 1927) die Ansicht ausspricht, „daß die Kartelle auf keinen Fall künstliche Preissteigerungen hervorrufen dürfen, die den Verbrauchern zur Last fallen würden". Die Kartellpolitik und die Wirkungen sind nicht andere als bei nationalen Kartellen. In der zusammenfassenden Kennzeichnung durch die Weltwirtschaftskonferenz haben alle und leider auch die falschen Auffassungen einen Niederschlag gefunden, die in der deutschen Kartelliteratur hinsichtlich der nationalen Kartelle herrschend geworden sind: Sie sollen die unwirtschaftliche Konkurrenz mildern, die aus den Konjunkturschwankungen entstehenden Schäden mindern, der Arbeiterschaft eine große Stetigkeit der Beschäftigung und gleichzeitig der Verbraucherschaft durch die Herabsetzung der Gestehungs- und Verteilungskosten Vorteile bringen. „Wenn sie monopolistische Bestrebungen und die Anwendung von ungesunden Geschäftsmethoden unterstützen", seien sie allerdings geeignet, den technischen Fortschritt zu hemmen und berechtigte Interessen wichtiger sozialer Gruppen und gewisser Länder

---

179 Weltwirtschaftliches Archiv. 1927. S. 286.

180 Ebenda. S. 261ff.

181 Kartelle und Trusts. S. 177.

182 Weltwirtschaftliches Archiv. 1927. S. 286. — Respondek (1929), „Wirtschaftliche Zusammenarbeit zwischen Deutschland und Frankreich", S. 103, stellt fest, daß die deutsche Rechtspraxis internationale Kartelle noch in keinem Fall „einschränkend oder gar auflösend" berührt habe.

183 Im Generalbericht des Enqueteausschusses, 1. Unterausschuß, 3. Arbeitsgruppe, 4. Teil, 1. Abschnitt (1930) wird in einem besonderen Abschnitt über „Die Internationalen Kartelle" (S. 85ff.) gesagt: „Abgesehen von besonders gelagerten Ausnahmen eignen sich im wesentlichen nur Rohstoffe und gleichartige Halbfabrikate für die internationale Kartellierung."

184 Die Tätigkeit des Völkerbundes. Bd. VII. Nr. 5. S. 205.

zu gefährden. Die Konferenz stellt daher Forderungen an die Politik der Kartelle, ohne allerdings zu sagen, von welchen Kräften sie ihre Durchsetzung erwartet. Die Kartelle dürften keine künstlichen Preissteigerungen hervorrufen, sie dürften weder bezwecken noch bewirken, daß die Versorgung eines Landes mit Rohstoffen und lebenswichtigen Bedarfsgegenständen beschränkt werde, sie dürften keine ungleichen Bedingungen schaffen, sie dürften die Produktion weder hinsichtlich des technischen Fortschritts noch hinsichtlich der Verteilung der Industrien unter die verschiedenen Länder zum Erstarren bringen. Es wird mit anderen Worten gefordert, daß sie in vollem Widerspruch zu ihrem ökonomischen Selbstinteresse auf sämtliche Methoden und Wege der Monopolausnützung verzichten[185]. Ertels[186] (1930) Schrift über internationale Kartellierung und Konzernierung geht nicht von den speziellen Problemen der Internationalität aus und vermag daher deren Erkenntnis nur wenig zu fördern. Die von ihm aufgeführten Ursachen des Zusammenschlusses gelten im wesentlichen nur für die Konzernbildung. [In Fortsetzung der Arbeiten der Weltwirtschaftskonferenz und auf Grund der Entschließungen des Beratenden Wirtschaftsausschusses des Völkerbundes sind Sachverständige mit der Untersuchung der internationalen Kartelle beschäftigt. Vgl. „Internationale Industriekartelle", Völkerbundsdenkschrift, vorgelegt von C. Lammers, Berlin 1930. Im Generalbericht des Enqueteausschusses (1930)[187] wird gesagt, daß nach der Weltwirtschaftskonferenz „in der Propaganda für eine Regulierung der europäischen Märkte durch internationale Kartelle eine merkliche Abkühlung eingetreten" sei.]

Eine gesonderte Betrachtung erfordert das Verhältnis der internationalen Kartellierung zum Schutzzoll. Hier gelten nicht ohne weiteres die Überlegungen, die bei Betrachtung der nationalen Kartelle angestellt worden sind.

Liefmann[188] (1927) steht auf dem Standpunkt, daß nicht allgemein gesagt werden könne, ob der Schutzzoll die Bildung internationaler Kartelle mehr erleichtert oder erschwert. Sehr häufig entwickle oder steigere allerdings der Schutzzoll das Exportbedürfnis und fördere dann das Streben zur Bildung internationaler Kartelle. Ein Zusammenhang könne auch darin gefunden werden, daß Schutzzölle in Verbindung mit inländischer Kartellierung zu internationalem Dumping führen und das Dumping zu internationalen Kartellen Anlaß gebe. Da weiterhin auch internationale Kar-

---

185 Auf die Erwartungen, die für die zwischenstaatliche politische Verständigung, in den Jahren nach der Inflation, an die internationale Kartellierung gesetzt worden sind, kann hier nicht eingegangen werden. Vgl. die kritischen Bemerkungen von M. J. Bonn, Das Schicksal des deutschen Kapitalismus (1926), S. 39ff.

186 Internationale Kartelle und Konzerne der Industrie.

187 1. Unterausschuß, 3. Arbeitsgruppe, 4. Teil, 1. Abschnitt, S. 88.

188 Weltwirtschaftliches Archiv. 1927. S. 288/89.

telle auf dritten Märkten Dumping treiben, so führe das zu einer weiteren Steigerung der Schutzzolltendenzen in diesen Ländern. Wiedenfeld[189] (1927) hebt zunächst hervor, daß die internationale Kartellierung den vorhandenen Schutzzoll zum guten Teil oder restlos seines Sinnes entkleide; das Kartell übernehme die Aufgabe, „die bisher niedrigen Preise, gegen die das empfangende Land seine Industrie durch den Schutzzoll schützen wollte, auf einen höheren Stand hinaufzuheben..." „Allerdings werden die schutzzöllnerisch eingestellten Interessengruppen", setzt er hinzu, „gerade wenn sie auf den Abschluß internationaler Kartelle hinarbeiten, zunächst einmal für ihre Produkte den Schutzzoll des eigenen Landes festhalten oder gar erhöhen wollen; denn sie rechnen damit, daß sie bei hohem Zoll den ausländischen Vertragspartnern gegenüber bei den Kartellverhandlungen eine festere Position bekommen..." Das gelte besonders, wenn wichtige Produktionsgebiete außerhalb des Kartells verbleiben; die stetigen Preise üben eine starke Anziehungskraft aus. Auch Reichert[190] (1927) ist der Meinung, daß das Bestehen der Zölle durch den wirtschaftlichen Zwang, der dadurch ausgeübt wird, das internationale Kartell erst sichere. Die Beziehung zwischen internationaler Kartellierung und Dumping ist eine andere, je nachdem, ob man die Märkte der Kartelländer oder die außerhalb verbleibenden Märkte ins Auge faßt. Naturgemäß hört das Dumping, ja unter Umständen der Export, zwischen den zusammengeschlossenen Kartellgebieten auf; auf dritten Märkten kann es um so stärker in Erscheinung treten. [Vgl. Liefmann (1927) a. a. O., S. 287ff. über das Verhältnis von internationalen Kartellen zum Schutzzoll und zum Dumping vgl. Ertel, Internationale Kartelle und Konzerne der Industrie, S. 199—216; ferner den Aufsatz von Feiler, „Der Gestaltwandel der Handelspolitik unter dem Einfluß der Kartelle" im „Magazin der Wirtschaft", 1930, S. 2108ff.]

Zusammenfassend ist über das Zollproblem bei internationalen Kartellen zu sagen: Schutzzölle sind eine Voraussetzung wirksamer internationaler Kartellierung prinzipiell nur dort, wo ins Gewicht fallende Außenseiter außerhalb des durch die Kartellierung umfaßten Gebietes vorhanden sind oder entstehen können. Wo das nicht der Fall ist, kann die Monopolstellung auch ohne Zoll begründet werden. Es könnte scheinen, als ob die nationalen Zölle innerhalb des Kartellgebiets, während des Bestehens des Kartells, ihre Bedeutung einbüßen müßten. Auch ohne Zoll ist ja im Falle der Gebietskartellierung oder gemeinsamer Produktionskartellierung die Monopolstellung gesichert. Trotzdem bleibt auch hier das Interesse am Schutzzoll bestehen und kann

[189] Kartelle und Konzerne. S. 56. Vgl. auch S. 57ff.

[190] Die festländische Rohstahlgemeinschaft. Weltwirtschaftliches Archiv. 1927. Bd. 25. Heft 2. S. 340—376.

sich sogar noch verstärken. Der Zoll wird zu einer Waffe im Quotenkampf. Je gesicherter der inländische Markt für ein nationales Kartell schon ohne die internationale Kartellierung ist, je stärker also seine Monopolstellung und seine Dumpingfähigkeit ist, um so mächtiger ist seine Verhandlungsposition bei internationalen Kartellverhandlungen. Es ist nicht ohne Bedeutung, daß hier der Zoll eine nationale Gruppe in ihren internationalen Verhandlungen stärkt. Dadurch gewinnen schutzzöllnerische Wünsche einer Kartellindustrie eine nationalpolitische Bedeutung. Sie werden gleichsam zu Kampfzöllen zwecks Erreichung von Vorteilen bei internationalen Verhandlungen. Ihre Gefährlichkeit für andere wird dadurch gemindert, daß im Falle des Zustandekommens des internationalen Kartells die Monopolwirkungen im Inneren ohnehin und unabhängig vom Zoll doch eintreten. Während des Bestehens eines internationalen Kartells besteht ein Interesse an der Erhaltung der nationalen Zölle, auch deshalb, weil ihre Herabsetzung oder Aufhebung eine Änderung der Grundlage bedeuten würde, auf der die Quotenverteilung stattgefunden hat; sie könnte zur Sprengung des Kartells führen. (Es muß hervorgehoben werden, daß durch internationale Gebietsschutzverträge die Monopolstellung über die Zollhöhe hinaus erweitert werden kann. Die Preiserhöhung gegenüber dem nichtmonopolisierten Außenmarkt kann in diesem Fall mehr als die Zoll- und Frachtdifferenz betragen.)

Sechstes Kapitel.

# Die staatliche Kartellpolitik.

## I. Berechtigung und Zweck der staatlichen Intervention.

Ehe die in der Kartellehre erörterten Maßnahmen staatlicher Kartellpolitik dargestellt werden, ist die Einstellung zum staatlichen Eingriff in das Kartellwesen überhaupt zu untersuchen.

Die Schriftsteller der ersten Periode deutscher Kartelliteratur sind in ihrer Mehrheit kartellfreundlich. Trotzdem sind sie einer staatlichen Intervention im Sinne einer Überwachung und Beschränkung der Kartelle nicht abgeneigt. Für Kleinwächter[1] (1883) lag darin kein Problem. Da nach seiner Meinung die Kartelle „die Produktion dem Bedarf anpassen", so solle ihnen der Staat das ausschließliche Recht gewähren, die betreffenden Waren zu erzeugen. Das Monopolsystem soll an Stelle des Systems der Gewerbefreiheit treten; dann aber sei die Alternative nur noch zwischen wildem Monopol und staatlich geregeltem Monopol. Die Wahl zwischen beiden könne nicht schwer sein. Ähnliche Gedanken äußerte Steinmann-Bucher (1885) in seiner Schrift „Die wirtschaftlichen Nährstände". Auch Brentano (1889) wünscht staatliche Eingriffe zur Abwendung von Gefahren für das Publikum. Schönlank[2] (1890) bleibt vereinzelt, wenn er „Polizeigesetze" gegen das Kartellwesen als eine „kleinbürgerliche Utopie" abtut. Er befürwortet nur die Kooperation der Arbeiter als Gegengewicht gegen die Kooperation der Kartellunternehmer. In den Verhandlungen des Vereins für Sozialpolitik 1894 erörterte Bücher staatliche Maßnahmen gegen die Kartelle aus Gründen des öffentlichen Wohles[3]. In jener Zeit werden in Österreich bereits Gesetzentwürfe ausgearbeitet (vgl. insbesondere die Regierungsvorlage von 1897/98, die dem Finanzministerium die laufende Aufsicht über die Kartelle geben und weitreichende Eingriffsmöglichkeiten verleihen wollte). Die österreichischen Entwürfe werden in der deutschen Kartellehre in der Folgezeit vielfach herangezogen und diskutiert. Auch weiterhin herrscht ziemliche Übereinstimmung hinsichtlich des staatlichen Eingriffsrechtes. So verlangt Matern[4] (1897) „weitgehende Einflußnahme

---

[1] Die Kartelle. S. 194.

[2] Archiv für soziale Gesetzgebung und Statistik. III. Bd. S. 532.

[3] Schriften des Vereins für Sozialpolitik. Bd. 60. S. 150ff.

[4] Die Industriekartelle als Entwicklungsstufe der berufsgenossenschaftlichen Organisation der nationalen Güterproduktion. S. 103.

des Staates"; ja, er vindiziert dem Staat ein „gewisses Teilhaberrecht an den Erträgnissen". Liefmann (1897) befürwortet eine staatliche Regelung im Interesse der Konsumenten und Arbeiter. Berdrow[5] (1898) hält gesetzliche Maßnahmen nicht für fruchtlos, wenn er auch die Schwierigkeiten der praktischen Durchführung stärker betont. Eine umfangreiche und gründliche Untersuchung über die staatliche Kartellpolitik stellt Schäffle[6] (1898) an. Sein zweiter Artikel in der Zeitschrift für die gesamten Staatswissenschaften befaßt sich ausschließlich mit dieser Frage. Er wägt die Vor- und Nachteile des Kartells gegeneinander ab; der Schädlichkeit planloser Konkurrenz stünden die Gefahren faktischer Monopole gegenüber. Das Kartell stehe grundsätzlich in der Mitte, da in ihm die Konkurrenz als latenter Zügel in veredelter Form weiterwirke. Der Staat habe nur dafür zu sorgen, daß diese dem Kartell an sich innewohnenden monopolverhütenden Kräfte wirksam bleiben. Der Staat habe keineswegs die Aufgabe, die Kartelle „unmittelbar oder mittelbar durch Kriminalverbote abzuwehren oder durch zivilrechtliche Nachteile zu verkümmern". Die „staatliche Begünstigung der Kartelle darf aber auch nicht in grundsätzliche Aufhebung der Freiheit der Konkurrenz umschlagen"[7]. Die Einstellung Schäffles ist in gewissem Sinne typisch. Pohle[8] (1898) tritt ihr allerdings in einem Punkte entgegen. Der Staat müsse sich jeder direkten oder indirekten Begünstigung der Kartelle enthalten und müsse den staatlichen Betrieben untersagen, an Kartellen teilzunehmen. — Die staatliche Beteiligung beim Kali- und später beim Kohlensyndikat gewinnt in der Folgezeit an Bedeutung. — In den Verhandlungen über die Kohlennot im Jahre 1900 wird von nationalliberaler Seite im Reichstag der Antrag gestellt, „der Reichstag wolle beschließen, die verbündeten Regierungen zu ersuchen, einen Gesetzentwurf vorzulegen, durch welchen eine sachgemäße Reichsaufsicht für solche Kartelle und Syndikate eingeführt wird, deren Geschäftsgebarungen einen nachweislich monopolistischen Charakter angenommen haben" (vgl. Reichstagsdrucksache 1900, Nr. 94). Im Jahre 1902 kommt es in der Zolltarifkommission zu einer neuen Kartelldebatte. Eine Reihe von Anträgen werden im Zusammenhang mit der Zolldebatte gestellt, die sich alle darauf richten, daß die Zölle gesenkt oder aufgehoben werden sollen, wenn Kartelle nach dem Ausland billiger verkaufen als nach dem Inland. Diese Anträge geben Anlaß zur Kartellenquete, die in den Jahren 1902—1905 von der Regierung durchgeführt und danach in einer in den Jahren 1906—1908 erschienenen Denkschrift dem Reichstag vorgelegt wurde. (Vgl. Denkschrift über das Kartellwesen, Reichstagsdrucksache 1905/06, Nr. 4, 351, Reichstags-

---

[5] Die Industriekartelle und der Weg zum wirtschaftlichen Frieden. S. 84ff.

[6] Zum Kartellwesen und zur Kartellpolitik. Zeitschr. f. d. ges. Staatsw. 54. Jahrg. S. 606ff.

[7] Ebenda. S. 684.

[8] Die Kartelle der gewerblichen Unternehmer. S. 128.

drucksache 1902, Nr. 255, Reichstagsdrucksache 1907/09, Nr. 1019.) Inzwischen beschäftigte sich der 26. und 27. deutsche Juristentag in den Jahren 1902 bis 1904 mit der Frage: „Welche Maßnahmen empfehlen sich für die rechtliche Behandlung der Ringe und Kartelle?“ Entscheidend für die Stellungnahme des Juristentags sind die Ausführungen von Klein und die Auseinandersetzung mit den geltenden Bestimmungen der österreichischen Gesetzgebung. (Das österreichische Koalitionsgesetz vom 7. April 1878 hatte im § 4 die Ungültigkeit und Strafbarkeit solcher Koalitionen von Gewerbetreibenden ausgesprochen, „die auf die Erhöhung des Preises einer Ware zum Nachteil des Publikums gerichtet sind“. Ein solches Kartellverbot wurde von allen abgelehnt.) Klein erklärt: „Den Kartellen etwas zuleide zu tun, lag uns fern.“ Dagegen wird ein tunlichst wirksamer staatlicher Schutz „gegen übertriebene, wirtschaftlich ungerechtfertigte Preissteigerungen“ für unerläßlich erklärt. Baumgarten und Meszlény[9] (1906) sind der Meinung, daß die Juristen in bezug auf positive Eingriffe der Staatsgewalt zuviel Zurückhaltung bewiesen hätten. Selbst die Staatsgewalt sei von der vollkommenen Unterwerfung durch die großen Kapitalkonzentrationen bedroht. Es ergäbe sich ein „schreiendes Mißverhältnis der Macht zwischen Unternehmerverbänden und ihnen gegenüberstehenden Kräften“. Inzwischen hatte sich der Verein für Sozialpolitik aufs neue mit den Kartellen und speziell mit der Frage des Verhältnisses „Kartell und Staat“ befaßt (September 1905). Der erste Referent, Schmoller, verlangt, daß der Staat gegen Mißstände eingreife. „Kann der Staat“, fragt er, „dauernd die Hände in den Schoß legen, wenn das vorherrschende Prinzip der bisherigen Wirtschaftsordnung, die freie Bewegung und die freie Konkurrenz, mehr und mehr durch Anordnungen und Organisationen beseitigt wird, auf die er keinen Einfluß hat?“ Er lehnt Verbot und Verstaatlichung grundsätzlich ab, warnt auch vor einer vorzeitigen systematischen Gesetzgebung über die Kartelle zu einer Zeit, da alle Dinge noch zu sehr im Flusse sind[10]. Er befürwortet eine die Kartelle „an bestimmten Punkten beschränkende Wirtschaftspolitik“[11]. Kirdorf[12], als zweiter Referent, glaubt vom Standpunkt der Praxis aus sagen zu müssen, „daß mit den gesetzlichen Maßnahmen absolut nichts Praktisches zu schaffen ist“. Wenn auch die Tagung in bezug auf die Formen der Kartellpolitik zu keinem Ergebnis kommt, so ist sich die Versammlung doch einig darüber, daß eine staatliche Kartellpolitik nicht zu entbehren sei. Schumacher[13] (1906) bespricht und kritisiert die zur Diskussion stehenden Vorschläge für die staatliche Kartellpolitik und befürwortet vor allem erzieherische Maßnahmen. Es gelte, „die verständigen, maßvollen, weiter blickenden Persönlichkeiten ... zu kräftigen und ihren Einfluß zu stärken“; ferner müsse, in der Publizität, der öffentlichen Meinung

[9] Kartelle und Trusts. S. 326.

[10] Schriften des Vereins für Sozialpolitik. Bd. 116. S. 260.

[11] Ebenda. S. 270.

[12] Ebenda. S. 284.

[13] Die Stellung des Staates zu den Kartellen. S. 20.

„gewissermaßen ein Präventivkrieg ermöglicht werden“. Im Reichstag findet 1908 erneut eine Diskussion über Kartellfragen statt. Die Resolution der Zentrumsabgeordneten Spahn und Genossen empfiehlt eine Regelung des Kartellwesens und enthält den Plan zur Errichtung eines Kartellamtes[14]. [Lehnisch-Fischer[15] (1924) stellen fest, daß der Regierungsvertreter „gleichsam als der Verteidiger der Kartelle“ erschien, während die Vertreter aller Parteien als ihre Ankläger auftraten.] Es kommt aber zu keinen staatlichen Eingriffen; die deutsche Finanzreform von 1909 bringt im Gegenteil Zwangskontingentierungen für das Brauerei- und Zündholzgewerbe. Das Kaligesetz von 1910 stellt die erste Zwangssyndizierung dar. Pohlmann[16] (1912) wendet sich gegen diese Art der staatlichen Wirtschaftspolitik. „Eine staatliche Unterstützung von Privatmonopolen“, schreibt er, „sollte ganz undiskutabel sein.“ Die Vorkriegsdiskussion endigt damit, daß Tschierschky (1911) die ganze Schwierigkeit staatlicher Kartellpolitik unterstreicht. Die „Kardinalfrage aller Kartellgesetzgebung“ sei die Frage „nach der Möglichkeit einer objektiven Feststellung schädlicher Verkaufspolitik“[17]. Für solche Entscheidungen fehlen, meint er, schlechterdings alle Voraussetzungen.

Zu Beginn des Krieges kommt es zunächst und zum erstenmal zu einem staatlichen Eingriff gegen ein Kartell, und zwar gegen ein Textilkartell[18]. In der Folgezeit bedient sich der Staat aber der Kartelle, so daß es nicht verwunderlich ist, wenn Troeltsch[19] (1916) eine neue Einstellung des Staates zu den Kartellen und ein „günstigeres und vorurteilsloseres“ Urteil über die Kartelle im allgemeinen für die Zukunft erwartet. „Eine allgemeine Bevollmächtigung der Regierung zur Überwachung der Kartelle“, meint er, „würde ... wie ein Albdruck auf der Industrie lasten.“ Der Staat werde im Sinne „der Erhaltung und des Aufbaues“ von Kartellen eintreten müssen.

Wenige Jahre nach dem Krieg hat sich die Lage wieder völlig verändert. Die Kartelle hatten, wie Lehnisch-Fischer[20] (1924) schreiben, „eine besondere Konjunkturblüte“, deren Grund darin bestanden habe, „daß zunächst der Warenmangel, später auch die fortschreitende Geldentwertung ... eine Flucht in die Ware zur Folge hatte“. „Man kann wohl sagen“, heißt es im Generalbericht des Enqueteausschusses[21], „daß jene Zeit zur Verankerung des Kartellgedankens in gewerblichen Kreisen am meisten beigetragen hat.“

---

[14] Vgl. Reichstagsdrucksachen 1908. Nr. 545.

[15] Das deutsche Kartellgesetz. S. 28.

[16] Der Staat und die Syndikate. S. 62.

[17] Kartell und Trust. S. 156.

[18] Vgl. Lehnich-Fischer, Das deutsche Kartellgesetz. S. 28/29.

[19] Die deutschen Industriekartelle vor und seit dem Krieg.

[20] Das deutsche Kartellgesetz. S. 30.

[21] 1. Unterausschuß, 3. Arbeitsgruppe, 4. Teil, 1. Abschnitt, S. 7; vgl. dort auf S. 5—15 die ausgezeichnete Schilderung der Nachkriegsentwicklung.

Für die Inflationszeit wird allerdings noch ein weiteres zu bedenken sein. Die Geldentwertung spiegelte sich als fortwährende Preissteigerung. Den Kartellen wurde zu Recht oder Unrecht der Vorwurf besonders starker und als wucherisch empfundener Preissteigerungen gemacht. Der frühzeitige Übergang mancher Kartelle zur Goldrechnung galt zudem als Mißbrauch der Machtstellung. Es kommt von 1920 an zu Anträgen und Debatten über die Kartelle im vorläufigen Reichswirtschaftsrat, im Reichstag und im Reichsrat. Die Reichsregierung wird schließlich zur Schaffung eines Kartellgesetzes gedrängt. Am 6. Oktober 1923 kündigt Stresemann Maßnahmen an „gegen das Überwuchern des Kartellwesens und gegen die innerhalb des letzteren zutage tretenden Auswüchse". Am 2. November 1923 kommt es zur Verordnung „gegen den Mißbrauch wirtschaftlicher Machtstellungen", der sogenannten Kartellverordnung. Sehr viel radikalere Bestrebungen gegen die Kartelle, die zum Teil geradezu ein Verbot jeder Kartellierung forderten, fanden in ihr einen sehr gemäßigten und vom Willen zum Ausgleich getragenen Niederschlag. Damit war das erste deutsche Kartellgesetz geschaffen. Die Diskussion über das Problem der staatlichen Kartellpolitik wird zur Erörterung und Kritik der vorhandenen Kartellgesetzgebung und Kartellgerichtspraxis. Typisch für die Wandlungen der Einstellung zu den Kartellen, in verhältnismäßig kurzen Zeitperioden, sind die Äußerungen H. v. Beckeraths aus dieser Zeit. 1924 sieht er für die Kartelle, nicht nur in den Produktionszweigen mit Großunternehmungen, „keinen Boden fruchtbaren Schaffens" mehr; auch in den übrigen Zweigen sei die kartellmäßige Organisation für die Bewältigung der aktuellsten wirtschaftsorganisatorischen Aufgaben ungeeignet. 1926 dagegen fürchtet er von einer einseitigen Unterdrückung des Kartellwesens eine Förderung der Konzerne und meint, eine dauernde und generelle Schwächung der Kartelle wäre im Hinblick auf die Zukunft sehr zu bedauern.

Bei aller Kritik, die die Regelung der Kartellverordnung im einzelnen findet, bleibt in der Folge die Nützlichkeit und Notwendigkeit staatlicher Kartellpolitik unangefochten. Auch über ihr Ziel besteht Einigkeit. „Ein gemeinsames Merkmal aller ernsten Angriffe auf die Kartelle", schreibt Metzner[22] (1926) „ist die Bekämpfung der Überspannungen, Mißbräuche und Auswüchse der Kartelltätigkeit, nicht aber der Kartelle selbst." Wiedenfeld[23] (1927) meint sogar: „Mit der Kartellverordnung erkennt der Staat die Wirksamkeit der Kartelle und Konzerne im allgemeinen als nützlich und unvermeidbar an... Er beschränkt sein Eingreifen auf diejenigen Einzelfälle, in denen sich ein Mißbrauch der wirtschaftlichen Macht nachweisen läßt." In gleichem Sinn interpretieren Isay-Tschierschky[24] (1925)

---

22 Kartelle und Kartellpolitik. S. 60.

23 Gewerbepolitik. S. 188.

24 Kartellverordnung. S. 162. Vgl. im selben Sinn Generalbericht des Enqueteausschusses, 1. Unterausschuß, 3. Arbeitsgruppe, 4. Teil, 1. Abschnitt. 1930. S. 17.

in ihrem Kommentar die Kartellverordnung. „Die Kartellpolizei", sagen sie, „...wendet sich nach dem Gesagten nur gegen den Mißbrauch der spezifischen Organisationsmacht." [Eine ausführliche Darstellung findet „die staatliche Regelung des Kartellwesens" bei Liefmann[25] (1927).] Lehnich[26] (1928) macht das Verhältnis von Kartellen und Staat zum Gegenstand einer umfangreichen Schrift. Seine grundsätzliche Einstellung kommt in seinem Gutachten für den 35. Deutschen Juristentag nochmals in prägnanter Formulierung zum Ausdruck. Sie deckt sich weitgehend mit derjenigen, die Schäffle[27] (1898) eingenommen hat. Wie dieser hält er die sogenannte Wettbewerbsregelung für eine Fortentwicklung der freien Konkurrenz, für eine Folge ihrer ungünstigen Auswirkungen und somit für förderungswürdig. Stärker wie Schäffle betont er aber, daß die Ausschaltung der ausgleichenden Wirkung der freien Konkurrenz auch gewisse Gefahren für die wirtschaftliche Entwicklung mit sich bringe, für die als Ersatz ein „anderes Regulativ" eingeschaltet werden müsse. Dieses Regulativ soll die Überwachung durch den Staat sein. Die Schwierigkeit bestehe darin, die gesetzlichen Grundlagen für eine staatliche Überwachung zu legen, zumal die besonderen Verhältnisse der einzelnen Wirtschaftszweige weitgehend zu berücksichtigen seien. Auch Tschierschky (1930) befürwortet jetzt nachdrücklich die staatliche Intervention: Selbst die führenden Unternehmerkreise, meint er, erkennen jetzt grundsätzlich die Notwendigkeit öffentlicher Kontrolle; es bestehe keine Identität a priori mehr zwischen Unternehmerinteresse und Allgemeininteresse[28]. Von den in der Kartellenquete des Enqueteausschusses (1930) vernommenen 59 Sachverständigen spricht sich nur Haller grundsätzlich gegen staatliche Intervention aus, und zwar mit der Begründung, daß sich das Wirtschaftsleben ganz allein gegen eventuelle Auswüchse zur Wehr setze[29]. Schumpeter lehnt, vornehmlich aus praktischen Gründen, die Kartellpolitik des Staates ab[30]. Der „Generalbericht des Enqueteausschusses"[31] sagt, daß „die gegenwärtige Berechtigung einer auch auf das Kartellwesen erstreckten staatlichen Wirtschaftspolitik im allgemeinen anerkannt" wurde.

Überschaut man die Kartelliteratur, so zeigt sich in bezug auf die Frage der staatlichen Intervention eine in den großen Zügen einheitliche Auffassung. Gegensätze tun sich auf, sobald über die einzelnen

---

[25] Kartelle, Konzerne und Trusts. S. 344—416.

[26] Vgl. Verhandlungen des 35. Deutschen Juristentages. 1. Bd. (Gutachten), 1. Lieferung, S. 243ff.

[27] a. a. O. S. 281ff.

[28] Kartellpolitik. S. 152ff.

[29] 1. Unterausschuß, 3. Arbeitsgruppe, 4. Teil, 2. Abschnitt, S. 156.

[30] Ebenda. S. 358ff.

[31] 1. Unterausschuß, 3. Arbeitsgruppe, 4. Teil, 1. Abschnitt. 1930. S. 18.

Mittel oder über den Grad der Intervention gesprochen wird. Die staatliche Einmischung wird als gerechtfertigt angesehen und gefordert. (Darin brauchte keine Abwendung vom liberalen Prinzip staatlicher Abstinenz zu liegen. Gerade aus liberalen Grundsätzen heraus ist die angelsächsische antimonopolistische Gesetzgebung zu erklären; sie soll die freie Konkurrenz wieder herstellen, die die Voraussetzung einer sich von selbst herstellenden Harmonie zwischen Einzel- und Allgemeininteresse nach liberaler Auffassung ist. Eine Intervention des Staates in diesem Sinne wird in der deutschen Kartellehre aber im allgemeinen grundsätzlich abgelehnt.) Der Staat soll nicht zum Zwecke der Wiederherstellung der freien Konkurrenz der Kartellbewegung in den Weg treten. Die Kartellpolitik soll sich vielmehr auf der Anerkennung der Notwendigkeit und Nützlichkeit der Kartelle aufbauen. Ihr Zweck ist Verhinderung oder B e k ä m p f u n g von M i ß b r ä u c h e n, die sich aus der besonderen Machtstellung der Kartelle ergeben können. Da die Machtstellung, wie wir gezeigt haben, Ausdruck und Ausfluß der Monopolstellung ist, so kann die geforderte staatliche Kartellpolitik dahin gekennzeichnet werden, daß sie nicht die Entstehung von Monopolstellungen selbst, aber auch nicht jede Ausnützung von Monopolstellungen verhindern soll; sie soll lediglich gegen ü b e r m ä ß i g e o d e r m i ß b r ä u c h l i c h e M o n o p o l a u s n ü t z u n g schützen. (Es ist nicht inkonsequent, wenn von manchen Schriftstellern und für besondere Umstände neben dieser Bekämpfung von Mißbräuchen eine Förderung der Kartellierung befürwortet wird. Anscheinend wird angenommen, daß die optimale Marktgestaltung zuweilen in einem Mehr an Marktbindung oder Monopolisierung liegen kann, als durch freiwillige Abmachung erreicht wird.)

Die deutsche „Kartellverordnung“ bringt diesen Gedankengang durch ihre Bezeichnung als Verordnung gegen den „Mißbrauch wirtschaftlicher Machtstellungen“ treffend zum Ausdruck. Sie scheint alle Monopolisten treffen zu sollen, gleichviel, ob sie Kartelle sind oder nicht; in praxi wirkt sie sich einseitig gegen die Kartelle aus; Einzelunternehmungen, Konzerne und Trusts mit monopolistischer Marktstellung werden mit erwähnt, aber praktisch nicht betroffen. Mit Rücksicht darauf ist bei den Vernehmungen vor dem Enqueteausschuß an die Sachverständigen die Frage gestellt worden, ob es nicht richtiger wäre, eine gesonderte Kartellpolitik aufzugeben und an ihrer Stelle eine allgemeine Monopolpolitik zu setzen.

Lederer, Löwe, Passow und Adolf Weber treten für eine gesonderte Kartellpolitik ein, trotzdem sie in ihr nur einen Teilbereich einer allgemeinen Monopolpolitik des Staates sehen wollen. Die Aussonderung hat für sie praktische Gründe. Andere Sachverständige, wie Vershofen, Vogelstein, befürworten eine allgemeine Monopolpolitik. Mit besonderem Nachdruck fordert Lange, daß die staatliche Kartellpolitik, „solange sie überhaupt notwendig ist, unbedingt in den Rahmen einer allgemeinen Monopolpolitik eingefügt werden" müsse. Für alle genannten Schriftsteller steht es fest, daß die zu bekämpfenden „Mißbräuche" Wirkungen des spezifisch monopolistischen Charakters der Kartellverbände sind[32]. Wiedenfeld dagegen möchte die Kartellpolitik nicht so eng auf das monopolistische Element abgestellt sehen. H. v. Beckerath erhebt nur den Einwand, daß es sich eher um Quasimonopole als um Monopole im strengen Sinne handeln könne. Übereinstimmung besteht darüber, daß die staatliche Wirtschaftspolitik eine einheitliche sein sollte.

## II. Die Objekte des kartellpolitischen Schutzes.

Staatliche Kartellpolitik, gleichgültig, ob sie sich gegen die Kartellierung und Monopolisierung selbst oder gegen die „Mißbräuche" der Monopolausnützung und Kartellbetätigung richtet, bezweckt die Verhinderung oder Milderung von wirtschaftlichen Schädigungen. Schädliche Wirkungen können erstens jede einzelne Wirtschaftsgruppe treffen, die wir von Kartellwirkungen überhaupt betroffen fanden; die Schädigung kann aber auch allgemein volkswirtschaftlicher Art sein, da ja auch allgemein volkswirtschaftliche Wirkungen festzustellen waren. (Diese Zweiteilung entspricht nicht der in privatrechtliche und öffentlichrechtliche Schäden. Auch Wirkungen auf einzelne Wirtschaftsgruppen können gegen das öffentliche Interesse verstoßen.)

Die Kartellpolitik zum Schutze der Abnehmer steht im Vordergrund. Von ihr ist überall dort die Rede, wo Maßnahmen gegen die Preispolitik und Konditionenpolitik der Kartelle gefordert wird. Brentano[33] (1889) und Liefmann[34] (1897) denken dabei besonders an die Konsumenten. Der Schutz der Arbeiter, der von Kleinwächter[35] (1883) in erster Linie ins Auge gefaßt wird, tritt in neuerer Zeit zurück, wohl hauptsächlich, nachdem die eigene Organisation der Arbeiter als Gegengewicht erscheint. Umstrittener ist die Frage, ob die Mitglieder des Kartells selbst und ob die

---

[32] Generalbericht des Enqueteausschusses, 1. Unterausschuß, 3. Arbeitsgruppe, 4. Teil, 1. Abschnitt. 1930. S. 20/21.

[33] Über die Ursachen der heutigen sozialen Not. S. 27f.

[34] Die Unternehmerverbände. S. 193.

[35] Die Kartelle. S. 194.

Außenseiter zu schützen seien. Ihnen gegenüber kommt eine „mißbräuchliche" Ausübung des Organisationszwanges in Frage. In der Diskussion des Vereins für Sozialpolitik vom Jahre 1905 beginnt sich die Aufmerksamkeit auf die Innenpolitik der Kartelle, auf die Einschränkung der Freiheit der Mitglieder, auf die Strafgewalt des Kartells über die Mitglieder und andere Mittel des internen Zwanges zu richten. Tschierschky[36] (1911) meint allerdings, der Schutz der Mitglieder sei am wenigsten regelungsbedürftig und interessiere die Öffentlichkeit weit weniger als die Außenpolitik. Nach Kestners[37] (1912—1927) eindringlicher Untersuchung des Organisationszwanges wird die Meinung herrschend, daß der Staat den Mißbräuchen auf diesem Gebiet nicht untätig gegenüberstehen dürfe. Kestner selbst weist auch auf die Schwierigkeiten hin, die sich daraus ergeben, daß nach der herrschenden Meinung der staatliche Eingriff nur gegen eine bestimmte quantitative Verstärkung des Organisationszwanges eintreten soll. Mit der Kartellverordnung im Jahre 1923 tritt als Objekt des Schutzes das „Gemeinwohl" oder die „Gesamtwirtschaft" in den Vordergrund. (In der Kartelliteratur waren besondere Schädigungen der Gesamtwirtschaft von den Schädigungen einzelner Gruppen nicht unterschieden worden.)

Sämtliche Schädigungen, die in Betracht gezogen werden, gehen aus entweder von der primären Kartellpolitik, d. h. von der Monopolausnützung oder von der sekundären Kartellpolitik, d. h. von dem Bestreben der Kartelle, ihre Monopolstellung bzw. das Kartell selbst zu festigen. Die Monopolausnützung trifft andere um so schwerer, je weniger begrenzt die vorhandene Monopolstellung ist und je uneingeschränkter die Monopolstellung den Interessen des Kartells gemäß ausgenützt wird. Die Schädigungen aus den sekundären Maßnahmen des Organisationszwangs hängen nicht unbedingt von der Stärke der Monopolstellung ab. Sie sind ja oftmals ein Mittel, um eine Verstärkung herbeizuführen.

Eine Kartellpolitik des Staates, die an die Wurzel der „Mißbräuche" gegenüber den Abnehmern gehen wollte, müßte die Aufhebung oder Begrenzung der Monopolstellung zum Ziel haben. Geht sie diesen Weg nicht oder verbindet sie sich sogar mit einer staatlichen Wirtschaftspolitik, die die wirklich ins Gewicht fallenden Monopolstellungen zu einem ganz wesentlichen Teil selbst herbeiführt, so steht sie vor einer schwer lösbaren und wenig befriedigenden Aufgabe. Sie muß Unternehmern, die nichts anderes tun, als rationell ihre Marktchance auszunützen, in den Arm fallen oder sie muß gleichsam als Sittenpolizei

---

36 Kartelle und Trusts. S. 153.

37 Der Organisationszwang.

den Versuch machen, die Unternehmer zu einer ökonomisch in ihrem Selbstinteresse nicht begründeten Rücksichtnahme auf andere zu erziehen. Sie ist überdies gezwungen, in willkürlicher Weise Grenzen zu ziehen zwischen erlaubter und nicht erlaubter Monopolausnützung. Die Wirtschaftswissenschaft kann diese Grenze nicht angeben. Wird der Bezug einer Monopolstellung und die sich daraus ergebende Verschlechterung der Lage der Tauschpartner grundsätzlich als zulässig angesehen, und ist also der an sich mögliche „liberale" Standpunkt aufgegeben, nach welchem die Monopolausnützung an sich ein „Mißbrauch" ist, so ist schwer einzusehen, woher eine ökonomische Betrachtung Maßstäbe für den angemessenen Grad einer Monopolausnützung gewinnen sollte.

Der Organisationszwang kann selbst Ursache der Monopolstellung sein. Von seiner Wirksamkeit, besonders nach außen, hängt häufig der Grad der Begrenztheit der Monopolstellung ab. Maßnahmen gegen besonders schroffe Zwangsmittel des Kartells nach innen oder außen rechtfertigen sich daher sowohl von einer Politik her, die sich grundsätzlich gegen eine weitreichende Monopolisierung selbst richtet, als von einer Politik, die nur eine „übermäßige" Beschränkung der wirtschaftlichen Freiheit oder eine „übermäßige" Erschwerung der wirtschaftlichen Existenz von Mitgliedern oder Außenseitern verhindern will. Ein absolutes Verbot des Organisationszwanges wird unseres Wissens von niemandem befürwortet[38]; es würden davon die Kartelle am härtesten betroffen, die ihren Mitgliedern nur sehr geringfügige Monopolvorteile zu bieten vermögen und die deshalb auf Zwangsmaßnahmen besonders angewiesen sind. Auch hier erhebt sich die Frage nach dem Maßstab des Erlaubten; auch hier kann aber die Wirtschaftswissenschaft die Grenze nicht bezeichnen.

## III. Die Mittel der Kartellpolitik.

Wenn man sich im ganzen bald darüber einig war, daß von Staats wegen etwas gegen die „Auswüchse" der Kartelle zu geschehen habe, so bot die Frage nach den hierfür geeigneten Mitteln große Schwierig-

---

[38] Wichtig sind auch in diesem Zusammenhang die rechtlichen Erwägungen von Boehm in seinem viel beachteten Aufsatz „Das Problem der privaten Macht" in „Die Justiz". Bd. 3. Heft 4. April 1928. S. 324ff. Vgl. insbesondere S. 331/32.

keiten. Die Maßnahmen, die von Staats wegen möglich sind, scheinen nicht allzu zahlreich zu sein; die meisten waren um die Jahrhundertwende schon zur Diskussion gestellt.

Von der Drohung mit Zollreduktion erwartet Brentano[39] (1889) gegen alle Mißbräuche ausreichende Wirkung. Bücher[40] (1894) erörtert vor dem Verein für Sozialpolitik die Befugnisse eines Kartellamtes, das mit der Aufsicht betraut wäre und das Recht hätte, Kartelle aufzulösen und Preise herabzusetzen. Kontrolle durch eine Verwaltungsbehörde verschwindet nicht mehr aus der Diskussion. Staatliche Preisfestsetzung erscheint praktisch nicht durchführbar (Liefmann[41], 1897), die Verstaatlichung als letztes Mittel will Berdrow[42] (1898) nicht von der Hand weisen. Auch Schäffle[43] (1898) meint, die Verstaatlichung „möge in beschränktem Maße notwendig sein und künftig vielleicht in größerem Umfang möglich werden ..." Schmoller[44] (1905) erwähnt sie noch als letztes Mittel neben dem Kartellverbot. Preistaxe, Verbot und Verstaatlichung spielen aber in der Diskussion praktisch gesetzgeberischer Maßnahmen in der Folge keine Rolle mehr. Sozialistische Schriftsteller erwähnen wohl noch die Verstaatlichung als letztes wirtschaftspolitisches Ziel. Die staatliche Kartellaufsicht erscheint ihnen als Vorstufe zu ihr. Mit der Forderung nach Kartellaufsicht verbindet sich das Verlangen nach Publizität. Schäffle[45] (1898) erwartet von ihr die Erweckung und Verschärfung der immanenten Gegentendenzen. Das Kartellregister, von dem Pohle spricht, soll dem Staat die nötige Einsicht für seine Aufsichts- und Regreßtätigkeit gewähren. Baumgarten und Meszleny[46] (1906) wollen die Öffentlichkeit zur Bedingung für die Rechtsfähigkeit machen. Sie halten allerdings eine Förderung der Außenkonkurrenz durch Subventionen, Steuernachlässe oder Begünstigungen, durch vorzugsweise Berücksichtigung bei staatlichen Aufträgen, durch Zollherabsetzungen und eventuell durch Aufnahme staatlichen Wettbewerbs für das beste Mittel der Kartellpolitik. Die Meinungen gehen darüber auseinander, ob der Staat mit seinen Unternehmungen den Kartellen beitreten soll. Berdrow[47] (1898) befürwortet solchen Eintritt in der Meinung, daß der Staat seinen Einfluß im Kartell in nützlicher Weise geltend machen könne. Pohlmann-Hohenaspe[48] (1912)

---

39 Über die Ursachen der heutigen sozialen Not. S. 27.

40 Schriften des Vereins für Sozialpolitik. Bd. 60. S. 150.

41 Die Unternehmerverbände. S. 194.

42 Die Industriekartelle und der Weg zum wirtschaftlichen Frieden. S. 97.

43 Zeitschr. f. d. ges. Staatsw. 54. Jahrg. S. 705.

44 Schriften des Vereins für Sozialpolitik. Bd. 116. S. 256.

45 Zeitschr. f. d. ges. Staatsw. 54. Jahrg. S. 692.

46 Kartelle und Trusts. S. 326ff.

47 Die Industriekartelle und der Weg zum wirtschaftlichen Frieden.

48 Der Staat und die Syndikate. S. 48.

dagegen bekämpft jede solche staatliche Teilnahme mit Rücksicht auf Erfahrungen, die sich an das Verhalten des preußischen Fiskus, insbesondere im Kohlensyndikat, stützen. Sie führe zu den unglücklichsten Zwitterbildungen.

Es entspricht dem Stand der Diskussion über die staatliche Kartellpolitik, wenn die Kartellverordnung vom Jahre 1923 sich darauf beschränkt, gerichtliche Entscheidungen und Verwaltungsmaßnahmen für Fälle besonders schroffer Monopolausnützung zu ermöglichen und den Organisationszwang durch Erleichterung der Kündigung und durch Einschaltung der Präventivzensur gegen Sperren zu begrenzen. Im Jahre 1925 nimmt die sozialdemokratische Partei die anderen zur Debatte stehenden Maßnahmen auf; sie verlangt die Einrichtung eines Kartellregisters und eines besonderen Kartellamtes und fordert jährliche Kartellenqueten. Die Stellungnahme der Wissenschaft und Praxis zu diesen weiterreichenden Maßnahmen der Kartellpolitik läßt sich am besten aus den Antworten erkennen, die die Sachverständigen vor dem Enqueteausschuß gegeben haben[49]. Fast sämtliche Kartelltheoretiker sind dort zu Wort gekommen. Einen hohen Grad von Publizität halten die meisten Sachverständigen für erwünscht oder notwendig[50]. Manche allerdings, wie Dessauer und Welter, wollen auf freiwillige Auskunft abstellen. Schumpeter befürchtet Schädigungen der deutschen Reparationsinteressen. Die Preisgabe von Geheimnissen stößt da und dort auf Bedenken (vgl. H. v. Beckerath). Nicht wenige sind der Meinung, daß das Mittel des Kartellregisters praktisch unanwendbar und für den Zweck nicht geeignet sei. Raumer nennt es ein „nur statistisches Vergnügen", Rauch „eine überflüssige Papiersammlung", Adolf Weber „eine ungeheuere, kostspielige Begräbnisstätte". Auch andere drücken sich zum mindesten skeptisch aus und weisen darauf hin, daß das Register schnell veraltet. Keine Einigkeit besteht hinsichtlich der Meldepflicht und des Kreises derer, die das Recht zum Einblick haben sollen. Gegen Kartellenqueten scheinen kaum nennenswerte Einwände erhoben zu werden. Sehr umstritten dagegen ist die Frage der Einrichtung eines besonderen Kartellamtes. Fast alle „Praktiker" unter den Sachverständigen lehnen ein solches Amt ab. Von den Vertretern einzelner Wirtschaftsgruppen sprechen sich nur Bestlein von den Genossenschaften und die beiden Vertreter der freien Gewerkschaften Naphtali und Neumann zugunsten eines Kartellamtes aus. Unter den Nationalökonomen tritt Hirsch für ein besonderes Kommissariat ein; Lederer hält ein besonderes Kartellamt für durchaus erforderlich; August Müller, Schmalenbach, Vershofen und Adolf Weber sprechen sich für ein Kartellamt aus. Von den Publizisten und Juristen befürwortet keiner

[49] Vgl. aber auch die zusammenfassende Besprechung im Generalbericht, 1. Unterausschuß, 3. Arbeitsgruppe, 4. Teil, 1. Abschnitt, 1930, S. 26ff. (über das Kartellamt S. 27ff., über das Kartellregister S. 32ff., über die Ergänzung der Behörde S. 46ff.).

[50] Vgl. auch für das Vorliegende Enqueteausschuß, 1. Unterausschuß, 3. Arbeitsgruppe, 4. Teil, 2. Abschnitt.

das Kartellamt. Der Gesichtspunkt aller Gegner ist der, daß eine einheitliche Wirtschaftspolitik notwendig sei und daß daher die Befugnisse, die das Kartellamt haben soll, besser in die Hand des Reichswirtschaftsministeriums gelegt werde. „Ich bin radikaler Gegner eines gesonderten Kartellamtes", sagt Löwe[51], „da die Kartellpolitik mit der allgemeinen Wirtschaftspolitik übereinstimmen und daher vom Wirtschaftsministerium geführt werden muß." Die Befürworter erwarten vom Kartellamt eine politisch unbeeinflußte, durch Regierungswechsel nicht veränderbare, sachkundigere und wirksamere Kartellpolitik. Zur Diskussion steht weiterhin die Präventivzensur gegen Sperren, das Verbot von Exklusivverträgen, der Kontrahierungszwang. Wir kommen darauf (vgl. unten S. 41ff.) bei Besprechung der Kartellverordnung und ihrer Reform zurück.

Die Mittel staatlicher Kartellpolitik können grundsätzlich für drei verschiedene Ziele eingesetzt werden: Es kann sich darum handeln, die Monopolstellung selbst zu begrenzen oder aufzuheben. Als zweites kommt in Frage die Einschränkung der Monopolausnützung. Schließlich kann es sich darum handeln, dem Organisationszwang nach innen oder außen Grenzen zu setzen. Es dient der Klärung, wenn die Mittel, die heute zur Diskussion stehen oder in der Kartellgesetzgebung bereits vorgesehen sind, danach unterschieden und systematisiert werden, ob sie dem einen oder anderen der drei Ziele zu dienen bestimmt sind:

### 1. Mittel zur Aufhebung oder Beschränkung der Monopolstellung.

Hierher gehört die Zollsenkung oder Zollaufhebung. Gegen nachträgliche Zollherabsetzung erheben sich oftmals wirtschaftspolitische Bedenken. In der Literatur wird aber die Frage gar nicht aufgeworfen, ob der Staat nicht die *Einführung* solcher Zölle vermeiden sollte, die eine monopolistische Kartellierung ermöglichen[52].

Andere Mittel zur Schwächung der Monopolstellung sind die Förderung von Außenseitern, wie etwa die Bevorzugung der Außenseiter bei Submissionen oder die Aufnahme staatlicher Außenseiterkonkurrenz. Hierher gehört aber auch die Erschwerung des externen Organisationszwanges oder das Verbot gewisser Zwangsmaßnahmen.

---

[51] Ebenda. S. 332.

[52] Der Grund ist wohl der, daß nur nachträgliche Eingriffe gegen gewisse Auswirkungen der von vorhandener Monopolstellung ausgehenden Monopolausnützung erwogen werden.

Umgekehrt natürlich führt die Zwangssyndizierung, die steuerliche Begünstigung von Kartellen oder eine den Außenseitern ungünstige Rechtsprechung zur Festigung der Monopolstellung.

### 2. Mittel zur Einschränkung der Monopolausnützung.

Das primitivste Mittel ist die staatliche Preisfestsetzung. (Sie greift heute, mindestens formell, z. B. bei der Kohle Platz.) Die bloße Preisbeeinflussung wird auf verschiedene Weise angestrebt. Die Drohung mit Zollsenkung, d. h. also mit Aufhebung der Monopolstellung, wird von manchen als besonders wirksames Mittel hierfür angesehen. Die Beteiligung des Staates selbst mit seinen Betrieben am Kartell dürfte kaum mehr als Mittel antimonopolistischer Preisbeeinflussung gelten. Die deutsche Gesetzgebung und die zu ihr vorgetragenen Reformvorschläge versuchen, übermäßige primäre Kartellpolitik direkt z. B. dadurch zu treffen, daß „unangemessene" Kartellentscheidungen für nichtig erklärt werden können, indirekt z. B. dadurch, daß der innere und äußere Organisationszwang erschwert oder eingeschränkt und dadurch die Festigung des Kartells und der Monopolstellung erschwert wird. Das viel erörterte Mittel der Publizität soll im wesentlichen nur die Grundlage für wirksames staatliches Eingreifen bieten. Manche scheinen allerdings anzunehmen, daß die Einschaltung der öffentlichen Meinung an sich schon einer unangemessenen Monopolausnützung entgegen wirken wird. Schließlich gehört hierher die staatliche Förderung des Einigungswesens zwischen Kartellen und ihren Abnehmern. Soweit „die übermäßige Monopolausnützung" nur wegen der Schädigung wirtschaftlich schwacher Abnehmergruppen bekämpft wird, können gut funktionierende Einigungs- oder schiedsrichterliche Organe wirksam sein[53].

### 3. Mittel zur Einschränkung des Organisationszwangs.

Hierher gehören die Erleichterung des Kündigungsrechtes, die Präventivzensur für Sperren, das Verbot gewisser Zwangsmaßnahmen, der Kontrahierungszwang und dergleichen mehr. Zweck dieser Maß-

[53] Eine Aufhebung jeder Monopolausnützung überhaupt kann dabei natürlich nicht in Frage kommen; sie würde dem Kartell seinen Sinn nehmen. Es kann sich nur darum handeln, auf gütlichem Wege ein Kompromiß zu finden, das geeignet ist, die „Schädigung" der Abnehmer zu vermindern. Bei verhältnismäßigem Gleichgewicht der Macht ist staatliches Eingreifen überflüssig.

nahmen ist in erster Linie der Schutz der vom Organisationszwang unmittelbar Betroffenen, sei es der Mitglieder, der Außenseiter oder schließlich auch der Kunden, soweit sie durch den Kampf des Kartells mit den Außenseitern in Mitleidenschaft gezogen werden. In zweiter Linie und indirekt können diese Maßnahmen der Auflockerung des Kartells und damit der Erschwerung seiner primären Kartellpolitik dienen.

## IV. Die „Verordnung gegen den Mißbrauch wirtschaftlicher Machtstellungen" und ihre Reform.

Mit der sogenannten Kartellverordnung vom 2. November 1923 beginnt in Deutschland die praktische Erfahrung auf dem Gebiete staatlicher Kartellpolitik. Der wissenschaftliche Streit um die Ziele und Mittel der Kartellpolitik nimmt den Charakter einer Diskussion über die Reform der geltenden Kartellgesetzgebung an. Die Problemstellung bleibt weiterhin eine wirtschaftswissenschaftliche und juristische zugleich. Da wir uns in dieser Schrift mit dem Kartellrecht und der Kartellrechtsliteratur nicht befassen, so soll diese auch hier nur so weit herangezogen werden, als es zu einer Klärung der ökonomischen Fragen erforderlich ist. Kaum eine der Rechtsfragen läßt sich entscheiden ohne Rücksicht auf die zugrunde liegende wirtschaftliche Fragestellung. Selbst solche scheinbar rein formalen Untersuchungen wie die, ob Verwaltungsentscheidung oder Rechtsprechung und normative Gesetzgebung, ob privates oder öffentliches Recht Anwendung finden sollen, greifen in die wirtschaftliche Problematik ein. Für einige der wichtigsten Punkte der Debatte soll das gezeigt werden:

### A. Die Frage der staatlichen Kartellpolitik überhaupt.

Die Erfahrungen mit der Kartellverordnung haben in der Einstellung zur staatlichen Intervention als solcher keine prinzipielle Änderung hervorgerufen. Wir haben schon oben gezeigt, daß die Schriftsteller, die nach 1923 sich mit dieser Frage befassen, die alte Linie fortführen. Sie verlangen vom Staat eine Bekämpfung des Mißbrauchs der wirtschaftlichen Macht durch die Kartelle (vgl. oben brauchs der wirtschaftlichen Macht durch die Kartelle[54]. Die Einwände gegen die Kartellverordnung richten sich fast nur gegen die speziellen Mittel, die darin für die staatliche Kartellpolitik festgesetzt sind.

---

[54] Vgl. oben S. 129ff.

H. v. Beckerath scheint die Intervention für zu weitreichend zu halten: er sieht in der Auflockerung des Kartellzwangs eine „ganz schwere Gefährdung der Kartelle“[55] (1926) und befürchtet (1928)[56] die Herabsetzung des Wertes der deutschen Kartelle als Vertragspartner im Hinblick auf internationale Wirtschaftsabmachungen. In seinem neuesten Buche[57] (1930) erkennt er aber an, daß „zweifellos auch diese Kartellgesetzgebung ... schon durch ihre Existenz manche Unsitten im Kartellwesen beseitigt und gemildert hat und die Verbände in etwa von Monopolisierungsbestrebungen auf Rationalisierungsbestrebungen ... abgedrängt haben dürfte“. Lehnich[58] schreibt (1928), daß eine Reform der Kartellverordnung notwendig sei; sein Gutachten zum Juristentag zeigt aber, daß er nur an eine Fortbildung der Verordnung nach den gleichen Grundsätzen denkt. 1929 meint er denn auch, die Kartellverordnung stelle doch einen sehr beachtlichen Versuch dar, „auf dem Gebiete der Überwachung der Marktorganisationen grundlegende Arbeit zu leisten“[59]. „Eine Beseitigung der Staatsaufsicht kann ernsthaft nicht zur Diskussion stehen.“ Die Entschließungen des 35. Deutschen Juristentages vom September 1928 bejahen durchaus die staatliche Intervention. „Es ist Sache des Staates“, sagt Isay, „wirtschaftliche Machtkörper zu beaufsichtigen und zu kontrollieren.“ Man sei einig darüber, daß die Aufgabe des Staates aber nur darin bestehe, einen Mißbrauch der Kartelle zu verhindern, volkswirtschaftlich nützliche Kartelle aber zu fördern. Herle, der, wie er sagt, mit gutem Gewissen jede deutsche Kartell-Sonderaufsichts-Gesetzgebung grundsätzlich ablehnt, stellt auf Grund der Presseerörterungen nach dem Juristentag fest, „daß sich nunmehr alle — auch die betroffenen Interessenten — für immer mit einer Kartellaufsicht überhaupt abgefunden haben“. Auch er will „als Realpolitiker“ die Kartellaufsicht bedingt anerkennen, da es immerhin das gebe, was landläufig als „Überspannungen, Übergriffe und Mißbräuche“ bezeichnet wird. Tschierschky[60] (1930) meint, die heutige Verordnung habe noch Mängel, aber die mit ihr versuchte Lösung zeichne sich ohne Zweifel dadurch aus, „daß sie ihre Aufgabe in materiell und rechtlich umfassender und nachdrücklicher Weise in Angriff genommen hat“[61]. Der Entwurf eines Monopol- und Kartellgesetzes, den die sozialdemokratische Fraktion als Antrag eingereicht hat, steht dem Grundsatz nach gleichfalls auf dem Boden der jetzigen Verordnung, soweit es sich um die Bekämpfung der Mißbräuche handelt[62]. Er will allerdings, entgegen der heutigen Verordnung, auch dazu dienen, Zusammenschlußbewegungen zu fördern, wenn es im Interesse der Gesamtwirtschaft, des Gemeinwesens

[55] Industrielle Kartellprobleme. S. 33.

[56] Reparationsagent und deutsche Wirtschaftspolitik. S. 55.

[57] Der moderne Industrialismus. S. 414.

[58] Kartelle und Staat. S. 246.

[59] Zeitschr. f. d. ges. Staatsw. 1929. S. 505ff.

[60] Kartellpolitik. S. 134.

[61] Ebenda. S. 153.

[62] Vgl. F. Neumann, Die Arbeit. Jahrg. 1930. S. 777.

oder aus sozialen Gründen notwendig ist! Der „Generalbericht des Enquete-ausschusses"[63] spricht auch von „förderswerten" Kartellzwecken. Gemeint ist aber, wie sich aus dem Folgenden ergibt, die Förderung der Bestrebungen, „die sich unter dem Begriff der Rationalisierung zusammenfassen lassen". Von einer Förderung der Kartellbildung selbst ist nicht die Rede, wenn auch gesagt wird, daß „auch die Monopolstellung nicht schon ohne weiteres ein Anlaß zum staatlichen Eingriff" sei.

Staatliche Aufsicht, staatliches Eingriffsrecht und „Bekämpfung der Mißbräuche" als Ziel der staatlichen Kartellpolitik stehen als Grundsätze für die gesetzgeberische Reform nach der herrschenden Meinung fest. Die Form der Aufsicht und die Organisation der Eingriffe sind naturgemäß in erster Linie juristische Probleme; die Bestimmung dessen aber, was „Mißbrauch" ist und damit die Aufstellung der Normen, nach denen sich die Eingriffe zu richten haben, stellt die Wirtschaftswissenschaft und die Jurisprudenz vor schwierige Aufgaben.

## B. Die Eingriffe gegen mißbräuchliche Monopolausnützung.

Die Kartellverordnung versucht durch die §§ 4 und 10 Handhaben gegen den Mißbrauch dessen zu bieten, was wir als primäre Kartellpolitik bezeichnet haben, nämlich gegen mißbräuchliche Monopolausnützung[64]. (Sie beschränken den Eingriff auf die Fälle, in denen die Gesamtwirtschaft oder das Gemeinwohl gefährdet werden. Vgl. hierüber unten S. 150ff.)

Lehnich (1928) bezeichnet in seinem Gutachten diese beiden Paragraphen als den Kernpunkt der Verordnung. Nipperdey glaubt in ihnen den Versuch zu sehen, auf dem Umweg über die Gefährdung der Gesamtwirtschaft die Konkurrenzfreiheit zu schützen und sogar als öffentlichrechtlichen Grundsatz aufzustellen. Die Einwände, die auf dem Juristentag und in der Literatur erhoben werden, befassen sich hauptsächlich mit der Unklarheit von Begriffen wie „Gemeinwohl" und „Gesamtwirtschaft" oder mit der

---

[63] 1. Unterausschuß, 3. Arbeitsgruppe, 4. Teil, 1. Abschnitt, S. 20ff., insbesondere S. 23.

[64] Bei Eingriffen gegen schädliche Wirkungen der Monopolausnützung handelt es sich immer um Eingriffe gegen die Wirkungen der Preis- und Konditionengestaltung (auch etwaige übermäßige Produktionseinschränkungen und Stillegungen dienen ja der Preisgestaltung). Auch die von uns früher besprochenen allgemein volkswirtschaftlichen Schädigungen, wie Hemmung der Rationalisierung oder Überinvestierung sind indirekte Folgen der primären Kartellpolitik, d. h. der monopolausnützenden Preisgestaltung.

Frage, ob die gebotene Handhabe vom Reichswirtschaftsministerium in wirksamer Weise benützt werde. Schreier[65] (1930) geht mit besonderer Schärfe dem Begriff des „Gemeinwohls" oder der „Gesamtwirtschaft" zu Leibe und kommt zu dem Ergebnis, daß sich dahinter immer das besondere Interesse einer bestimmten Gruppe verberge. Damit aber ist die wirtschaftswissenschaftliche Frage aufgeworfen, wer denn von der hier zunächst allein ins Auge gefaßten direkten Monopolausnützung geschädigt werden kann.

Es will uns scheinen, als ob die Diskussion über die Eingriffe gegen „übermäßige Preise oder Bedingungen" am eigentlichen Problem vorbeigeht, so lange sie das Versagen auf diesem Gebiet in formalen Bestimmungen, etwa der Aktivlegitimation zu Beschwerde und Klage oder in Fehlern der Konstruktion (Reichswirtschaftsministerium statt Kartellamt und dergleichen) sucht. Gleichgültig, ob das Reichswirtschaftsministerium oder, wie Schreier vorschlägt, die betroffene Drittperson oder, nach dem sozialdemokratischen Entwurf, das Reichsamt für Kartell- und Monopolverwaltung, berechtigt sein soll, Verträge oder Abschlüsse, die das Gemeinwohl gefährden, ganz oder teilweise für nichtig zu erklären: immer erhebt sich die Frage nach den Gesichtspunkten, nach denen die Angemessenheit oder Gefährlichkeit der monopolausnützenden Kartellbetätigung festgestellt werden soll. Soll nicht administrative Willkür herrschen und damit die Rechtssicherheit und wirtschaftliche Ordnung gefährdet werden, so muß das Amt oder Gericht die Schädlichkeit, sei es für das Gesamtwohl oder für einzelne Gruppen, auf Grund bestimmter und bestimmbarer Merkmale feststellen können. Es lassen sich drei Gesichtspunkte denken, nach denen die Preisstellung eines Kartells und damit die „Angemessenheit" einer Monopolausnützung beurteilt werden könnte: Der Preis kann als unangemessen bzw. gesamtwirtschaftlich oder privatwirtschaftlich schädlich angesehen werden erstens, weil quantitativ eine besonders starke Abweichung vom Konkurrenzpreis stattgefunden hat oder zweitens, weil der Monopolist dabei einen besonders hohen Sondervorteil erringt oder drittens, weil die Abnehmer oder eine bestimmte Abnehmergruppe besonders hart betroffen werden. — Im letzteren Falle könnte es noch einen Unterschied machen, ob es sich um Abnehmer handelt, die besonders schutzbedürftig erscheinen, oder um wirtschaftlich starke Abnehmer. — Alle drei Maßstäbe versagen in der Praxis

---

[65] Aufgaben der Kartelljurisprudenz, in: Schriften des Vereins für Sozialpolitik. Bd. 180. 1. Teil. S. 65ff.

in den meisten Fällen. Die quantitative Erhöhung über den Konkurrenzpreis läßt sich in der Regel nicht feststellen, weil man nicht wissen kann, wie hoch der Preis bei freier Konkurrenz wäre. Der Gewinn der Monopolisten kann deshalb nicht ausschlaggebend sein, weil das Monopol am schädlichsten dann ist, wenn es sich mit einer Hochhaltung der Selbstkosten verbindet und wenn also trotz Preiserhöhung auch für den Monopolisten kein Vorteil entsteht[66]. Es bleibt die Schädigung der Abnehmer: Da die direkten Abnehmer oftmals den Schaden abwälzen können, kommt vor allem eine Schädigung der letzten Konsumenten in Frage. Sie ist dem einzelnen Kartell gegenüber aber schwer nachweisbar. Das Zusammenwirken vieler monopolistischer Preiserhöhungen schafft erst eine ins Gewicht fallende Belastung der Konsumenten. Nur in besonders krassen Fällen mögen die allgemeinen Anschauungen, Sitte und Sittlichkeit den „Mißbrauch" offenbar werden lassen. (Vielleicht ließe sich angesichts der neuesten Erfahrungen noch ein vierter Gesichtspunkt denken. Es könnte jede Preishochhaltung oder Preiserhöhung, soweit nicht besondere Umstände vorliegen, dann als mißbräuchlich angesehen werden, wenn aus konjunkturpolitischen oder politischen Gründen ein allgemeiner Preisabbau gewünscht wird[67]. Die Preishochhaltung selbst aber läßt sich oft genug nicht nachweisen. Auch bei freier Konkurrenz können von einer Depression einzelne Preise unberührt bleiben.) Aus

---

[66] In der Regel werden ja auch relativ unproduktive Unternehmungen im Kartell vorhanden sein, denen die Kartellierung nur eben die Rentabilität sichert. Vielleicht sind es Unternehmungen, die ausgemerzt werden sollten. Wer aber außer den Unternehmern selbst, also den unmittelbar Interessierten, vermöchte im Einzelfall zu beurteilen, ob eine Verminderung der Produktionskapazität durch Ausschaltung einzelner Unternehmungen rationell wäre oder nicht?

[67] Im Rahmen der „Verordnung des Reichspräsidenten zur Behebung finanzieller, wirtschaftlicher und sozialer Notstände" vom 26. Juli 1930 (Reichsgesetzblatt I, S. 517) ist als 5. Abschnitt eine Verordnung zur „Verhütung unwirtschaftlicher Preisbindungen" erlassen worden. Ihr wirtschaftspolitischer Zweck ist die Förderung des von der Reichsregierung gewünschten allgemeinen Preisabbaus. Auch in dieser Verordnung fehlt aber jede nähere Bestimmung dessen, was als „unwirtschaftliche Preisbindung" anzusehen ist. Es heißt nur, daß in näher bestimmter Weise eingegriffen werden könne, „wenn die Wirtschaftlichkeit der Erzeugung oder des Verkehrs mit Waren oder Leistungen beeinträchtigt oder die wirtschaftliche Handlungsfreiheit in volkswirtschaftlich nicht gerechtfertigter Weise eingeschränkt wird".

diesen Überlegungen ergibt sich, daß alle gesetzlichen Vorkehrungen gegen mißbräuchliche Preispolitik die Gefahr in sich tragen, daß sie entweder zur Willkür und damit zur Rechtsunsicherheit führen oder daß sie toter Buchstabe bleiben. Die oft gerügte Untätigkeit oder Erfolglosigkeit der mit den Eingriffen betrauten Stellen rührt nicht zum wenigsten daher, daß jedes verantwortliche Amt oder Gericht mit Recht vor willkürlichen Entscheidungen zurückschreckt[68].

Würde dafür gesorgt, daß Monopolstellungen entweder nicht entstehen oder eng begrenzt bleiben, so würde die sogenannte mißbräuchliche Preis- und Konditionengestaltung zum größten Teil von selbst verschwinden. Es bliebe daneben nur der Eingriff nötig gegen solche „schwachen" Kartelle, die durch Überschreitung der Grenzen ihrer Monopolstellung Unruhe stiften oder die durch Organisationszwang nach innen und außen die Schwäche ihrer Marktposition wettzumachen suchen.

## C. Eingriffe gegen mißbräuchlichen Organisationszwang.

Die Kartellverordnung regelt diese Eingriffe sowohl in den §§ 8 und 9 als im § 4. Der § 8 schützt, durch das Recht der fristlosen Kündigung bei wichtigem Grund, die Mitglieder vor übermäßigem inneren Organisationszwang; der § 9 schützt den Außenseiter vor unbilligem externen Organisationszwang mittels Sperren. § 4 verfolgt, soweit er sich auf Sperren bezieht, denselben Zweck wie § 9, nur in anderer Weise. In der Literatur sind die Bestimmungen über den Organisationszwang im einzelnen der Kritik unterworfen worden.

Die Regelung bezüglich des internen Kartellzwangs wird von H. v. Beckerath[69] (1926) kritisiert, weil das Kartell zu stark aufgelockert werde. Metzner[70] (1926) meint, daß gerade die unsicheren und ungetreuen Kartellmitglieder dadurch in die Lage kämen, sich von Kartellfesseln zu befreien. um trotzdem die Vorteile der Kartellierung auszunützen. Daß § 8 praktisch die größte Bedeutung gewonnen hat, heben sowohl Liefmann als Kestner-

[68] „Die Frage, wann die Ausübung privater Macht das Gesamtinteresse, Gemeinwohl und die Gesamtwirtschaft schädigt", schreibt Liefmann („Zur Systematik wirtschaftlicher Machtstellungen", 1928, S. 415), „kann immer nur von Fall zu Fall auf Grund sehr sorgfältiger Beweisaufnahme unter Heranziehung von Sachverständigen und auch dann meist nicht ohne Willkür entschieden werden."

[69] Industrielle Kartellprobleme. S. 33.

[70] Kartelle und Kartellpolitik. S. 84.

Lehnich[71] (1927) hervor. Nipperdey spricht im Sinne des Juristentags, wenn er postuliert, daß die Kündigung aus wichtigem Grund für alle Kartellverträge beizubehalten sei. Uneinigkeit besteht aber darüber, ob diese Kündigung als Mittel staatlicher Kartellpolitik zu verwenden und, außerhalb des Zivilrechts, in der Kartellgesetzgebung und deren öffentlich-rechtlicher Regelung beizubehalten sei. Tschierschky[72] (1930) will entgegen der Auffassung des Juristentags das Kündigungsrecht nicht bloß als Schutz des einzelnen Wirtschaftssubjekts gelten lassen. Es schwebt ihm offenbar vor, daß eine Auflockerung des Kartells „übermäßige" Monopolausnützung erschwert oder unmöglich macht. Schreier[73] (1930) aber weist darauf hin, daß eine solche Kündigung aus öffentlichem Interesse zu einer Benachteiligung der Kartelle führe; andere monopolistische Gebilde, wie z. B. der Trust, können keiner ähnlichen inneren Auflockerung und daher keiner entsprechenden Hemmung ihrer Monopolausnützung ausgesetzt werden.

Die Regelung in bezug auf die Sperrmaßnahmen nach § 9 stößt nach der Meinung von Lehnich[74] (1928) auf die größten wirtschaftlichen und rechtlichen Schwierigkeiten. Der Weg zur Präventivzensur sei überhaupt nicht gangbar. Es bestehe, sagt er, die Gefahr einer ungleichen rechtlichen Beurteilung der verschiedenen Zwangsmaßnahmen[75]. Auch Isay, Nipperdey und der Juristentag setzen sich für eine andere Art der Regelung ein. Das Prinzip einer gewissen Beschränkung der Zwangsmaßnahmen auch gegen Außenseiter, und sei es nur durch privatwirtschaftliche Bestimmungen, wird aber aufrechterhalten. Die Bestimmungen gegen den externen Organisationszwang dienen auch dem Schutz von Abnehmergruppen; das Kartell kann Zwangsmaßnahmen verhängen gegen Abnehmer, um sie zum Abschluß von Exklusivverträgen zu zwingen. Der Exklusivvertrag selber ist das Mittel, mit dem die Außenseiter vom Markte ausgeschlossen werden. Zum Schutze der Abnehmer und damit indirekt der Außenseiter wird daher in der Literatur der Kontrahierungszwang erwogen. Die Juristen weisen die praktischen Schwierigkeiten der rechtlichen Konstruktion eines solchen Kontrahierungszwanges nach.

Auch die Regelung des Organisationszwanges fordert eine Grenzziehung zwischen erlaubtem und nichterlaubtem, billigem und unbilligem Ausmaß eines bestimmten Vorgehens. Es handelt sich hier um das Ausmaß der „Einschränkung der wirtschaftlichen Freiheit", die den Mitgliedern oder Außenseitern vom Kartell auferlegt werden darf. Daß eine wirksame Kartellpolitik, d. h. aber eine wirksame Ausnützung der Monopolstellung in der Regel nicht möglich ist, wenn die

[71] Der Organisationszwang. 2. Aufl. S. 273.
[72] Kartellpolitik. S. 136/37.
[73] Schriften des Vereins für Sozialpolitik. Bd. 180. 1. Teil. S. 117.
[74] Kartelle und Staat. S. 244.
[75] Verhandlungen des Deutschen Juristentages. 1928.

Mitglieder die völlige Freiheit des wirtschaftlichen Handelns in jedem Augenblick behalten, wird allgemein zugegeben.

Nur Tschierschky stellt sich in der Enquete[76] (1930) auf einen anderen, wie er selbst sagt, „eigentümlichen" Standpunkt. „Auch als Kartelleiter", sagt er, „habe ich grundsätzlich die Ausübung eines Organisationszwanges abgelehnt. Entweder ist das Kartell im Recht und leistet so viel, daß die in Frage kommenden Subjekte durch die Tüchtigkeit des Kartells in den nötigen Schranken gehalten werden, oder, wenn ich einen Außenseiter gewinnen will, muß er durch die Tätigkeit des Kartells überzeugt werden."

Der Organisationszwang wird gegenüber Unternehmern, die ihr eigenes Interesse verstehen, um so notwendiger sein, je weniger das Kartell zu bieten hat, je begrenzter also seine Monopolstellung ist. In vielen Fällen dient der Zwang dazu, die Mitglieder gegen ihr eigenes Interesse zu binden, vor allem dort, wo Kartelle monopolistische Preispolitik zu treiben versuchen, ohne eine Monopolstellung zu besitzen. Die „Mißbräuche", gegen die sich einzelne Gruppen oder die öffentliche Meinung auflehnen, sind oft genug solche unrationellen, mit schweren Rückschlägen und mit Kartellsprengung verbundenen Überschreitungen der Monopolgrenzen. Jede rechtliche Schwächung des inneren Kartellzwangs erschwert solche Fehlmaßnahmen der Kartelle. Die Lockerung des inneren Kartellzwangs bringt aber die Gefahr mit sich, daß einzelne Kartellmitglieder, je nach der individuellen Lage, bald die Kartellvorteile mitgenießen, bald vom Austritt oder von der Bedrohung des Kartells Nutzen ziehen.

Besonders große Schwierigkeiten bietet die Bestimmung der Grenzen zwischen erlaubtem und unerlaubtem Organisationszwang nach außen. Werden einzelne bestimmte Maßnahmen, wie etwa die Sperren, erschwert oder verboten, so bedient sich das Kartell anderer Mittel. Erreicht es sein Ziel gleichwohl, so ist damit erwiesen, daß die vielleicht milder erscheinende Form des Zwanges nicht weniger schädigend für den andern gewesen ist. Wenn die Wahrung einer Monopolstellung anders als durch Preisunterbietung überhaupt zugelassen wird, so wird es bei der Umgrenzung des gegenüber Außenseitern zu erlaubenden Maßes an Zwang nicht ohne Willkür abgehen können. Das Abstellen auf das sittliche Empfinden oder die sozialen Anschauungen versagt, weil dieses Empfinden sich immer eher an unverhüllten Zwangs-

[76] Enqueteausschuß, 1. Unterausschuß, 3. Arbeitsgruppe, 4. Teil, 2. Abschnitt, S. 548.

maßnahmen stoßen wird als an solchen, die sozusagen unter der Decke vor sich gehen. H. v. Beckerath[77] (1930) versucht, Grundsätze für die Begrenzung des erlaubten Zwanges aufzustellen. Er will die Grenzen des Zwanges gegen bestehende Außenseiter sehr eng gezogen haben; sehr weit dagegen gegenüber Neugründungen von Außenseiterunternehmungen. Gegenüber den ersteren soll der Zwang im wesentlichen beschränkt sein auf die „erlaubten, der privatkapitalistischen Ordnung gemäßen Waffen des Kampfes um den Kunden, nämlich durch überlegenen Wettbewerb in Qualität, Preis und Pünktlichkeit der Lieferung". Neugründungen gegenüber sollen dagegen offenbar der privatkapitalistischen Ordnung „ungemäße" Waffen erlaubt sein. Zu dieser Konsequenz muß die herrschende Auffassung, und zwar selbst im Hinblick auf den Kampf der Kartelle mit bestehenden Außenseitern gelangen.

## D. Verwaltung oder Rechtsprechung und Gesetzgebung.

In der juristischen sowohl als in der wirtschaftswissenschaftlichen Debatte wird die Frage aufgeworfen, ob die staatliche Kartellpolitik sich vorwiegend auf Verwaltungsmaßnahmen oder hauptsächlich auf Richterspruch und normierende Gesetzgebung stützen soll.

Nach Schreier geht die in der deutschen Kartellgesetzgebung vorherrschende verwaltungsrechtliche Regelung auf Mentzels Referat vor dem Verein für Sozialpolitik (1894) zurück. Mentzel lehnte damals die privatrechtliche Unverbindlichkeit und die Bedrohung mit Strafe als vollkommen unzureichend ab. Erst auf dem 35. Juristentag 1928 zeigt sich ein Vordringen des Privatrechtsgedankens. Schreier[78] (1930) sieht darin die Tendenz zur Zurückdrängung des staatlichen Einflusses auf die Wirtschaft. Gruntzel[79] (1928) hält ausschließlich den Weg der wirtschaftspolitischen Maßnahmen für gangbar; zivilrechtliche Anfechtbarkeit führe zur Erpressung. Mit besonderem Nachdruck tritt Tschierschky für öffentliches Verwaltungsrecht ein. Neumann[80] (1930) bezeichnet es als den besonderen Vorzug der im sozialdemokratischen Entwurf vorgeschlagenen Lösung, daß sie die Befugnisse der Justiz gegenüber denen der Verwaltung zurückdränge.

Es könnte scheinen, als ob die Kompetenzverteilung zwischen Verwaltung und Justiz bloß die Jurisprudenz anginge. Es liegt aber auch

[77] Der moderne Industrialismus. S. 325.
[78] Schriften des Vereins für Sozialpolitik. Bd. 180. 1. Teil. S. 73.
[79] Die wirtschaftliche Konzentration. S. 70.
[80] „Die Arbeit". Jahrg. 1930. S. 778.

hier eine wirtschaftliche Fragestellung zugrunde. Die Verwaltung, sagt Schreier, unterscheidet sich von der Justiz dadurch, daß in ihr mehr „freies Ermessen" wirksam ist.

Die Verwaltung kann „von Fall zu Fall", d. h. aber ohne Normen, entscheiden. Soweit die Eingriffe also in die Hand der Verwaltung gelegt werden, ist die Wissenschaft der Aufgabe enthoben, allgemeine Regeln für die Bestimmung der Grenze zwischen angemessener und mißbräuchlicher Politik der Kartelle zu finden. Gewiß ist angesichts der Unterschiedlichkeit der Verhältnisse von Kartell zu Kartell erforderlich, daß das urteilende Gericht oder die Verwaltungsbehörde von Fall zu Fall die konkreten Umstände berücksichtigt. Es ist aber ein bloßer Notbehelf, wenn der Gesetzgeber und die ihn beratende Wissenschaft angesichts der Unmöglichkeit, objektive Maßstäbe für den Tatbestand des Mißbrauchs, sei es im allgemeinen, sei es im einzelnen Fall, anzugeben, ihr Vertrauen in die Einsicht einer nach freiem Ermessen entscheidenden Verwaltungsbehörde setzen müssen.

## E. Öffentliches oder privates Kartellrecht.

Die Auffassungen gehen darüber auseinander, ob die Kartellgesetzgebung in der Hauptsache bloß das Privatrecht auszubauen oder aber öffentliches Recht zu statuieren habe. Auch hier handelt es sich nicht bloß um eine juristische Frage.

Lehnich[81] (1929) verlangt öffentliches Recht da, wo die Gesamtwirtschaft gefährdet ist, Privatrecht aber, in Form der Schadensersatzklage, bei unbilliger Schädigung von Wirtschaftsgruppen, die durch Wirkungen der Kartelle betroffen werden. Auf dem Juristentag kennzeichnet Nipperdey das öffentlich-rechtliche Problem dahin, daß der Staat Machtmittel gegen volkswirtschaftlich ungerechtfertigte Preise und Geschäftsbedingungen haben müsse. Der öffentlich-rechtliche Eingriff sei nötig, nicht um einzelne von drückenden Verträgen zu befreien, sondern um in die Zukunft hinein eine Gefährdung der Gesamtheit unmöglich zu machen. In scharfsinniger Weise behandelt Schreier die juristische Seite der Frage. Auch er geht davon aus, daß die öffentlich-rechtliche Regelung nur dann einen Sinn hat, wenn die „Gemeinwirtschaft" oder das „Gemeinwohl" unabhängig von einzelnen Wirtschaftsgruppen geschädigt werden könnten. Da er diese Möglichkeit ablehnt, kommt er folgerichtig dazu, sich für eine privatrechtliche Regelung zu entscheiden.

---

[81] Zeitschr. f. d. ges. Staatsw. Jahrg. 1929. S. 516.

Sache der Wirtschaftswissenschaft ist es, auf die Frage Antwort zu geben, ob es einen besonderen Tatbestand der Schädigung des Gemeinwohls oder der Gesamtwirtschaft gibt. Diese Schädigung kann, wie uns scheint, in zweifacher Weise erfolgen: es kann erstens in der Schädigung einzelner bestimmbarer Personen oder Gruppen eine Schädigung der Gesamtwirtschaft erblickt werden; es kann aber auch zweitens unmittelbar der volkswirtschaftliche Gesamtprozeß Störungen erfahren, ohne daß die Personen oder Gruppen bestimmt werden könnten, die durch die Minderung des Gesamtwirtschaftsertrages betroffen werden. Gegen den ersten Fall wendet Schreier ein, daß den Nachteilen der einen Vorteile anderer gegenüberstünden, so daß ohne Parteinahme oder „Rangordnung der Interessen"[82], über die eine Einigung nie zu erzielen sei, eine Schädigung des Gemeinwohls nicht festzustellen sei. In der Tat liegt hier immer eine politische Entscheidung vor, die die Bedeutung der einzelnen Gruppen für die Gesamtheit festzustellen hat. Vom Mißbrauch wirtschaftlicher Machtstellungen wird aber mit allgemeinem Konsens dort gesprochen, wo wirtschaftlich schwache Gruppen von den Auswirkungen monopolistisch privilegierter Wirtschaftsstellungen in besonders hohem Maße betroffen werden. Die Aufgabe des Staates liegt bei solcher Art der Schädigung des Gemeinwohls darin, die Interessen der wirtschaftlich schwachen Gruppen zu vertreten, da, wo sie zu eigener zivilrechtlicher Gegenwehr außerstande sind. (Es ist Sache der Juristen, zu entscheiden, ob hierfür nicht mit den Mitteln der Offizialklage vor Zivilgericht auszukommen ist. Das wichtigste ist nicht die Frage, ob öffentliches oder privates Recht gilt; auch das Privatrecht kann genügen, wenn es Bestimmungen enthält, die schwere wirtschaftliche Schädigungen wirtschaftsschwacher Gruppen abzuwenden erlaubt. Wirtschaftlich schwache Gruppen werden in der Regel zu den Kartellen im Verhältnis der Abnehmerschaft stehen. Die Mitglieder selbst und die Außenseiter, die ja selbst Unternehmer sind, werden selten von sich behaupten können, daß sie zur eigenen zivilrechtlichen Abwehr unfähig seien. Der Streit um die Grenzen des Organisationszwangs könnte daher von diesem Standpunkt aus den Betroffenen selbst überlassen bleiben[83].

---

[82] Schriften d. Ver. f. Sozialpol. Bd. 180. 1. Teil. S. 108.

[83] Tschierschky (1930, Kartellpolitik, S. 155) wendet dagegen ein, daß der öffentlichen Kontrolle die wichtigsten Funktionen und Mittel entzogen

Wir haben bei Besprechung der Wirkungen der Kartelle die Wirkungen auf die einzelnen Wirtschaftsgruppen unterschieden von allgemein volkswirtschaftlichen Wirkungen. Wo diese letzteren eintreten, liegt eine unmittelbare Schädigung der Gesamtwirtschaft vor, ohne Rücksicht auf die Schädigung einzelner Gruppen. Hierher gehört z. B. die Hemmung der Produktionsförderung, die Verleitung zu Fehlinvestitionen und zur Überinvestierung, die Verlängerung des Konjunkturabstiegs und dergleichen mehr. Gegen solche Wirkungen könnte nur der Staat eingreifen, Privatkläger kämen hier fast nie in Frage. Trotzdem aber in der Kartelliteratur immerfort von gesamtwirtschaftlichen Schädigungen gesprochen wird, ist ein Eingreifen für die hier genannten Fälle, und zwar aus guten Gründen, kaum erörtert worden. [Lehnich[84] (1928), Gutachten S. 289ff., fordert Eingriffe für den Fall, daß Kartelle die Rationalisierung hemmen; Neumann[85] (1930) für den Fall, daß im Übermaß Betriebe stillgelegt und Arbeiter entlassen werden. Der § 4 der Kartellordnung hingegen erwähnt nur solche Fälle der Schädigung des Gemeinwohls oder der Gesamtwirtschaft, die zugleich Schädigungen bestimmter Gruppen sind und in die Kategorien der „mißbräuchlichen" Monopolausnützung oder des „mißbräuchlichen" Organisationszwangs gehören.] Das liegt daran, daß ein Nachweis für die hier genannten Wirkungen dem einzelnen Kartell gegenüber kaum

---

würden, wenn die Fragen des Organisationszwanges der Zivilrechtspraxis und damit den Entschlüssen der Betroffenen selbst rückübertragen würden. Es geht ihm dabei aber nicht um einen wirksameren Schutz der Mitglieder und Außenseiter. Er ist vielmehr offenbar der Meinung, daß z. B. das Ausbleiben der Kündigung oder das Ausbleiben privatrechtlicher Abwehr von Sperren gegen das Interesse des Gemeinwohls verstoßen könnte. Die Frage, ob das Gemeinwohl überhaupt unabhängig von den Betroffenen geschädigt werden kann, wird uns gleich beschäftigen. Eine reinliche Regelung ist es aber ohne Zweifel nicht, wenn auf Grund der heutigen Verordnung und nach den Wünschen Tschierschkys die in ihren Sonderinteressen Betroffenen sich bei ihrer Abwehr des Organisationszwangs das „Mäntelchen des Gemeinwohls", wie Isay es ausdrückt, überhängen können. Wenn im Interesse des Gemeinwohls der Staat die Auflockerung oder Auflösung des Kartells oder die Minderung seiner Monopolstellung herbeiführen will, so sollten rechtliche Formen gefunden werden, um diesen Zweck direkt und nicht über die Kündigung einzelner Mitglieder zu erreichen.

[84] Gutachten zur Frage der Kartellgesetzgebung. S. 289f.

[85] Der Entwurf eines Monopol- und Kartellgesetzes, in „Die Arbeit". Heft 12. 1930. S. 780.

möglich sind, und daß es noch viel weniger gelingen wird, die Grenze des Erlaubten auf diesem Gebiete zu bestimmen[86].

Unmittelbare volkswirtschaftliche Schädigungen, die nicht zugleich bestimmbare Einzelgruppen treffen, sind somit dem kartellpolitischen Eingriff bisher entzogen. Die deutsche Kartellgesetzgebung dient dem Schutz der Gesamtwirtschaft oder des Gemeinwohls nur dort, wo diese in der Person einzelner Gruppen geschädigt werden. Damit erweist sich der Eingriff, der als Maßnahme zugunsten der Gesamtwirtschaft erscheint, als ein Eingriff des Staates zugunsten jener wirtschaftlich Schwachen, die nicht in der Lage sind oder nicht gewillt sind, sich selbst auf privatrechtlichem Wege zu wehren. Die Abwehr durch den Betroffenen selbst setzt allerdings, damit sie erfolgreich sei, voraus, daß das Privatrecht Handhaben gegen die Schädigungen biete, ebenso wie staatliche Eingriffe zugunsten der wirtschaftlich Schwachen nur wirksam werden können, wenn die Schädigungen wirtschaftlich Schwacher feststellbar sind und durch ihn verhindert werden können. Nach der ganzen Anlage der deutschen Kartellgesetzgebung und der zu ihr vorgetragenen Reformvorschläge kann nicht in Frage kommen eine Beseitigung jeder Art von wirtschaftlicher Einbuße durch die Betroffenen, sofern unter Einbuße der Nachteil verstanden wird, der ihnen daraus entsteht, daß die Kartellunternehmer unter sich nicht in freier Konkurrenz stehen. Solange die Monopolstellungen selbst nicht aufgehoben oder begrenzt werden, solange also die Wirkungen der Monopolisierung grundsätzlich, wenigstens bis zu einem gewissen Grad, als zulässig anerkannt werden, konzentriert sich das Problem der Kartellgesetzgebung und

[86] Als Methode zur Erfassung dieser Fälle kann es nicht gelten, wenn z. B. nach dem sozialdemokratischen Entwurf einer Verwaltungsbehörde die Aufgabe übertragen wird, das gesamtwirtschaftlich und sozial jeweils optimale Maß von Monopolisierung und Monopolausnützung zu bestimmen. Wenn es schon keinen wissenschaftlichen Beweis dafür gibt, daß irgendein Grad von Monopolisierung, und sei es auch nur unter bestimmten Umständen, gesamtwirtschaftlich rationeller wäre als der freie Wettbewerb, so gibt es noch viel weniger einen objektiven Maßstab für den besonderen Grad an Wettbewerbsbeschränkung, der jeweils den Interessen der Gesamtheit am besten entspräche. Wird in der Marktwirtschaft das freie Spiel der Kräfte, im Sinne des freien Wettbewerbs, abgelehnt, dann dürfte die Wahl schwer fallen zwischen einem „freien Spiel der Monopolisierung und Monopolausnützung" und einer in so hohem Maße willkürlichen Stufenfolge behördlich geförderter, behördlich geduldeter und behördlich verbotener Monopolausnützung.

hängt aller Erfolg der Eingriffe privatrechtlicher oder öffentlichrechtlicher Natur von der Feststellung der Grenze ab, über die hinaus Einbußen oder Schädigungen nicht mehr hingenommen werden müssen.

## Schlußwort.

Wir haben in der Einleitung auf den historischen Ausgangspunkt der deutschen Kartellehre hingewiesen, um zu erklären, weshalb die eigentliche wirtschaftswissenschaftliche Theorie der Kartelle sich in ihr nur langsam und unvollkommen entfalten konnte. Seit Kriegsende tritt allerdings die theoretische Betrachtungsweise stärker hervor; von ihrem Standpunkt aus und damit von dem Standpunkt der in dieser Schrift vertreten ist, bleibt noch viel zu tun übrig. Wir haben im Laufe der Besprechung auf nicht wenige allgemeine und spezielle Fragen hinweisen können, die der weiteren Untersuchung bedürftig sind[87]. Im Grunde zeigt sich, daß die Lehre vom Monopol und Monopolpreis noch nicht genügend in die Kartellehre hineingearbeitet ist, und daß es einer festeren und folgerichtigeren Fundierung der Kartellehre, bis in alle Einzelfragen hinein, auf der Monopoltheorie bedarf.

Die Forderung nach Ausbau und Vertiefung der eigentlichen Kartelltheorie hat nichts gemein mit einem Wunsch nach Verdrängung soziologischer Untersuchungen. Im Gegenteil, je mehr die eigentlich ökonomischen Fragen von der Kartelltheorie rein herausgearbeitet werden, desto freiere Hand gewinnt die Kartellsoziologie für die Fortentwicklung soziologischer Kartelluntersuchungen. Nicht nur die wirtschaftliche Kartelltheorie, sondern ebensosehr auch die Kartellsoziologie ist durch die gegenseitige Vermischung zu kurz gekommen. Trotzdem eine ganze Anzahl hervorragender Sachkenner aus ihrer praktischen Erfahrung heraus an die wissenschaftliche Untersuchung der Kartellprobleme herangetreten sind, sind wir über die soziologischen und psychologischen Vorgänge bei Kartellgründungen, im Kartell selbst und im Verhältnis von Kartell zu anderen Gruppen keineswegs hinreichend unterrichtet. Soziologische Begriffe wie: Genossenschaftlichkeit, korporative Natur, Mittelständlichkeit, werden aus früheren historischen Epochen oder aus deduktiven Überlegungen gewonnen und auf die Kartelle angewandt. Empirische Untersuchungen aber über den wirk-

[87] Vgl. oben S. 20, 26, 27, 29, 31, 42, 51, 52, 57, 65, 78, 85, 107, 109, 115.

lichen Grad der Genossenschaftlichkeit in den heutigen Kartellen oder über die wirkliche Art der Beziehungen etwa zwischen den starken und den schwachen Kartellmitgliedern oder über die Art, wie Preisentscheidungen im Kartell zustande kommen, finden sich nur verstreut in vorwiegend ökonomisch orientierten Schriften. Hier bleibt der Kartellsoziologie noch ein weites und dankbares Feld der Betätigung.

Hand in Hand mit dem Ausbau der Kartelltheorie und im engsten Zusammenhang mit ihr wird die angewandte Kartellehre, insbesondere die Lehre von der staatlichen Kartellpolitik über ihren heutigen Stand hinauszutragen sein. Die Auseinandersetzung mit der heute geltenden sogenannten Kartellverordnung und mit den Möglichkeiten ihrer Reform führt zu einer Verengung der Problemstellung. Das Interesse richtet sich auf die Ausgestaltung der staatlichen Kartellkontrolle und auf die von ihr erwartete Verminderung von Mißbräuchen. Die Kartellkontrolle durch den Staat ist aber selbst durchaus problematisch, ganz unabhängig von der Frage, wie sie organisiert sein mag. Es klafft ein Widerspruch zwischen der Bekämpfung von monopolistischen Handlungen der Kartelle, die als mißbräuchlich verurteilt werden, und gleichzeitiger Duldung, ja gleichzeitiger staatlicher Förderung des Monopolismus. Die Kartellehre wird nach den Grenzen der Wirkungsmöglichkeit einer staatlichen Kartellkontrolle zu fragen haben sowie nach den neuen zusätzlichen Schäden volkswirtschaftlicher Art, die im Gefolge einer solchen Kontrolle selber auftreten. Sollte eine solche Untersuchung ergeben, daß die volkswirtschaftliche Schädlichkeit kontrollierter Monopole nicht wesentlich geringer ist als diejenige nichtkontrollierter, so würde sich die Hauptlinie einer wirksamen Kartellpolitik gegen die Entstehung und Ursachen von Monopolen zu richten haben; es wäre Monopolverhütung statt Monopolkontrolle zu treiben. Aufgabe der Kartellehre wäre es in diesem Falle vor allem, festzustellen, welche staatlichen Maßnahmen selbst den Grund zu Monopolstellungen von Kartellen künstlich gelegt haben und somit rückgängig zu machen wären, wenn an dem gegenwärtigen Ziel der Kartellpolitik festgehalten werden soll; ferner wäre zu fragen, wie die Ursachen, die ein privatwirtschaftliches Interesse an der Monopolisierung schaffen, wie, mit anderen Worten also, „die Notlagen der Konkurrenz" anders als durch Kartellierung behoben oder gemildert werden könnten; schließlich wäre zu untersuchen, welche staatlichen Eingriffe möglich und wünschenswert erscheinen, um einmal entstandene starke Monopolstellungen aufzuheben. Die deutsche Kartellehre hat die Monopolstellungen der deutschen Kartelle nie systematisch und gestützt auf empirisches Material untersucht. Sie hat daher auch keinen Grund gehabt, zu prüfen, welche volkswirtschaftlichen Folgen eine Aufhebung oder Begrenzung dieser Monopolstellungen, falls sie möglich wäre, nach sich ziehen würde, und welche Mittel geeignet wären, solche Eingriffe mit dem geringsten Maß von wirtschaftlichen Schädigungen durchzuführen. Erweist sich die Kartellkontrolle als unzureichend, so muß die Lehre von der Kartellpolitik, ohne Rücksicht auf die geltenden oder zur Zeit politisch tragbaren gesetzgeberischen Maßnahmen, andere Möglichkeiten wirksamer Kartellpolitik ins Auge fassen und prüfen.

## Allgemeine Literatur und Schriften über einzelne Probleme.

Baumgarten und Meszleny, Kartelle und Trusts. Berlin 1906.

Becker, über den Einfluß der Unternehmerkartelle auf die Arbeitsverhältnisse. Dissertation. Berlin 1902.

Beckerath, H. v., Zwangskartellierung oder freie Organisation der Industrie? Stuttgart 1918.

— Kräfte, Ziele und Gestaltungen in der deutschen Industriewirtschaft. Jena 1924.

— Industrielle Kartellprobleme der Gegenwart. Berlin 1926.

— Der Inhaltswandel des Kartellbegriffs und seine wirtschaftspolitischen Folgen. Wirtschaftsdienst. Heft 30. 1927.

— Reparationsagent und deutsche Wirtschaftspolitik. Bonn 1928.

— Der moderne Industrialismus. Jena 1930.

Berdrow, Die Unternehmerkartelle und der Weg zum wirtschaftlichen Frieden. Berlin 1898.

Berkenkopf, P., Internationale Industriekartelle. Weltwirtschaftliches Archiv. 1928.

Beutinger, E., Das Submissionswesen. Leipzig 1914.

Bitter, Wilhelm, Die wirtschaftliche Eroberung Mittelamerikas durch den Bananentrust. Hamburg 1921.

Bonikowsky, Der Einfluß der industriellen Kartelle auf den Handel in Deutschland. Jena 1907.

Bonn, M. J., Das Schicksal des deutschen Kapitalismus. Berlin 1930.

Brandt, O., Zwangssyndikate und Staatsmonopole. Berlin 1918.

Brentano, L., über die Ursachen der heutigen sozialen Not. Leipzig 1889.

Brettner, Hans, Die Organisation der industriellen Interessen. Eine soziologische Studie. Berlin 1913.

Briefs, Goetz, über das Organisationsproblem. Berlin, o. J. (1919.)

Bücher, H., Die wirtschaftlichen Grundlagen der internationalen Kartelle. Berichte der Kartellstelle des Reichsverbandes der Industrie. Berlin 1925.

Calwer, Richard, Kartelle und Trusts. Berlin 1906.

Cassel, Gustav, Neuere monopolistische Tendenzen in Industrie und Handel. Genf 1927.

Cunow, H., Monopolfrage und Arbeiterklasse. 1917.

Denkschrift über das Kartellwesen, bearbeitet im Reichsamt des Innern. Berlin 1905—1908.

Deumer, Robert, Industrielle Genossenschaften. München 1920.

Diehl, Karl, Die rechtlichen Grundlagen des Kapitalismus. Jena 1929.

Diepenhorst, Fr., Die handelspolitische Bedeutung der Ausfuhrunterstützung der Kartelle, mit besonderer Rücksicht auf ihre Bedeutung für die reinen Walzwerke. Leipzig 1908.

Dobretsberger, Josef, Wandlungen der Monopoltheorie. Schmollers Jahrbuch. 1928.

— Konkurrenz und Monopol in der gegenwärtigen Wirtschaft unter besonderer Berücksichtigung der österreichischen Industrie. Leipzig und Wien 1929.

Dönges, Die handelspolitische Bedeutung der Ausfuhrprämien. Frankfurt 1902.

Duimchen, Th., Die Trusts und die Zukunft der Kulturmenschheit.

Egner, Er., Der Sinn der Monopole. Berlin 1931.

Embacher, G., Periodische Wandlungen im Zusammenschluß der deutschen Industrie. Dissertation. Halle 1928.

Erdmann, R., Grundlagen einer Organisationslehre. Leipzig 1921.

Erich, R., Probleme der industriellen Organisation. Breslau 1914.

Ertel, Erich, Internationale Kartelle und Konzerne in der Industrie. Stuttgart 1930.

Ettinger, M., Die Regelung des Wettbewerbs im modernen Wirtschaftssystem. I. Teil: „Die Kartelle in Österreich“. Wien 1905.

Eulenburg, Fr., Die gegenwärtige Wirtschaftskrise. Jahrbücher für Volkswirtschaft und Statistik. Neue Folge. 24. Band. 1902.

Feldmann, H., Kartelle, Trusts und Monopole im Verhältnis zur Handels- und Gewerbefreiheit. Basel 1931.

Flechtheim, Kartelle als Produktionsförderer. Berichte der Kartellstelle des Reichsverbandes der Industrie. Berlin 1927.

Franz, Die industriellen Syndikate und Kartelle. Berlin 1902.

Friedrichowicz, Kartelle. Zeitschr. f. d. ges. Staatsw. 51. Jahrg. 1895.

Glowacki, M., Die Ausfuhrunterstützungspolitik der Kartelle. Posen 1909.

Goldschmidt, A., Gewerkvereine und Kartelle. Berlin 1907.

Goldstein, Ed., Monopole und Monopolsteuer. Leipzig 1916.

Großmann, Über industrielle Kartelle. 1891.

Gruntzel, J., Über Kartelle. Leipzig 1902.

— Die wirtschaftliche Konzentration. Wien 1928.

Hammesfahr, W., Kartell-Beteiligungsziffer. Berlin 1930.

Harmening, Ernst, Die notwendige Entwicklung der Industrie zum Trust. Berlin 1904.
Haenig, A., Technische Wirtschaftskunde. Band 1: Kartelle und Trusts. Jena 1911.
Halm, G., Die Konkurrenz. Leipzig 1929.
Haußmann, Der Kartellbegriff. Kartellrundschau. 1928.
Heimann, H., Antikartelle. Archiv für Sozialwissenschaft u. Sozialpolitik. 1908.
Heller, Marie, Das Submissionswesen in Deutschland. Jena 1907.
Herle, J. (und M. Metzner), Aufgabe und Tätigkeit der Kartelle in der Gegenwart. Berlin 1925.
— Die Stellung der deutschen Industrie zum Kartellproblem. Kartellrundschau. 25. Jahrg. 1927.
— Neue Beiträge zum Kartellproblem. Berlin 1929.
Hilferding, R., Das Finanzkapital. Wien 1910.
Hirsch, K., Zur Kartellfrage. Jena 1904.
Hitschmann, M., Kartelle und Staatsgewalt. Wien 1897.
Huber, F. C., Die Kartelle. Stuttgart und Leipzig 1903.
Janßon, W. (Herausgeber), Monopolfrage und Arbeiterklasse. Berlin 1917.
Immelmann, Die Organisation der Industrie. Straßburg 1922.
Isenburg, F. W. Fürst zu, Zwangssyndikate, Monopole und Steuern.
Kaff, Sigm., Die Unternehmerverbände in Österreich. Wien 1908.
Kantorowicz, W., Zur Psychologie der Kartelle. Berlin 1904.
— Kartellprobleme. Berlin 1911.
Katzenstein, L., Die Trusts in den Vereinigten Staaten. Berlin 1900.
Keiser, G., Die kapitalistische Konzentration. Berlin 1931.
Kestner, Fritz, Der Organisationszwang. Berlin 1912. 2. Auflage, bearbeitet von O. Lehnich. Berlin 1927.
Klaas, F., Das Einkaufswesen und seine Organisation in der Großindustrie. Leipzig 1914.
Kleinwächter, F., Die Kartelle. Innsbruck 1883.
Klug, O., Das Wesen der Kartell-, Konzern- und Trustbewegung. Jena 1930.
Kuhlo, Die Kartellfrage mit besonderer Berücksichtigung der Interessen der bayerischen Industrie. München 1903.
Lammers, C., Internationale Industriekartelle. Berlin 1930.
Lax, E., Die Organisation des Finanz- und Kreditwesens bei den Kartellen. Berlin 1910.
Lederer, Emil, Die wirtschaftlichen Organisationen. Leipzig 1913.
— Monopole und Konjunktur. In: Ergänzungsheft 2 zu den Vierteljahrsheften für Konjunkturforschung. 2. Jahrg. Berlin 1927.
Lehnich, Osw., Kartelle und Staat. Berlin 1928.
— Gutachten zur Frage der Kartellgesetzgebung. Verhandlungen des 35. Deutschen Juristentages. I. Band. 1928.

Lehnich, Osw., Der gegenwärtige Stand der Kartellfrage. Zeitschr. f. d. ges. Staatsw. Band 87. 1929.
— Internationale Kartelle und Trusts. Genf 1929.
Leo, Vikt., Der Staat und die Kartelle. Dissertation. Königsberg 1901.
Levy, Herm., Monopole, Kartelle und Trusts, dargestellt an der Entwicklung in Großbritannien. Jena 1909.
— Die treibenden Kräfte der englischen Schutzzollbewegung. Berlin 1911.
— Der Weltmarkt 1913 und heute. Berlin 1925.
Lewenz, Hans, Die Finanzierung und die Preisbildung der Trusts. Berlin 1903.
Lexis, W., Gewerkvereine und Unternehmerverbände in Frankreich. Leipzig 1879.
Liefmann, R., Die Unternehmerverbände. Freiburg 1897.
— Kartelle und Trusts. Stuttgart 1900.
— Letzte Auflage des letzgenannten Werks: „Kartelle, Konzerne und Trusts". 8. Auflage. Stuttgart 1930.
— Die Krisen und Kartelle. Schmollers Jahrbücher. 36. Band. 1902.
— Schutzzoll und Kartelle. Jena 1903.
— Die Kartelle in und nach dem Kriege. Berlin 1918.
— Kartelle und Trusts und die Weiterbildung der volkswirtschaftlichen Organisation. Stuttgart 1918.
— Internationale Kartelle. Weltwirtschaftliches Archiv. 1927.
— Zur Systematik wirtschaftlicher Machtstellungen. Kartellrundschau. 1928.
Lucae, G., Außenseiter von Kartellen. Berlin 1929.
Mannstaedt, H., über die Ursachen und Formen des Zusammenschlusses im Gewerbe. Jena 1916.
— Die monopolistischen Bestrebungen und ihre Bedeutung für das deutsche Wirtschaftsleben vor und nach dem Kriege. 1928.
Matern, Jul., Die Industriekartelle als Entwicklungsstufe der berufsgenossenschaftlichen Organisation der nationalen Güterproduktion. München und Berlin 1897.
Massatsch, K., Die Syndikate und Kartelle und ihr Einfluß auf die Arbeitsverhältnisse. Stuttgart 1913.
May, Das Grundgesetz der Wirtschaftskrisen und ihr Vorbeugungsmittel im Zeitalter der Monopole. Berlin 1903.
Metzner, M., Kartelle und Kartellpolitik. Berlin 1926.
Morgenroth, Die Exportpolitik der Kartelle. Leipzig 1907.
Müffelmann, Leo, Die wirtschaftlichen Verbände. Leipzig 1912.
Müllensiefen, H., Kartelle als Produktionsförderer. Berlin 1926.
Nicklisch, H., Kartellbetrieb. Leipzig 1909.
Nehring, Die Kartelle. Hamburg 1903.
Neurath, W., Die Wirtschaftskrisen und das Kartellwesen. Wien 1897.
Oeser, Wie stellen wir uns zu den Kartellen und Syndikaten? Frankfurt 1902.

Passow, R., Industrielle Einkaufskartelle. Thünenarchiv. Band 6. 1915.
— Kartelle. Jena 1930.
Pesl, L. v., Das Dumping. Leipzig 1921.
Petri, H., Industrielle Kartellpreise und betriebliche Kosten.
Pohl, Rob., Schutzmaßnahmen gegen zu hohe Preise der Industriekartelle. Dissertation. Köln 1929.
Pohle, L., Die Kartelle der gewerblichen Unternehmer. Leipzig 1898.
Pohlmann-Hohenaspe, A., Der Staat und die Syndikate. Leipzig 1912.
Pollert, Ernst, Die Preisbildung der Markenartikel. Stuttgart 1930.
Reichert, J. W., Internationale Wirtschaftsverbände. Berlin 1926.
— Die festländische Rohstahlgemeinschaft. Weltwirtschaftliches Archiv. 1928.
Reith, Fritz, Hemmung des technisch-wirtschaftlichen Fortschritts. Berlin 1931.
Respondek, E., Wirtschaftliche Zusammenarbeit zwischen Deutschland und Frankreich. Berlin 1929.
Rothschild, E., Kartelle, Gewerkschaften, Genossenschaften. Berlin 1912.
Rottenburg, v., Die Kartellfrage in Theorie und Praxis. Leipzig 1903.
Salzer, E., Austausch von technischen Erfahrungen und Erfindungen im Rahmen der Unternehmerverbände. Darmstadt 1927.
Saitzew, M., Horizontal und Vertikal im Wandel der letzten Jahrzehnte. Jena 1927.
— Aktuelle Organisationsprobleme der Industrie. Zürich 1928.
Schacht, H., Trust oder Kartell? Preuß. Jahrbücher. 110. Band. 1902.
Schauenburg, P., Ursachen, Formen und Wirkungen der Zusammenschlußbewegung. Leipzig 1925.
Schäffer, H., Kartelle und Konzerne. In: „Strukturwandlungen der deutschen Volkswirtschaft". 1. Band. Berlin 1928.
Schäffle, K., Zum Kartellwesen und zur Kartellpolitik. Zeitschr. f. d. ges. Staatsw. 54. Jahrg. 1898.
Schindler-Huber, Die Trusts in den Vereinigten Staaten von Amerika. Zürich 1902.
Schmalenbach, E., Die Betriebswirtschaftslehre an der Schwelle einer neuen Wirtschaftsverfassung. Zeitschrift für handelswissenschaftliche Forschung. 1928.
— Grundlagen der Selbstkostenrechnung und der Preispolitik. Leipzig 1930.
Schmitt-Schowalter, Die Organisationsformen der modernen Wirtschaft. Eßlingen 1926.
Schmoller, G., Das Verhältnis der Kartelle zum Staate. Schmollers Jahrbuch. XXIX. Jahrgang. 1905.
Schönlank, Br., Die Kartelle. Archiv f. soziale Gesetzgebung und Statistik. III. Band. 1890.
Schulz-Mehrin, O., Formen des Zusammenschlusses von Unternehmungen zwecks Verbesserung und Verbilligung der Produktion. Berlin 1921.
Schumacher, H., Die Stellung des Staates zu den Kartellen. Bonn 1906.
Schwittau, G., Die Formen des wirtschaftlichen Kampfes. Berlin 1912.

Sievers, Das industrielle Kartell. Berlin 1922.

Stark, Hans, Die Theorie der Kartelle. Berlin 1930.

Steiger, Trusts und Kartelle im Ausland und in der Schweiz. 1907.

Steinmann-Bucher, A., Die Nährstände und ihre zukünftige Stellung im Staate. Köln 1885.

— Wesen und Bedeutung der gewerblichen Kartelle. Schmollers Jahrbuch. 1891.

— Ausbau des Kartellwesens. Berlin 1902.

Steller, P., Das Unternehmertum und die öffentlichen Zustände in Deutschland.

Strieda, Jak., Monopole, Kartelle und Aktiengesellschaften im Mittelalter und im Beginn der Neuzeit. 2. Auflage. München 1925.

Stube, über Arten und Formen des Zusammenschlusses der Kartelle sowie J.G. in der deutschen Industrie. Dissertation. Greifswald 1921.

Tafel, P., Die nordamerikanischen Trusts und ihre Wirkungen auf den Fortschritt der Technik. Stuttgart 1913.

Treude, W., Die Tendenz der Industrie zur gebundenen Wirtschaft. Dissertation. Köln 1929.

Troeltsch, W., Die deutschen Industriekartelle vor und seit dem Kriege. Essen 1926.

Tschierschky, S., Kartelle und Trusts. Göttingen 1903.

— Die Organisation der industriellen Interessen in Deutschland. Göttingen 1905.

— Kartellprämien. Leipzig 1906.

— Die Unternehmerorganisationen in Deutschland. Berlin 1908.

— Kartell und Trust. 1911.

— Grundlagen der Kartellentwicklung in Deutschland und Österreich unter besonderer Berücksichtigung der beiden Enqueten. Wien 1912.

— Die Stellung der Sozialdemokratie zu den Kartellen. Kartellrundschau. 1920/21.

— Zur Reform der Industriekartelle. Berlin 1921.

— Das Problem der staatlichen Kartellaufsicht. Mannheim 1923.

— Der monopolistische Charakter der Kartelle. Kartellrundschau. 1926.

— Zur Frage einer Wesensänderung der Kartelle. Wirtschaftsdienst. Heft 38. 1927.

— Kartellorganisation. Berlin 1928.

— Zur Frage des monopolistischen Charakters der Kartelle. Kartellrundschau. 1928.

— Kartellpolitik. Berlin 1930.

Ufermann, P., Internationale Verbindung in Industrie, Handel und Verkehr. „Die Arbeit". III. Jahrgang.

Utsch, Kartelle und Arbeiter. Berlin 1911.

Verein für Sozialpolitik, Schriften des, über wirtschaftliche Kartelle in Deutschland und im Auslande. 15 Schilderungen. Band 60. Leipzig 1894.

Verein für Sozialpolitik, Schriften des, Verhandlungen der Generalversammlung über Kartelle. Band 61. Leipzig 1895.

— Verhandlungen des Vereins für Sozialpolitik, über das Verhältnis der Kartelle zum Staate. Bd. 116.

Verhandlungen des XXVI. und XXVII. und XXXV. Deutschen Juristentags. Berlin 1902, 1904, 1928.

Verhandlungen der vom k. u. k. Handelsministerium veranstalteten Kartellenquete. Wien 1912.

Verhandlungen und Berichte des Ausschusses zur Untersuchung der Erzeugungs- und Absatzbedingungen der deutschen Wirtschaft (Enqueteausschuß). Berlin 1929, 1930, insbesondere 1. Unterausschuß, 3. Arbeitsgruppe, 4. Teil. „Kartellpolitik". 1930.

Verhandlungen, Kontradiktorische, über deutsche Kartelle. Berlin 1903—1906.

Vershofen, W., Die Marktverbände. Nürnberg 1928.

Vogelstein, Th., Die Industrie der Rheinprovinz. Stuttgart 1902.

— Zur Frage der Monopolorganisationen insbesondere in Deutschland und in den Vereinigten Staaten. 1904.

— Die finanzielle Organisation der kapitalistischen Industrie und die Monopolbildungen. Grundriß der Sozialökonomie. VI. Abteilung. 1914.

— Probleme der Monopolpolitik. Berlin 1928.

Waentig, H., Industriekartelle und Trusts und das Problem ihrer rechtlichen Regelung. Schmollers Jahrbuch. 1901.

Weber, A., Das Ende des Kapitalismus.

Weiskirchner, Das Kartellwesen vom Standpunkte der christlichen Wirtschaftsauffassung. Wien 1896.

Wendlandt, Das Kartellwesen. Berlin 1902.

Wiedenfeld, K., Das Persönliche im modernen Unternehmertum. Leipzig 1911.

— Kartelle und Konzerne. Berlin und Leipzig 1927.

— Gewerbepolitik. Berlin 1927.

Wolfers, A., über monopolistische und nicht-monopolistische Wirtschaftsverbände. Arch. f. Sozialwiss. u. Sozialpol. Bd. 59. Heft 2. 1927.

— Überproduktion, fixe Kosten und Kartellierung. Arch. f. Sozialwiss. u. Sozialpol. Bd. 60. Heft 2. 1928.

## Literatur über die Kartellierung in einzelnen Industrien.

### 1. Kohlenbergbau.

Bandkahn, W., Der Wettbewerb der deutschen Braunkohlenindustrie gegen die Einführung der böhmischen Braunkohle. Jena 1908.

Bartz, O., Aufbau und Tätigkeit des Rheinisch-Westfälischen Kohlensyndikats in seiner Entwicklung von 1893—1912. Dissert. Leipzig 1913.

Beckmann, Fr., Der Zusammenschluß in der Westdeutschen Großindustrie. Köln 1921.

Buschmann, H. Untersuchung der Zweckmäßigkeit der Syndizierung des Kohlenbergbaus auf Grund der geschichtlichen Entwicklung des Rheinisch-Westfälischen Kohlensyndikats. Dissertation. Berlin 1926.

Crousag, Vikt. v., Die moderne Konzentrationsbewegung in der Großindustrie, besonders Montan- und Eisenindustrie. Dissert. Breslau 1922.

Czempin, W., Der deutsche Braunkohlenmarkt, seine Preisgestaltung und Organisation in den letzten 30 Jahren. Schriften des Vereins für Sozialpolitik. Band 142. München und Leipzig 1914.

Dunker, M., Die neueren Zechenstillegungen an der Ruhr. Leipzig 1907.

Effertz, R., Die Kohlenverkaufsvereinigung und ihre wirtschaftliche Notwendigkeit. Essen 1891.

Forstreuter, V., Organisation der Kohlenindustrie und des Kohlenhandels in Deutschland. Berlin 1902.

Götzke, Das Rheinisch-Westfälische Kohlensyndikat und seine wirtschaftliche Bedeutung. Essen 1905.

Goldschmidt, C., Über die Konzentration im deutschen Kohlenbergbau. Karlsruhe 1912.

Gothein, G., Die Verstaatlichung des Kohlenbergbaus. Berlin 1905.

Handbuch der Kohlenwirtschaft. Berlin 1926.

Hecht, W., Organisationsformen der deutschen Rohstoffindustrie. Die Kohle. München 1924.

Heinz, Kartellbildungen im mitteldeutschen Braunkohlengebiet. Dissert. Heidelberg 1919.

Herzog, Chr., Das rheinische Braunkohlensyndikat. Dissert. Köln 1921.

Jutzi, W., Die deutsche Montanindustrie auf dem Wege zum Trust.

Kanitz, v., Die Kohlenverkaufsvereinigung und ihre wirtschaftliche Bedeutung. Berlin 1891.

Krentz, W., Wirtschaftliche und sonstige Vereinigungen der Bergwerksbesitzer. 1904.

— Wertschätzungen von Bergwerken. Köln 1912.

— Die Entwicklung des niederrheinisch-westfälischen Steinkohlenbergbaus. Band II. Dortmund.

Krüger, F., Die ökonomischen und sozialen Verhältnisse in der Braunkohlenindustrie der Niederlausitz. Stuttgart 1911.

Ledermann, E., Die Organisation des Ruhrbergbaus unter Berücksichtigung der Beziehungen zur Eisenindustrie. Berlin 1927.

Libeaux, Karl, Ruhrkohlenpreisbewegung nach dem Kriege bis zum Ende der Inflationszeit. Dissertation. Köln 1928.

Liefering, M., Das Rheinisch-Westfälische Kohlensyndikat und sein Einfluß auf die Kohlenpreise und die Lage der Bergarbeiter. Dortmund 1910.

Lüthgen, H., Das Rheinisch-Westfälische Kohlensyndikat in der Vorkriegs- und Nachkriegszeit und seine Hauptprobleme. Leipzig 1926.

Mettschke, H., Bergbau und Industrie in Westfalen und im Ruhrgebiet der Rheinprovinz unter der Herrschaft der Caprivischen Handelsverträge. Berlin 1905.

Meyer, H., Die rheinische Braunkohlenindustrie und ihre wirtschaftliche Organisation. Bonn 1910.

Müssig, E., Die Preisentwicklung in der Montanindustrie. Augsburg 1912.

Passow, R., Materialien für das wissenschaftliche Studium. I. Band: Kartelle des Bergbaus. Leipzig 1911.

Pick, G., Der Staat und der Kohlenbergbau. Wien 1908.

Pilz, Die Hüttenzechenfrage im Ruhrbezirk und Richtlinien für eine Erneuerung des Rheinisch-Westfälischen Kohlensyndikats. Münster 1910.

Pohlmann, A., Bergbaufreiheit und Staatsinteresse. Berlin 1907.

— Der Staat und die Syndikate. Ein Beitrag zur Bergwerksfrage. Leipzig 1912.

Sarter, Die Syndikatsbestrebungen im niederrheinisch-westfälischen Steinkohlenbezirk. Conrads Lehrbücher. Jahrgang 1895.

Scheer, Oscar, Das Niederlausitzer Brikettsyndikat in Berlin. Berlin 1920.

Schulze zur Wiesche, W., Die Zusammenschlußbewegung in der rheinisch-westfälischen Steinkohlen- und Eisenindustrie seit der Währungsstabilisierung. Dissertation. Köln 1930.

Simmersbach, Vorgeschichte des Westfälischen Kohlensyndikats. Bochum 1900.

Stange, A., Die Montanindustrie Deutschlands unter Berücksichtigung ihrer Beziehungen zu der des Auslandes. Berlin 1911.

Stillich, O., Steinkohlenindustrie. Leipzig 1906.

Storm, E., Geschichte der deutschen Kohlenwirtschaft von 1913—1926. Berlin 1926.

Strothbaum, F., Tätigkeit und Bedeutung des deutschen Braunkohlensyndikats. Dissertation. Heidelberg 1912.

Thelen, P., Der deutsche Braunkohlenbergbau und seine Kartelle. Dissertation. Erlangen 1916.

Thoenes, W., Die Zwangssyndikate im Kohlenbergbau. Jena 1911.

Tille, A., Die Preispolitik der staatlichen Kohlengruben 1892—1903. Saarbrücken 1904.

Wiedenfeld, K., Das Rheinisch-Westfälische Kohlensyndikat. Bonn 1912.

## 2. Kalibergbau.

Diepenhorst, F., Zwei Fragen der Kaliindustrie. Basel 1910.

Giebel, H. A., Die Finanzierung der Kaliindustrie. Karlsruhe 1912.

Heimann, Die innere Entwicklung der Kaliindustrie und des Kalisyndikats. 1906.

Hein, Georg, Der deutsche Kalibergbau und die Kaligesetzgebung. Regensburg 1911.

Hoechstedter, W., Kontingentwirtschaft in der Kaliindustrie. Halle 1927.

Kriesche, P., Das Kalisyndikat und seine Propaganda. Berlin 1910.
Kronheim, L., Die Kalibergwerke des Preußischen Staates. Dissertation. Berlin 1928.
Münster, H., Die Vermehrung der Kaliwerke und der Kaliabsatz. Halle 1909.
Münstermann, H., Die Konzerne der Kaliindustrie. Leipzig 1925.
Paxmann, E. H., Die Kaliindustrie. Berlin 1903.
Sauer, Fr., Die Entwicklung der deutschen Kaliindustrie. Dissertation. Berlin 1920.
Schönemann, J., Die deutsche Kaliindustrie und das Kaligesetz. 1911.
Silberberg, L., Kaliwerke und Kaligesetz. Berlin 1911.
Stoepel, Reformvorschläge zur Organisation der deutschen Kaliindustrie. Halle 1902.
— Die deutsche Kaliindustrie und das Kalisyndikat. 1904.

### 3. Sonstiger Bergbau.

Lenz, R., Der Kupfermarkt unter dem Einfluß der Syndikate und Trusts. Berlin 1910.
Lippold, Zinkproduktion und Zinkkartell. Dissertation. Leipzig 1930.
Waechter, F., Die Kartellbestrebungen der Blei- und Zinkhütten Europas. Berlin 1913.
Brackel, Osw., und J. Leis, Der dreißigjährige Petroleumkrieg. Berlin 1903.
Mencke, C., Die Geschäftsmethoden der Standard Oil Company. 1908.
Vogelstein, Th., Das Petroleummonopol. München 1913.

### 4. Eisen- und Stahlindustrie.

Adler, W., Die Organisationsbestrebungen in der Stabeisenfabrikation und im Stabeisenhandel. Bonn 1920.
Brocke, E. v., Der Roheisenverband. Dissertation. Göttingen 1923.
Bruns, H., Der Eisenwirtschaftsbund. Jena 1922.
Deutscher Metallarbeiterverband, Die Schwereisenindustrie im deutschen Zollgebiete, ihre Entwicklung und ihre Arbeiter. Stuttgart 1912.
Ebner, G., Die Kartellgeschichte der deutschen Roheisenindustrie. Berlin 1913.
Esser, J., Die deutsche Edelstahlindustrie und ihre Organisation. Krefeld 1920.
Feer, E., Die Ausfuhrpolitik der deutschen Eisenkartelle und ihre Wirkungen in der Schweiz. Zürich 1918.
Gutmann, J., Über den amerikanischen Stahltrust mit Berücksichtigung des deutschen Stahlwerksverbandes. Essen 1906.
Hauptmann, P., Die russische Eisenindustrie und die Kartellbewegung. Zürich 1913.

Heymann, H. G., Die gemischten Werke im deutschen Großeisengewerbe. Stuttgart 1904.

Hilbringhaus, A., Die deutschen Roheisensyndikate in ihrer Entwicklung zu einem allgemeinen deutschen Roheisenverbande.

— Das rheinische Roheisensyndikat und seine Auflösung. Münster 1911.

Hübener, E., Die deutsche Eisenindustrie, ihre Grundlagen, ihre Organisation und ihre Politik. Leipzig 1913.

Hundt, O., Die deutsche Eisenblechfabrikation und die Kartellbildung. Heidelberg 1907.

Klotzbach, A., Der Roheisenverband. Düsseldorf 1926.

Kollmann, J., Der deutsche Stahlwerksverband. Berlin 1905.

Krüger, W., Die moderne Kartellorganisation der deutschen Stahlindustrie. Berlin 1927.

Leiße, W., Wandlungen der Organisation der Eisenindustrie und Eisenhandel. Leipzig 1911.

Levi, H., Die Stahlindustrie der Vereinigten Staaten in ihren heutigen Produktions- und Absatzverhältnissen. Berlin 1905.

Lippert, Die reinen Walzwerke. Hagen 1905.

Mannser, Der Stahlwerksverband. Leipzig 1911.

Manstaedt, H., Die Konzentration in der Eisenindustrie und die Lage der reinen Walzwerke. Jena 1906.

Martin, R., Die Eisenindustrie in ihrem Kampfe um den Absatzmarkt. Leipzig 1904.

Müßig, E., Eisen- und Kohlenkonjunkturen seit 1870. Augsburg 1919.

Sauerländer, Der Einfluß der deutschen Eisenkartelle auf die süddeutsche weiterverarbeitende Industrie. Tübingen 1912.

Schacht, H., Der Stahlwerksverband und die jüngste Kartellentwicklung in Deutschland. In: Hammacher-Festschrift. 1904.

Schlenker, M., Die Eisenindustrie der Welt unter besonderer Berücksichtigung des internationalen Eisenpaktes. Jena 1927.

Schmidt, R., Das Avi-Abkommen als Mittel verbandsmäßiger Exportförderung. Dissertation. Köln 1930.

Schwarz, W., Beiträge zum Studium der Kartelle in der Eisen- und Stahlindustrie mit besonderer Berücksichtigung ihres Einflusses auf die materielle Lage der Arbeiter. Essen 1912.

Spanier, A., Die Exportpolitik der Eisenkartelle. Dissertation. Köln 1926.

Stillich, O., Roheisensyndikat und Halbzeugverband. Berlin 1904.

Voelker, Bericht über das Kartellwesen in der inländischen Eisenindustrie. Berlin 1903.

Wolff, E., Die Unternehmerorganisationen in der westdeutschen Eisenindustrie.

Wiskott, O., Eisenschaffende und eisenverarbeitende Industrie. Bonn 1929.

Zöllner, A., Eisenindustrie und Stahlwerksverband. Leipzig 1907.

## 5. Metall- und metallverarbeitende Industrie.

Borsig, A. v., Die Kartellgeschichte der deutschen Lokomotivindustrie. 1925.

Dejon, F., Die Kartellbildung in der deutschen Dampfkessel- und Apparatebauindustrie. Dissertation. Rostock 1925.

Deutscher Metallarbeiterverband, Interessengemeinschaften, Konzerne und Wirtschaftsverbände im deutschen Maschinenbau. Stuttgart 1930.

Gautschi, A., Die Aluminiumindustrie. Zürich 1925.

Haeder, H., Die Preisbildung in der Maschinenindustrie. Wiesbaden 1912.

Harnisch, E., Die Kartellierungsfähigkeit der Maschinenindustrie. Leipzig, o. J.

Hilkmann, W., Die wirtschaftliche Entwicklung der deutschen Zinkindustrie. Erlangen 1912.

Jutzi, W., 50 Jahre Verbandsbestrebungen in der deutschen Messingindustrie. Köln 1925.

Kind, W., Die Organisationsbestrebungen in der deutschen Werkzeugmaschinenindustrie. Dissertation. Köln 1921.

Koßmann, W., Über die wirtschaftliche Entwicklung der Aluminiumindustrie. Frankfurt a. M. 1911.

Neumann, J., Die deutsche Schiffbauindustrie. Leipzig 1910.

Oehlkers, H., Die Konzentration in der deutschen Lokomotiv- und Waggonbauindustrie. Berlin 1915.

Polysius, O., Verbandsbestrebungen im deutschen Maschinenbau. Dessau 1921.

Rückert, H., Das mitteldeutsche Wärme- und Kälteschutzkartell. Dissertat. Leipzig 1927.

## 6. Chemische und verwandte Industrien.

Ahl, W., Die wirtschaftliche Organisation der deutschen Gasindustrie. Dissertation. Frankfurt 1929.

Dießmann, W., Die Unternehmerverbände in der deutschen Seifenindustrie. Leipzig 1914.

Erban, F., Kartell und Konventionen in der chemischen, insbesondere Farbstoffindustrie. Leipzig 1911.

Freude, S., Der schwedische Zündholztrust. Nürnberg 1928.

Gießmann, W., Die Unternehmerverbände in der deutschen Seifenindustrie. Leipzig 1914.

Grotkopp, W., Der schwedische Zündholztrust. Braunschweig 1928.

Hurth, C., Die deutsche Zündholzindustrie in der Nachkriegszeit. Jena 1929.

Kretzschmar, H., Die Kartellbewegung in der chemischen Industrie. Dissertation. Heidelberg 1921.

Marcus, A., Die großen Chemiekonzerne. Leipzig 1929.

Martin, G., Geschichtliche Entwicklung der Kartellbildung in der deutschen Sprengstoffindustrie. Dissertation. Heidelberg 1903.

Salomon, M., Neue Organisationsformen in der Leimindustrie. Berlin und Leipzig 1921.

Schaff, E., Internationale Verflechtungen in der Zündholzindustrie. Dissertation. Gießen 1929.
Schultze, H., Die Entwicklung der chemischen Industrie in Deutschland seit dem Jahre 1875. Halle 1908.
Waller, P., Probleme der deutschen chemischen Industrie. Halberstadt 1928.

## 7. Elektrotechnische Industrie.

Eißfeldt, G., Die Kartellierung der deutschen Elektroindustrie. Berlin 1928.
Geist, E. H., Der Konkurrenzkampf in der Elektrotechnik und das Geheimkartell. Leipzig 1911.
Koch, E., Die Konzentrationsbewegung in der deutschen Elektroindustrie. München und Berlin 1907.
Noether, E., Vertrustung und Monopolfrage in der Elektroindustrie. Mannheim 1913.
Zechel, E., Gestaltungstendenzen in der deutschen Elektroindustrie. Dissertation. Breslau 1921.

## 8. Industrie der Steine und Erde.

### a) Zementindustrie.

Berkenbusch, Die deutsche Portlandzementindustrie und ihre Kartellbestrebungen. 1903.
Hecht, W., Der Zementkartellpreis. Leipzig 1929.
Jakobi, R., Die Kartellierungsbestrebungen der Zementindustrie. Dissertation. Hamburg 1921.
Kühn, G., Die Zementindustrie. Jena 1927.
Madelung, Die Entwicklung der deutschen Portlandzementindustrie. München 1913.
May, P., Die bayerische Zementindustrie. Leipzig 1909.
Ritter, F., Entwicklungen und Bestrebungen in der deutschen Portlandzementindustrie. Berlin 1912.
Timmermann, Das Kartellproblem in der rheinisch-westfälischen Zementindustrie. Dissertation. München 1916.

### b) Sonstige Industrien.

Faehre, H., Die Organisation der Ziegeleiverkaufsvereinigung. Berlin 1915.
Pfennig, K., Die Kartelle der rheinischen Bimssandsteinindustrie. Koblenz, o. J.
Reinhold, E., Die deutsche Asbestindustrie. Dissertation. Hamburg 1921.
Schmidt-Diemel, J., Das Kartell- und Syndikatsproblem in der Kalkindustrie. Berlin 1928.

## 9. Textil- und Bekleidungsindustrie.

Achten, E. O. v., Die Organisation der Krefelder Krawattenstoffindustrie. Dissertation. Köln 1921.
Apelt, K., und Ilgen, Die Preisentwicklung der Baumwolle und der Baumwollfabrikate. Leipzig 1914.
Bachmann, Organisationsbestrebungen in der deutschen Tuch- und Wollwarenindustrie. Karlsruhe 1915.
Beckerath, H. v., Die Kartelle der deutschen Seidenwebereiindustrie. Karlsruhe 1911.
Hölken, M., Die Kunstseide auf dem Weltmarkt. Berlin 1926.
Knopf, R., Die Wirkungen der Kartelle der Textil- und Bekleidungsindustrie auf ihre Abnehmer. Karlsruhe 1915.
Landauer, E., Handel und Produktion in der Baumwollindustrie. Tübingen 1912.
Lochmüller, W., Zur Entwicklung der Baumwollindustrie in Deutschland. Jena 1906.
Loewy, Fr., Die deutsche Kunstseide- und Stapelfaserindustrie. Dissertation. Hamburg 1921.
Mainzer, F., Die Zwangssyndikate in der Schuhindustrie. Berlin 1918.
Radvanyi, L., Die Konditionenkonventionen in der Textilbranche. Budapest 1910.
Rehl, C., Die deutsche Schuhgroßindustrie. Jena 1908.
Rosenberg, P. M., Die deutsche Korsettindustrie. Stuttgart und Berlin 1909.
Rosenthal, E., Der Zusammenschluß der europäischen Baumwollindustrie. Berlin 1911.
Rumpf, E., Konzentrationstendenzen in der deutschen Schuhindustrie. Dissertation. Köln 1928.
Stern, B., Die Kartelle in der Textil- und Bekleidungsindustrie. Karlsruhe 1909.
Tittel, P., Die Wäscheindustrie in Bielefeld und Herford. Bielefeld 1914.
Tschierschky-Metzner, Die Lieferungs- und Zahlungsbedingungen im Webwarengeschäft. Berlin 1922.

## 10. Nahrungs- und Genußmittelindustrie.

### a) Brauerei- und Brennereigewerbe.

Briefs, G., Das Spirituskartell. Karlsruhe 1912.
Danziger, K., Die Konzentration der badischen Brauindustrie. Karlsruhe 1913.
Gütermann, E., Die Karlsruher Brauindustrie. Karlsruhe 1909.
Hartel, C., Die wirtschaftliche Organisation des deutschen Braugewerbes in Vergangenheit und Gegenwart. Berlin 1912.
Herzog, B., Die Konkurrenzverhältnisse im deutschen Braugewerbe. Nürnberg 1928.

Kullmann, O., Die Spirituosenindustrie. Leipzig 1912.

Pappenbeck, E., Eine volkswirtschaftliche Studie über den Zusammenschluß im Brennereigewerbe und seine Aussichten in der Zukunft. Berlin 1904.

Schmidt, W., Die Kartellierung der Brauindustrie. Detmold 1914.

### b) Sonstige Industrien.

Davids, W., Wissenschaftliche Vereinigungen im deutschen Fleischergewerbe. Münster 1911.

Hromada, E., Die Entwicklung der Kartelle in der österreichisch-ungarischen Zuckerindustrie. Prag 1911.

Kynast, R., Die deutsche Kakao- und Schokoladenindustrie im Krieg und Frieden. Greifswald 1921.

Muehlhaupt, E., Der Milchring. Karlsruhe 1912.

Preyer, W. D., Die russische Zuckerindustrie. Berlin 1908.

Ruhland, G., Über die Organisation der Verkaufsvereinigungen deutscher Müller. Berlin 1907.

### c) Tabakindustrie.

Geck, A., Die Trustabwehrbewegung im deutschen Zigarettengewerbe. Greifswald 1920.

Schmidt, R., Der Tabaktrust. Dissertation. Berlin 1922.

## 11. Sonstige Verbrauchsgüterindustrien.

Brauer, K., Die Organisation der Korbwarenindustrie und des Korbwarenhandels im deutschen Reiche. München 1914.

Dissinger, A., Die Pforzheimer Bijouterieindustrie in und nach dem Kriege. Karlsruhe 1925.

Goeler, E., Die wirtschaftliche Organisation der Pforzheimer Bijouterieindustrie. Karlsruhe 1909.

Hoffmann, G., Zusammenschlußbestrebungen in der deutschen Linoleumindustrie. Leipzig 1929.

Kröger, E., Organisationsformen der deutschen Lederindustrie. Dissertation. Hamburg 1921.

Sy, M., Die Thüringer Spielwarenindustrie im Kampfe um ihre Existenz. Jena 1929.

Troemel, W., Kartelle und Preisbildung in der deutschen Geschirr- und Luxusporzellanindustrie. Jena 1926.

Vershofen, W., Die Lage in der deutschen Porzellanindustrie in den Jahren 1925—1927. Nürnberg 1927.

## 12. Papierindustrie.

Hülbrock, A., Organisation und Preisgestaltung auf dem deutschen Papiermarkt. Frankfurt 1927.

Krahl, K., Kartellbewegung und Kartellprobleme in der deutschen papiererzeugenden Industrie. Dissertation. Frankfurt 1924.

Salzmann, F., Die Papierindustrie, ihre wirtschaftliche Entwicklung und heutige Lage. Berlin 1911.

Stopp, K., Die deutsche Kartonpapierindustrie. Leipzig 1929.

## 13. Verlagsgewerbe und Buchhandel.

Fischer, G., Grundzüge der Organisation des deutschen Buchhandels. Jena 1903.

Franz, L., Die Konzentrationsbewegung im deutschen Buchhandel. Heidelberg 1927.

Laupenmühlen, H., Der Zeitungsverlag in Deutschland und seine Interessenvertretung. Bochum 1911.

Marx, P., Die Unternehmerorganisationen in der Buchbinderei. Tübingen 1905.

Prager, R. L., Die Ausschreitungen des Buchhandels. Leipzig 1903.

Salvisberg, P. v., Das Preiskartell des Buchhandels und die Hochschulen. München 1904.

Steinkopf, D., Organisationsfragen und Preisgestaltung auf dem deutschen Büchermarkt. Leipzig 1925.

Winterhoff, E., Die Krisis im deutschen Buchhandel als Folge seiner Kartellierung. Karlsruhe 1927.

## 14. Verkehrswesen.

Eucken, Die Verbandsbildung in der Seeschiffahrt. München und Leipzig 1914.

Hoff, W., und F. Schwabach, Nordamerikanische Eisenbahnen. Berlin 1906.

Lenz, P., Die Konzentration im Schiffahrtsgewerbe. Jena 1912.

Murken, E., Die großen transatlantischen Linienreedereiverbände, Pools und J.G. bis zum Ausbruch des Weltkrieges. Jena 1922.

Singer, J., Die amerikanischen Bahnen. Berlin 1909.

Tieß, K., Organisation und Verbandsbildung in der Handelsschiffahrt. Berlin 1903.

Thost, W., Konzentrationsformen des Speditionsgewerbes. Dissertation. Hamburg 1921.

## 15. Handwerk.

Detlof, J., Kartellierungsbestrebungen im Handwerk. Hannover 1922.

## 16. Landwirtschaft.

Sauer, H., Kartellierungsbestrebungen in der deutschen Landwirtschaft. Kirchhain 1929.

### 17. Handel.

Cohn, A., Verbände, Kartelle und Syndikate im Großhandel. Berlin 1919.

Gehrke, F., Die neuere Entwicklung des Petroleumhandels in Deutschland. Tübingen 1906.

Hoffmann, M., Die Entwicklung des Eisengroßhandels und ihrer Probleme. Bonn 1930.

Jakobi, E., Untersuchungen über Absatzorganisationen und Preisverhältnisse im deutschen Baumwollgroßhandel. Berlin 1912.

Kirschner, L., Die Unternehmervereine des deutschen Großhandels. Dissertation. Köln 1920.

Schmidt, A., Großhandel und Einkaufsvereinigungen des Einzelhandels. Dissertation. München 1929.

Tiegs, A., Deutschlands Steinkohlenhandel mit besonderer Berücksichtigung der Kohlensyndikate und des Fiskus. Berlin 1904.

Volz, R., Die Kartellierung des süddeutschen Formeisenhandels. Dissertation. Heidelberg 1921.

Weißhäupl, Zwei Großhandelskartelle der Textilbranche. Berlin und Leipzig 1924.

### 18. Bankgewerbe.

Geyer, O., Konzentrationstendenzen im badischen Bankgewerbe. Berlin 1914.

Goldschmidt, Die Bankgruppen. Mainz 1903.

Hausmeister, P., Großbetriebe und Monopole im deutschen Bankwesen. Stuttgart 1912.

Jeidels, O., Das Verhältnis der Großbanken zur Industrie. Leipzig 1905.

Otto, F., Die Organisation des privaten deutschen Bankgewerbes. Greifswald 1930.

Pluzer-Sarna, Die Konzentration im schweizerischen Bankwesen.

Rießer, J., Die deutschen Großbanken und ihre Konzentration. Jena 1910.

Wallich, P., Die Konzentration im deutschen Bankwesen. Stuttgart 1905.

### 19. Versicherungswesen.

Fischer, E., Organisation und Verbandsbildung in der Feuerversicherung. Tübingen 1911.

Heß, K., Organisationsformen und Konzentrationstendenzen in der deutschen Lebensversicherung. Stettin 1915.

Sendig, J., Der Versicherungspool. Dissertation. Leipzig 1927.

Vandersee, G., Die Unternehmerverbände in der deutschen Privatversicherung. München 1913.

Kolibri 360 GmbH
Ferdinand-Jühlke-Straße 7
99095 Erfurt, Deutschland
produktsicherheit@kolibri360.de

Druck:
CPI Druckdienstleistungen GmbH
im Auftrag der
Kolibri 360 GmbH
Ferdinand-Jühlke-Str. 7
99095 Erfurt